漢字の「文」の形が
もとになっているよ。

何の地図記号かな?

けいぼうが2本交わった
形がもとになっているよ。

何の地図記号かな?

けいぼうを2本交わらせて
○でかこんだ形がもとに
なっているよ。

何の地図記号かな?

火事の広がりをふせぐのに
使われた道具の形が
もとになっているよ。

何の地図記号かな?

一重の丸。
じつは、もとになった
形はないよ。

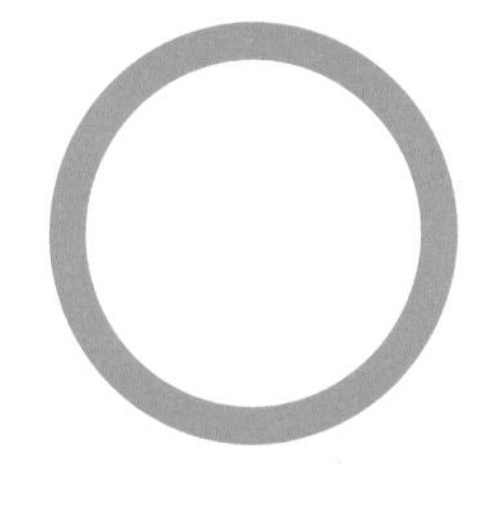

何の地図記号かな?

太さのちがう二重丸。
じつは、もとになった
形はないよ。

何の地図記号かな?

開いた本の形が
もとになっているよ。

何の地図記号かな?

あるたて物の形が
もとになっているよ。

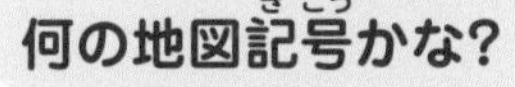

昔、あった役所の
「ていしん省」のかしら文字
「テ」がもとになっているよ。

何の地図記号かな?

昔、ぐんたいにあった
「えいせいたい」のマークが
もとになっているよ。

何の地図記号かな?

たて物の中につえがある
様子を表しているよ。

何の地図記号かな?

文 小・中学校

使い方

● 切り取り線にそって切りはなしましょう。

説明

● 表面には問題とヒント、うら面には答え、地図記号に関係する絵や事がらなどがかいてあります。

⊗ けいさつしょ

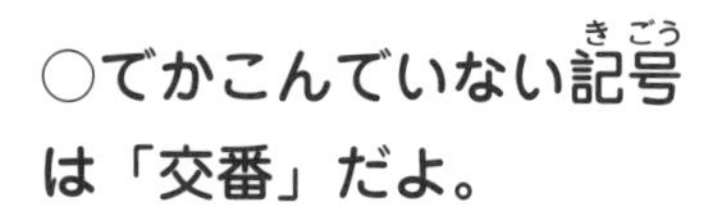

○でかこんでいない記号は「交番」だよ。

X 交番

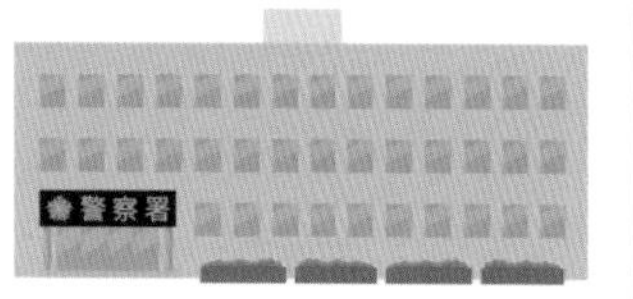

X 交番

○でかこんだ記号は「けいさつしょ」だよ。

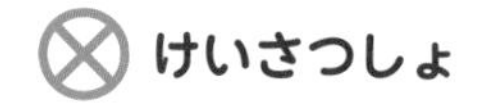

⊗ けいさつしょ

○ 町村役場

二重丸は「市役所」だよ。

◎ 市役所

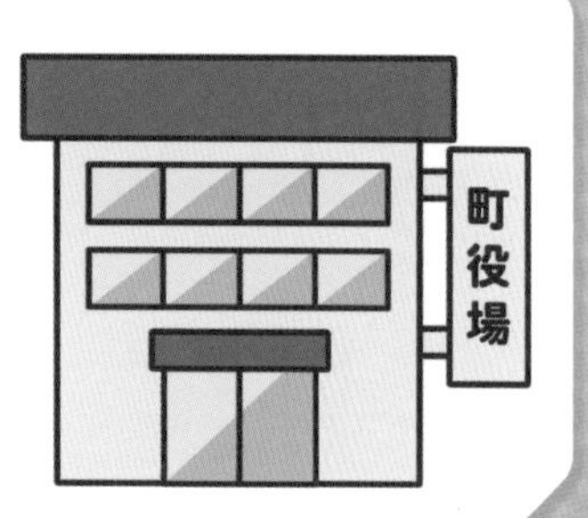

Y 消防しょ

もとになった形

さすまた

図書館

もとになった形

◎ 市役所

一重丸は「町村役場」だよ。

○ 町村役場

〒 ゆうびん局

はくぶつ館 びじゅつ館

老人ホーム

もとになった形

病院

「鳥居」という門の形が
もとになっているよ。

何の地図記号かな?

あるしせつで見かける
「まんじ」を表しているよ。

何の地図記号かな?

あるものをつくるときに、
使った「なわばり」の形が
もとになっているよ。

何の地図記号かな?

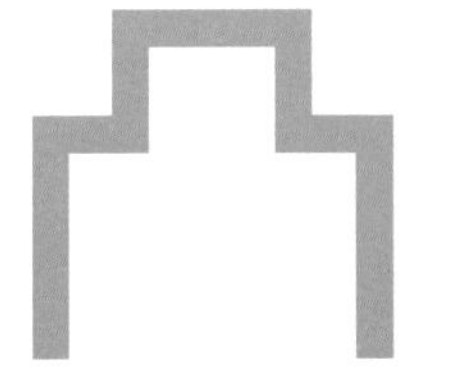

湯つぼと湯けむりを
組み合わせた形が
もとになっているよ。

何の地図記号かな?

きかいを動かすのに
使われる歯車の形が
もとになっているよ。

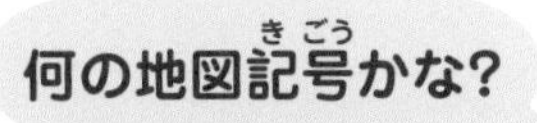

歯車と電気を送る線の形が
もとになっているよ。

何の地図記号かな?

船のおもりの役目を
する「いかり」の形が
もとになっているよ。

何の地図記号かな?

石でできたあるものを前から
見た形と、そのかげの様子が
もとになっているよ。

何の地図記号かな?

ある乗り物が通るところを、
上から見た様子を
表しているよ。

何の地図記号かな?

いねをかり取った
あとの様子を
表しているよ。

何の地図記号かな?

植物のふた葉の形が
もとになっているよ。

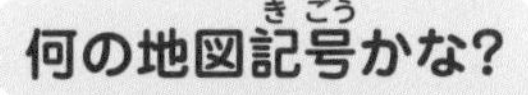

くだものの実を
横から見た形が
もとになっているよ。

何の地図記号かな?

卍 寺

もとになった形

卍

⛩ 神社（じんじゃ）

もとになった形

温泉（おんせん）

城あと（しろあと）

関係（かんけい）がある記号（きごう）

∴ 史跡（しせき）・名勝（めいしょう）

れきしに登場（とうじょう）する所（ところ）など。

発電所（はつでんしょ）

変電所（へんでんしょ）も同じ記号（きごう）で表（あらわ）すよ。

工場

形がにている記号（きごう）

発電所（はつでんしょ）

灯台（とうだい）

きねんひ

中に｜がある記号（きごう）は「自然（しぜん）さいがいひ」だよ。

自然さいがいひ

港（みなと）

もとになった形

田

形がにている記号（きごう）

橋（はし）

鉄道（てつどう）と駅（えき）

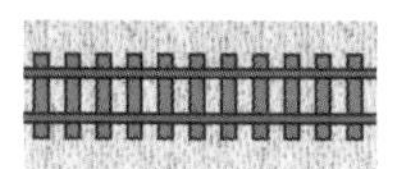

かじゅ園

畑（はたけ）

関係（かんけい）がある記号（きごう）

∴ 茶畑（ちゃばたけ）

せんたく がついているところでは、教科書の選択教材を扱っています。学校での学習状況に応じて、ご利用ください。

【写真提供】
PIXTA／アフロ／警視庁総務部広報課／博多まちづくり推進協議会／福岡市政だより

学校のまわり①

学習日　　月　　日

めあて
学校のまわりの様子の調べ方や、絵地図や方位についてりかいしよう。

教科書 6～14ページ　答え 2ページ

次の（　　）に入る言葉を、下からえらびましょう。

1 わたしたちのお気に入りの場所／高いところから見た学校のまわりの様子／学校のまわりのたんけん／たんけんしたことを白地図に書きこもう①

教科書 8～14ページ

学校のまわりの様子

- 家のまわりや学校のまわりの様子を人につたえるには、（①　　　　）でせつ明するより、（②　　　　）や目じるし、道の様子などを絵で表した**絵地図**のほうがわかりやすい。
- 右の絵地図を見ると、学校のまわりには、急な坂道を上がった先にある、大きな（③　　　　）や、マンションなどの大きな（④　　　　）があることがわかる。
- 学校のまわりの様子を、高いところから方位ごとに（⑤　　　　）して、気づいたことを話し合ってみるとよい。

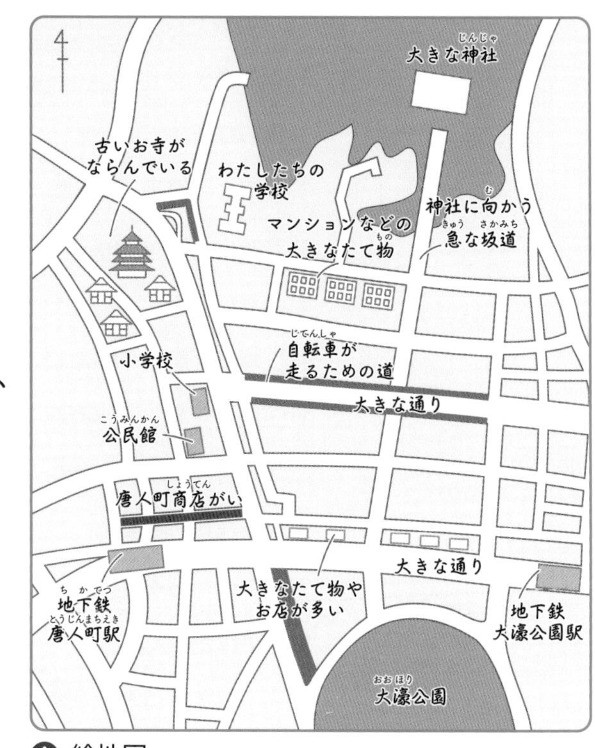

絵地図

ワンポイント　方位じしんと地図の方位

- （⑥　　　　）南北の方位を調べるには**方位じしん**を使う。
- 方位じしんは色のついている方が（⑦　　　　）をさす。
- 地図はふつう、北を（⑧　　　　）にして表す。

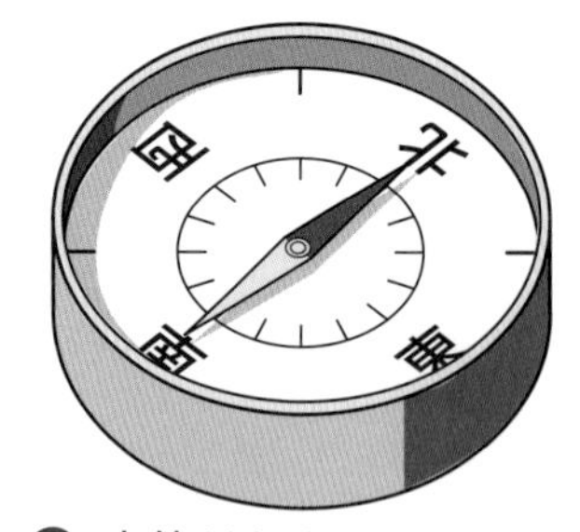

方位じしん

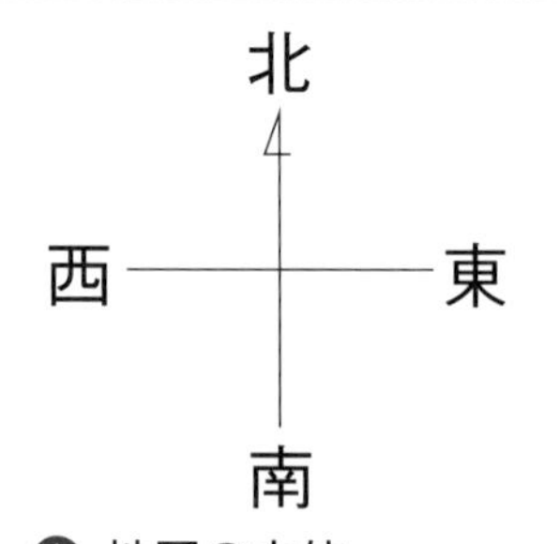

地図の方位

右の地図の方位の図のように、矢じるしがさしている方向が北になる。

地いきの様子

- たて物や田などの土地の使われ方や、高いところやひくいところなど、（⑨　　　　）をかんさつする。
- 交通や**公共しせつ**の様子などをかんさつする。

公共しせつ
学校や市役所、消防しょ、交番、公園など、みんなのためにつくられたたて物や場所。

えらんだ言葉に✔	□かんさつ	□たて物	□東西	□方位	□土地の様子
	□文章	□神社	□上	□北	

ぴたトリビア

昼の12時に太陽がある方向が南です。両手を広げて太陽にせなかを向けて立つと、顔の方が北、右手の方が東、左手の方が西、せなかの方が南です。

教科書 6～14ページ　答え 2ページ

1 次の絵や絵地図を見て、答えましょう。

(1) 方位を調べるために使う、右の絵の道具を何といいますか。
（　　　）

(2) 右の絵の中の①～④にあてはまる方位をそれぞれ書きましょう。
①（　　　）
②（　　　）
③（　　　）
④（　　　）

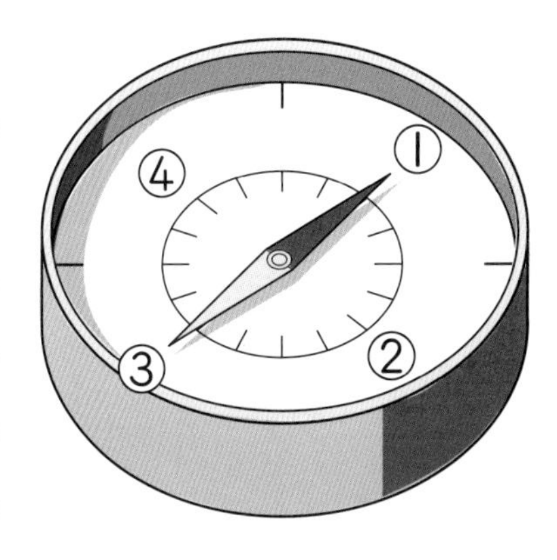

(3) 次の①～⑤のせつ明は学校のまわりの様子です。それぞれのせつ明にあう場所を、右の絵地図の中の㋐～㋔からえらびましょう。

① 公民館の東がわには大きな通りがあり、その通りには自転車が通るための道もある。
（　　　）

② 急な坂道を上がっていくと、大きな神社がある。（　　　）

③ 地下鉄の駅の北がわには、にぎやかな商店がいがある。
（　　　）

④ わたしたちの学校の近くには、古いお寺がたくさんならんでいる。
（　　　）

⑤ 公園の北がわの大きな通りには、大きなたて物や店がならんでいる。（　　　）

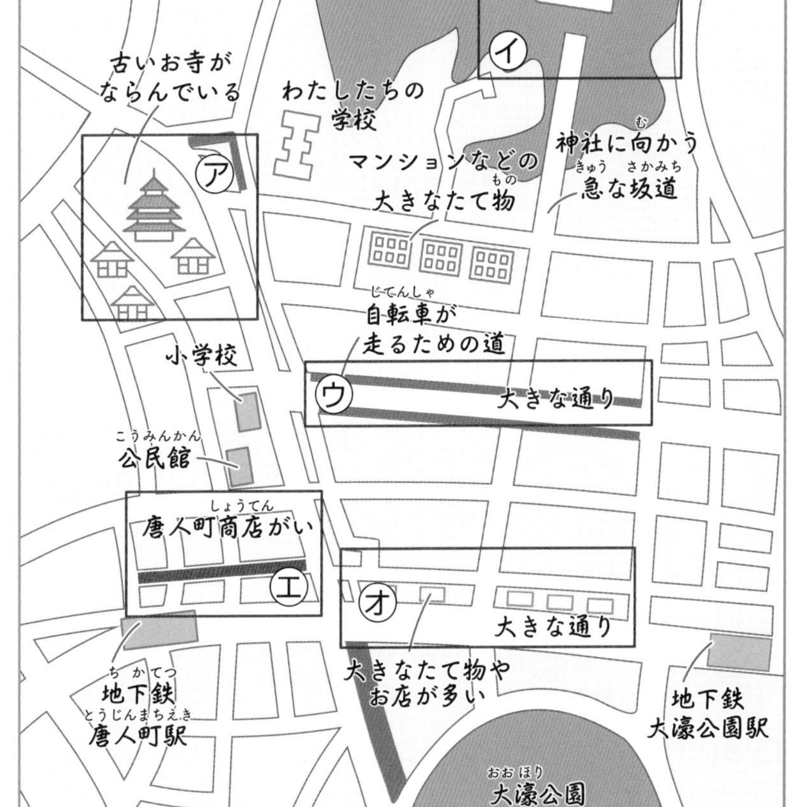

(4) 公共しせつにあてはまるものに○をつけましょう。

①（　　　）スーパー　②（　　　）学校　③（　　　）公園
④（　　　）市役所　⑤（　　　）工場　⑥（　　　）マンション

ヒント
1 (2) はりに色がついている方に注意しましょう。
(3) せつ明にある方位にも注意しましょう。

学習日　　月　　日

1．わたしのまち　みんなのまち

学校のまわり②

◎めあて
地図の読み取り方や、地図記号についてりかいしよう。

教科書 15～19ページ　答え 3ページ

次の（　　）に入る言葉を、下からえらびましょう。

1 たんけんしたことを白地図に書きこもう②
学校のまわりの様子をまとめよう

教科書 15～17ページ

ワンポイント　地図の読み取り

- 東、西、南、北の四つの（①　　　　　）を、地図のはしにある記号を見てたしかめる。
- 地図では、学校や病院、ゆうびん局、寺などのたて物は、絵ではなく**地図記号**を使ってかかれている。この地図記号をもとにして、たて物や土地の様子を読み取る。
- 地図のはしには、（②　　　　　）がわかるように、ものさしのようなものが入っている。

方位の記号

（③　　　　　）を表す地図記号

（④　　　　　）を表す地図記号

（⑤　　　　　）を表す地図記号

（⑥　　　　　）を表す地図記号

きょりがわかるものさしのようなもの

唐人町駅　大濠公園　大濠公園駅　0　500m

2 いろいろな地図記号　ひろげる

教科書 18～19ページ

✪ 地図記号のもとになった形

- （⑦　　　　　）…くだものの実の形をもとにした。
- （⑧　　　　　）…歯車と電線をもとにした。
- （⑨　　　　　）…いねのかり取り後の様子をもとにした。
- （⑩　　　　　）…植物のふたばをもとにした。

⑦ ⑧

⑨

⑩

えらんだ言葉に ✔

□かじゅ園　□きょり　□方位　□学校　□田
□病院　□発電所　□神社　□畑　□寺

ぴったり2

練習

ぴたトリビア

地図にある方位の記号では、矢じるしの向いている方が北になります。方位の記号がついていない地図では、地図の上の方が北になります。

教科書 15～19ページ　答え 3ページ

1 次の地図を見て、答えましょう。

(1) ★のところから見て、神社はどの方位にあるでしょうか。東西南北で答えましょう。（　　）

(2) ①・②のような、地図上でたて物などを表すために使われるものを何といいますか。（　　）

(3) ①・②が表しているものを、□からそれぞれえらびましょう。

①（　　）
②（　　）

病院　ゆうびん局　交番
学校　橋

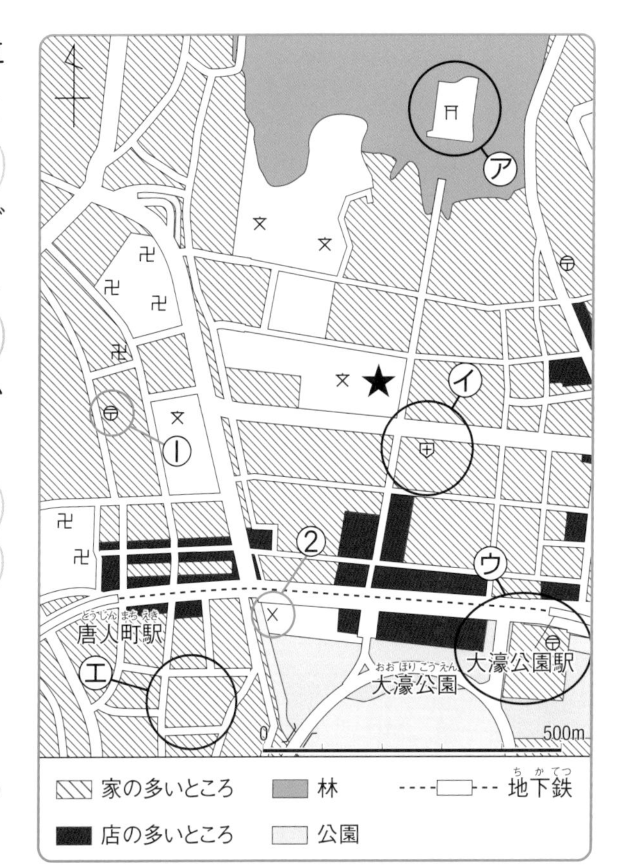

(4) 次の①～④の話にあう場所を、地図の中のア～エからえらびましょう。

①（　　）　地下鉄の駅の近くの道路は広くなっているよ。

②（　　）　住たく地の道路ははばがせまいよ。

③（　　）　神社のまわりは林になっているよ。

④（　　）　道路の南がわに病院があるよ。

2 次の①～③の文にあてはまるものを、ア～エからえらびましょう。

① けいぼう２本を丸でかこんだ形をもとにした記号。（　　）
② 「えいせいたい」で使われていたしるしをもとにした記号。（　　）
③ たて物とつえの形をもとにした記号。（　　）

ア 　イ 　ウ 　エ 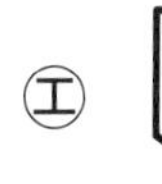

ヒント
1 (1) 地図の左上にある方位の記号に注意しましょう。
(3)① 「ていしんしょう」の頭文字の「テ」をもとにした形です。

1．わたしのまち　みんなのまち

学校のまわり

教科書　6～19ページ　答え　4ページ

1 次の地図を見て、答えましょう。

1つ5点（50点）

(1) よく出る 目じるしや道の様子などを絵で表した地図を何といいますか。

（　　　　　）

(2) よく出る 地図にあるマンションの屋上からまわりをかんさつしました。次の①～⑤のせつ明にあう場所は、マンションの屋上から見てそれぞれどの方位にありますか。東西南北で答えましょう。

技能

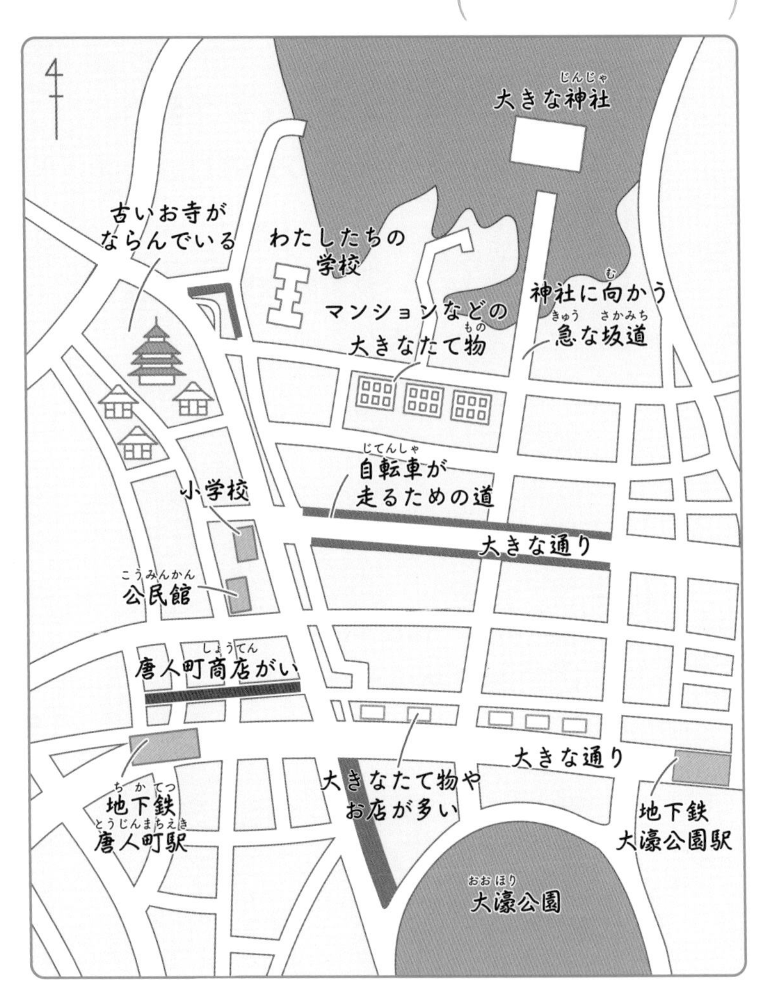

① お寺がならんでいる。

（　　　　　）

② 急な坂道と大きな神社がある。（　　　　　）

③ 自転車が走るための道がある、大きな通りがある。

（　　　　　）

④ 大きくて広い大濠公園がある。

（　　　　　）

⑤ 大きな通りに、大きなたて物や店がならんでいる。（　　　　　）

(3) 次の①～④の文について、地図から読み取れるものには○を、読み取れないものには×をつけましょう。

思考・判断・表現

①（　　　）わたしたちの学校のすぐ南がわの道路を東に進むとマンションなどの大きなたて物がある。

②（　　　）大きな神社の急な坂道をおりて、道路をまっすぐ南に進むと、大濠公園に行ける。

③（　　　）マンションなどの大きなたて物がある場所の北がわの道路をまっすぐ東に進むと、お寺がたくさんならんでいる。

④（　　　）公民館の西がわの道路を南に進むと、唐人町商店がいがある。

2 次の地図を見て、答えましょう。

1つ5点（50点）

(1) 作図 次の①～⑤を表す地図記号を、地図の中から見つけて□に書きましょう。

技能

① 学校　② 寺

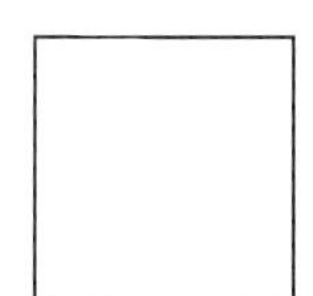
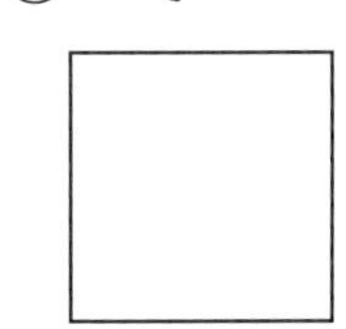

③ 神社　④ 交番

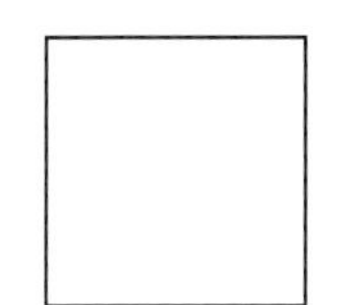
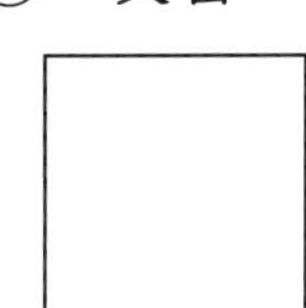

⑤ ゆうびん局

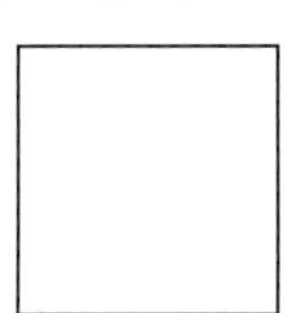

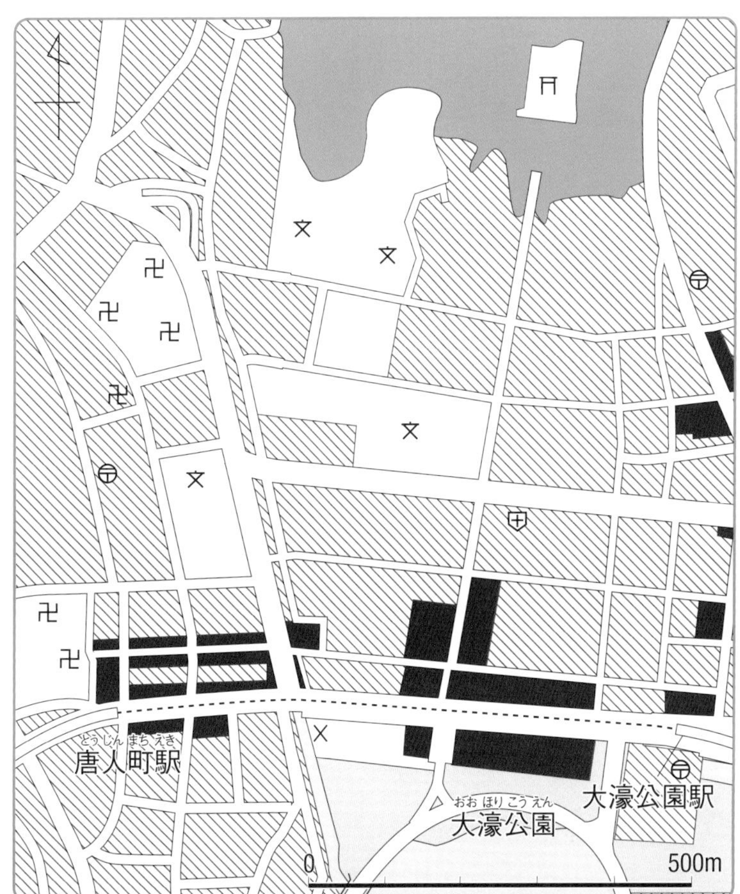

記述 (2) できたらスゴイ！ 地下鉄の駅の近くの道路が広くなっているのはなぜでしょうか。かんたんに書きましょう。

思考・判断・表現

（　　　　　　　　　　）

(3) 次の文の①～③に入る言葉を考えて書きましょう。

思考・判断・表現

春子さんは、神社に行くために地下鉄に乗って大濠公園駅でおりました。地下鉄の駅を出ると、駅のすぐ南がわに、（①）のたて物が見えました。広い道路を西へ少し歩いて、最初の角を北へまがり、まっすぐ進みました。大きな通りの角を、西の方にまがって少し歩くと、道路の南がわに（②）のたて物がありました。（②）の前を通って、最初の角を北の方へまがるとすぐ西がわに、（③）がありました。（③）の前を通って、まっすぐ歩いていくと、大きな神社につきました。

①（　　　　）　②（　　　　）　③（　　　　）

(4) 病院から神社までのきょりはどれくらいですか。□からえらびましょう。

技能

100m　300m　500m　1000m

およそ（　　　　）

ふりかえり ❶(2)がわからないときは、2ページの❶にもどってかくにんしてみよう。

1　市の様子①

3分でまとめ

学習日　月　日

めあて
くわしい方位や、土地の高さと広がりの読み取り方についてりかいしよう。

教科書 20～27ページ　答え 5ページ

次の（　　）に入る言葉を、下からえらびましょう。

1 市の写真や地図を見て

教科書 20～25ページ

✪ 地図帳のさくいんの読み取り

- 地図帳で福岡市の位置を調べるときには、さくいんを使う。さくいんには、福岡市ののっているページと、地図中の場所をしめすカタカナと（①　　　　　　）がのっている。
- カタカナと数字のぶつかったマスの中に福岡市がある。

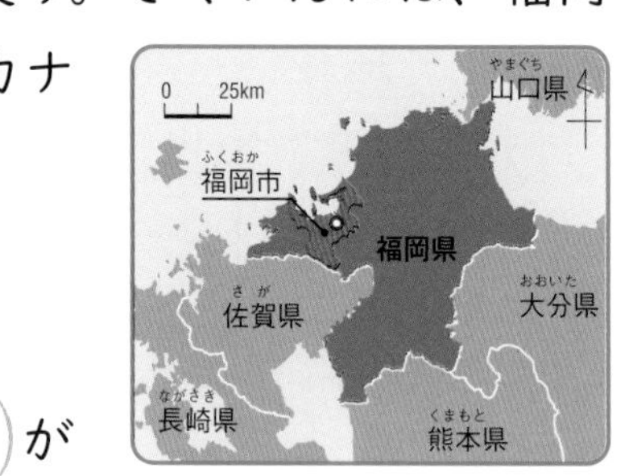

✪ 福岡市の位置

- 地図を見ると、福岡市は福岡県の（②　　　　　　）がわにあることがわかる。

✪ くわしい方位

- 右の図のような**八方位**で表すと、東西南北よりもくわしく方位を表すことができる。

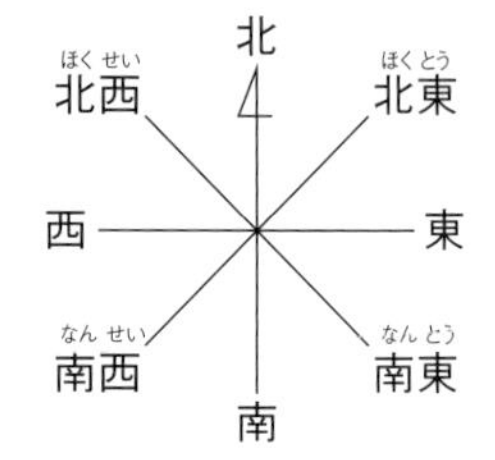

2 市の土地の高さや広がり

教科書 26～27ページ

ワンポイント　土地の高さ

- 市の様子を調べるときは、地図で**土地の高さ**をかくにんしてみるとよい。
- 土地は山から（③　　　　　　）に向かってひくくなっていく。
- 川は（④　　　　　　）ところからひくいところに向かって流れていく。

✪ 福岡市の土地の様子

- 市の南がわは（⑤　　　　　　）があって土地が高く、北がわは海に面していて土地が（⑥　　　　　　）。
- 土地がひくいところには家や店が（⑦　　　　　　）。
- 川は（⑧　　　　　　）がわから北がわに向かって流れている。

福岡市の土地の高さ

えらんだ言葉に✓

□南	□多い	□海	□高い
□西	□ひくい	□山	□数字

ぴったり2

練習

学習日　　月　　日

ぴたトリビア

方位の表し方には、さらにくわしい十六方位もあります。十六方位では、「北北西」「東南東」「南南西」などの方位で表します。

教科書 20～27ページ　答え 5ページ

1 次の図を見て、答えましょう。

(1) 東西南北よりもくわしい、右の図のような方位の表し方を何といいますか。

(　　　　　)

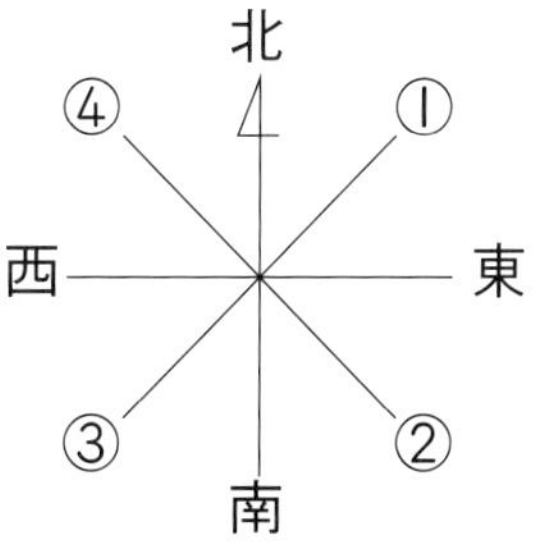

(2) 右の図の①～④にあてはまる方位をそれぞれ書きましょう。

①(　　　　)　②(　　　　)

③(　　　　)　④(　　　　)

北　④　①　西　東　③　②　南

(3) 市の様子についての学習の進め方をしめした次の図の①～⑤にあてはまる言葉を、あとの□からえらびましょう。

<つかむ>	●気づいたことやぎもんを話し合い、(①)をつくる。 ●(①)について予想し、調べることをまとめる。
<調べる>	●(②)、かんさつ、体けんなど、じっさいに行って調べる。 ●手紙やメールで、ほかの学校や市役所の人などに(③)する。 ●図書館やインターネットなどをりようして(④)を集める。
<まとめる>	●調べたことを(⑤)やカード、表などにまとめる。

①(　　　　)　②(　　　　)　③(　　　　)

④(　　　　)　⑤(　　　　)

しりょう　しつ問　ノート　見学　学習問題

2 地図を見て、①～④にあてはまるのは市の北がわか、南がわか、書きましょう。

① 海に面している。

(　　　　)がわ

② 土地が高くなっている。

(　　　　)がわ

③ 家や店が多い。

(　　　　)がわ

④ 土地がひくい。

(　　　　)がわ

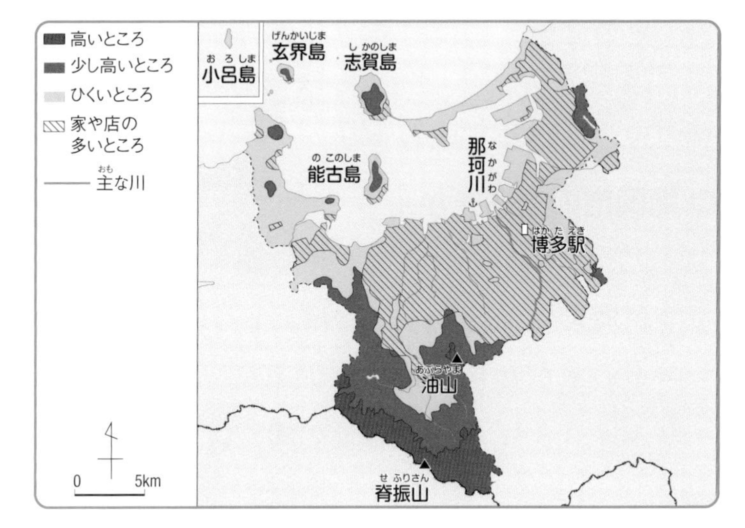

ヒント 1 (2) 矢じるしの方位に注意しましょう。①は北と東の間、②は東と南の間ということから考えましょう。

1 市の様子②

学習日　　月　　日

めあて
地図を見て、土地の使われ方や、交通の様子を読み取ってみよう。

教科書 28～31ページ　答え 6ページ

次の（　　）に入る言葉を、下からえらびましょう。

1 市の土地の使われ方

教科書 28～29ページ

✪ 福岡市の土地の様子

- 写真や地図で**土地の使われ方**を調べる。
- 西鉄福岡（天神）駅のあたりは高いたて物が目立ち、（①　　　　）や会社が多い。
- 海に近いところには、工場がたくさんある。

市の南がわ	（②　　　　）が多く、ゆたかな自然が広がっている。
市の北がわ	海に面した広い（③　　　　）がある。
市の東がわ	家や店が多く、港や（④　　　　）がある。
市の西がわ	（⑤　　　　）や畑、森林が広がっている。

福岡市の土地の使われ方

2 市の交通の様子

教科書 30～31ページ

ワンポイント　交通

- **交通**…人や物などが行き来すること。道路や空港、港、（⑥　　　　）など交通の様子に注目する。

✪ 福岡市の交通きかん

- （⑦　　　　）や鉄道が海の近くを通っている。
- 市の東がわには博多駅があり（⑧　　　　）が通る。

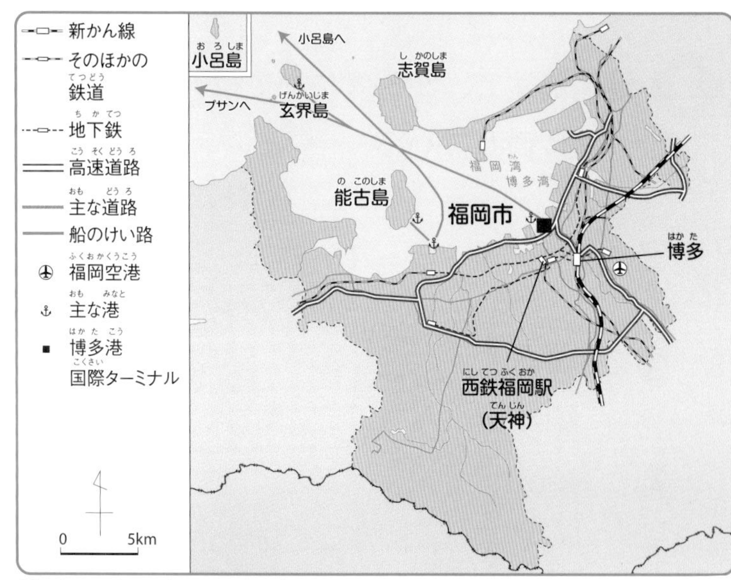

福岡市の交通の広がり

えらんだ言葉に✓				
	□空港	□新かん線	□公園	□店
	□鉄道	□高速道路	□森林	□田

学習日　月　日

ぴたトリビア

九州新かん線は博多から鹿児島までをむすびます。博多から東は山陽新かん線・東海道新かん線によって東京までむすばれています。

教科書 28〜31ページ　答え 6ページ

1 次の①〜④にあてはまる場所を、地図の中の㋐〜㋓からえらびましょう。

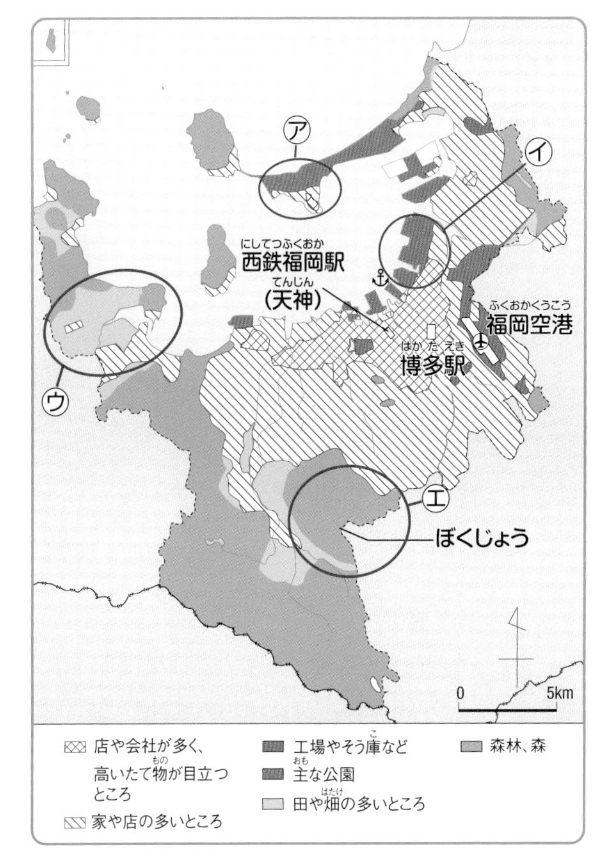

①(　　　　)川が流れており、田や畑が多く見られる。

②(　　　　)船をとめやすいように、海岸線がまっすぐになっており、工場やそう庫が集まっている。

③(　　　　)森林が多くゆたかな自然が広がっており、ぼくじょうも見られる。

④(　　　　)海に面していて、広い公園がある。

2 次の地図を見て、答えましょう。

新かん線
そのほかの鉄道
地下鉄
高速道路
主な道路
船のけい路
福岡空港
主な港
博多港国際ターミナル
小呂島
小呂島へ
志賀島
プサンへ
玄界島
能古島
福岡市
博多
西鉄福岡駅
(天神)
0
5km

(1) 人や物などが行き来することを何といいますか。

(　　　　　　　　)

(2) 次の①〜③の文について、地図から読み取れるものには○を、読み取れないものには×をつけましょう。

①(　　　　)博多駅には、新かん線や鉄道、地下鉄などの路線がたくさん集まっている。

②(　　　　)港からは外国に行く船が出入りしている。

③(　　　　)地下鉄や鉄道は、福岡市の南のはしからのびて、市の南北をつなぐ役わりをはたしている。

ヒント

1 土地の使われ方の色分けに注意して考えましょう。

2 (2)② 港の記号から出ている青い矢印は船の行き先で、プサンは韓国の港です。

1．わたしのまち　みんなのまち

1 市の様子

教科書 20～31ページ　答え 7ページ

1 次の図と地図を見て、答えましょう。

1つ5点（25点）

(1) よく出る 右の図は八方位を表しています。①～④にあてはまる方位を、図の中の㋐～㋓からえらびましょう。

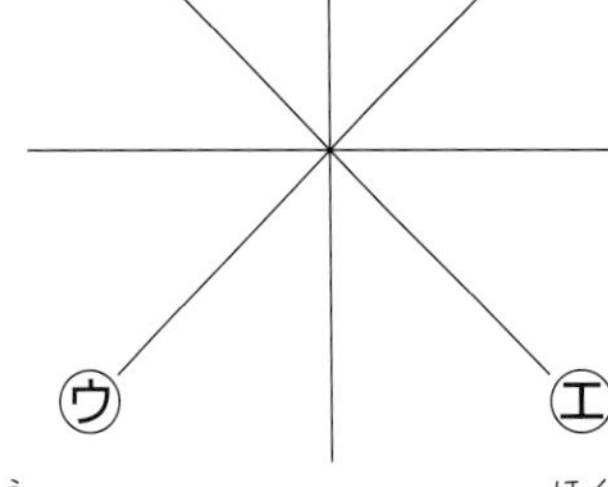

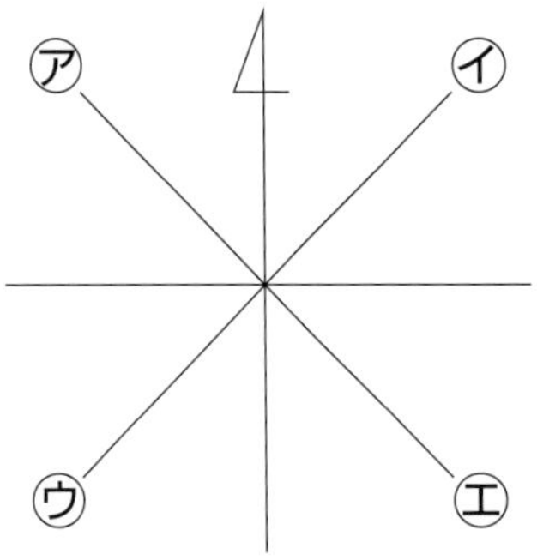

①南西（　　　）
②北東（　　　）　③南東（　　　）　④北西（　　　）

(2) よく出る 右の地図の★の場所から見ると、福岡市は八方位のどの方位になりますか。

技能

（　　　　　）

2 社会科の学習の進め方について、答えましょう。

1つ5点（25点）

(1) ㋐～㋓の学習の進め方を、正しいじゅんばんにならべかえましょう。

㋐ 調べたい場所にじっさいに行って、見学やインタビューなどをする。
㋑ 気づいたことやぎもんを話し合い、学習問題をつくる。
㋒ 調べたことをノートや図などにまとめる。　㋓ 調べることをまとめる。

（　　→　　→　　→　　）

(2) ①～③のぎもんをかいけつするには、何を調べるといいですか。㋐～㋒からえらびましょう。

①（　　） 市内で、高いたて物が多いところはどこかな。

②（　　） 地下鉄やバスはどのあたりを通っているのかな。

③（　　） 川はどこに向かって流れているのかな。

㋐ 土地の高さ　㋑ 交通の様子　㋒ 土地の使われ方

記述 (3) 学習問題の調べ方には、調べたい場所にじっさいに行く以外にどのような方法がありますか。かんたんに書きましょう。

思考・判断・表現

（　　　　　　　　　　　　）

3 次の地図を見て、答えましょう。

1つ5点（50点）

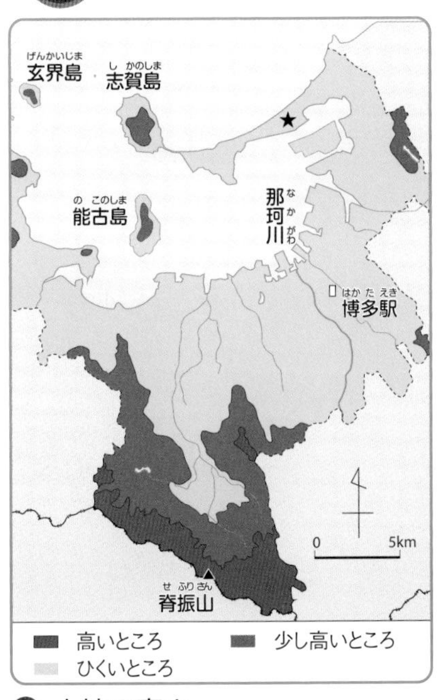

土地の高さ

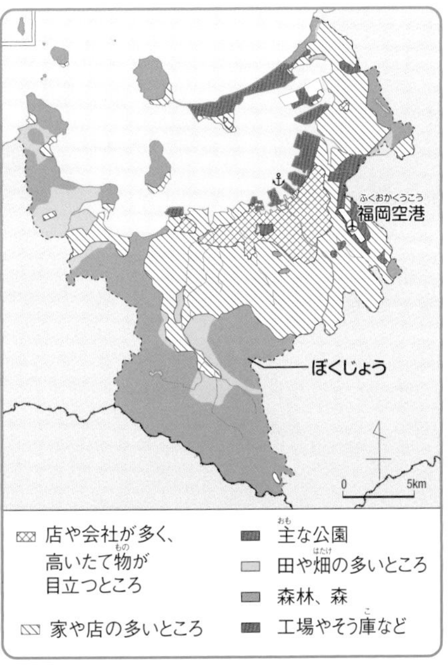

土地の使われ方

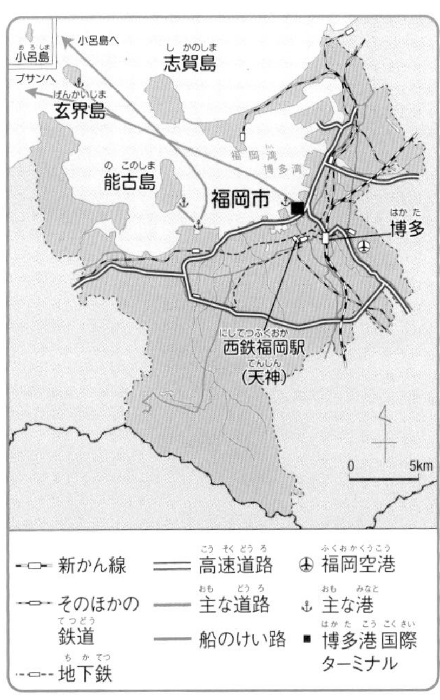

交通の広がり

(1) 次の①～⑧は福岡市の様子をせつ明した文です。地図と見くらべて、正しいものには〇を、まちがっているものには×をつけましょう。　思考・判断・表現

①（　　）福岡市の土地は、北がわがひくく、南がわになるほど高くなっている。

②（　　）ひくい土地で田や畑が広がっているところには、川が流れている。

③（　　）土地が少し高いところには家や店が多い。

④（　　）新かん線は福岡市を東から西へ横切っている。

⑤（　　）地下鉄は土地のひくいところを通っていて、高いところは通っていない。

⑥（　　）空港は家や店が少なく、田や畑が多いところにつくられている。

⑦（　　）土地が高く、森林が多いところには、新かん線や高速道路は通っていない。

⑧（　　）福岡市の北西がわは土地が高くなっており、家や店は少ない。

(2) 「土地の高さ」の地図の、★のまわりの土地の使われ方を、□からえらびましょう。

（　　　　）

新かん線　地下鉄　高速道路　田や畑　公園

記述 (3) できたらスゴイ！ 博多駅や西鉄福岡（天神）駅のまわりに店がとくに多いのはなぜですか。かんたんに書きましょう。　思考・判断・表現

（　　　　）

ふりかえり ❶(1)がわからないときは、8ページの❶にもどってかくにんしてみよう。

1 市の様子③

学習日　　月　　日

めあて
公共しせつのはたらきや、れきしあるたて物がのこる場所について考えてみよう。

教科書 32～35ページ　答え 8ページ

次の（　　）に入る言葉を、下からえらびましょう。

1 市の公共しせつ

教科書 32～33ページ

福岡市の主な公共しせつ

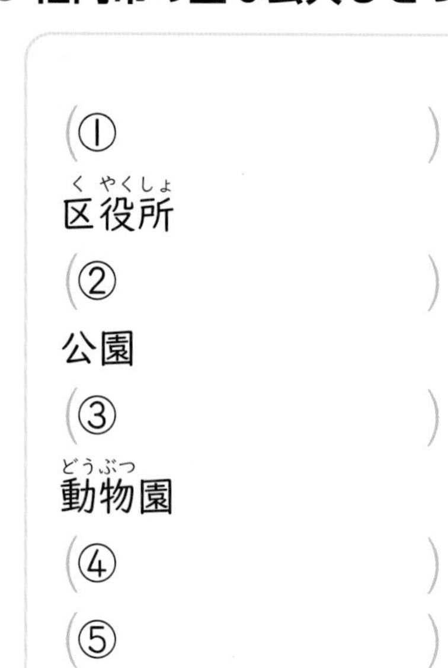

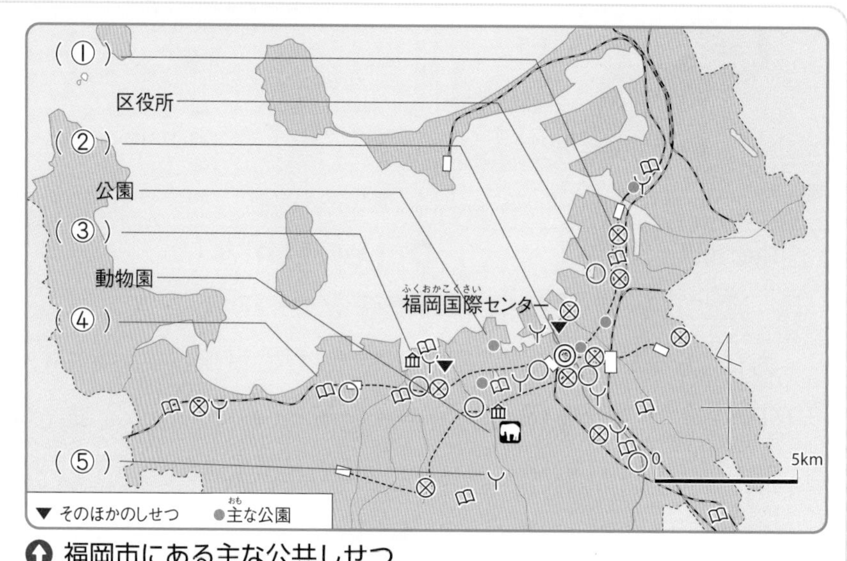

福岡市にある主な公共しせつ

ワンポイント　市役所の仕事

- **市役所**は（⑥　　　　）のくらしにかかわる仕事をしている。子育て、かんこう、産業、災害時の対応などの仕事があり、相談まど口もある。

2 市に古くからのこるたて物

教科書 34～35ページ

福岡市に古くからのこるたて物

- 地図を見ると、（⑦　　　　）に神社や寺が多いことがわかる。
- 100年以上前にたてられた赤れんが文化館は（⑧　　　　）にある。
- **いわれ**（ものごとのはじまりや理由）を調べると、たて物のことがわかる。

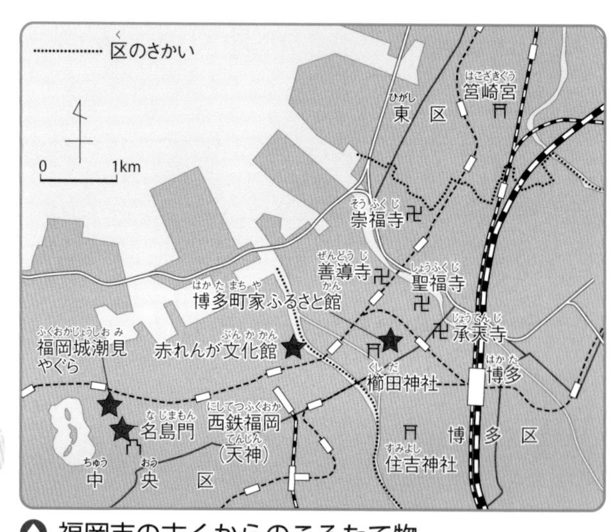

福岡市の古くからのこるたて物

えらんだ言葉に ✔

□図書館	□市役所	□市民	□けいさつしょ
□博多区	□中央区	□消防しょ	□はくぶつ館

学習日　月　日

ぴたトリビア

公共しせつは、みんなから集められたお金でつくられています。デパートや映画館、神社や寺などは公共しせつではありません。

教科書 32〜35ページ　答え 8ページ

1 次の地図を見て、答えましょう。

(1) 公共しせつの一つで、けんこうや子育てなど、市民のくらしにかかわる仕事をしているところを何といいますか。（　　　）

(2) 公共しせつはどのようなところに多くありますか。次の㋐〜㋓から2つえらびましょう。（　　）（　　）

㋐ 鉄道や道路の近くで交通がべんりなところ。

㋑ 田や畑、森林が多く、しずかなところ。

㋒ 家や店が多く、人がたくさん集まるところ。

㋓ 家や店が少なく、広い土地が使えるところ。

(3) 下の地図からは読み取れない公共しせつを、あとの［　　］から3つえらびましょう。（　　）（　　）（　　）

病院　市役所
学校　消防しょ
けいさつしょ
ゆうびん局

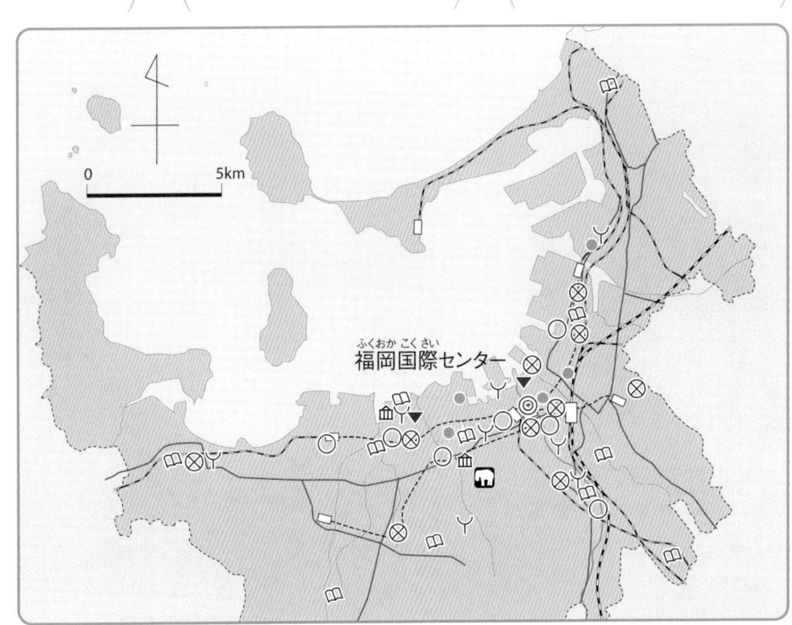

2 福岡市に古くからのこるたて物の地図を見て、答えましょう。

(1) 博多駅からもっとも近い寺を、地図からえらびましょう。（　　　）

(2) 博多区には神社と寺のどちらが多いですか。（　　　）

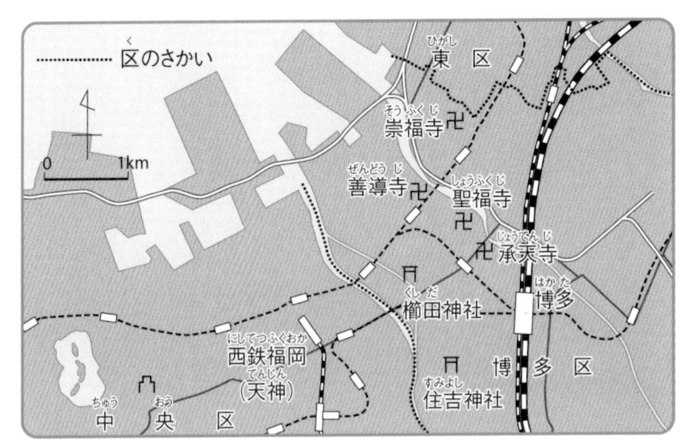

ヒント　1 (3) 地図記号をよく見て、考えましょう。

ぴったり1 じゅんび

1．わたしのまち　みんなのまち

1 市の様子④

学習日　月　日

めあて　調べたことのまとめ方や、せんでんポスターのつくり方をかくにんしよう。

教科書 36〜39ページ　答え 9ページ

 次の（　）に入る言葉を、下からえらびましょう。

1 市の様子をまとめよう

教科書 36〜37ページ

✪ 学習問題のまとめ方

- 調べたことをもとに、市の（①　　　　　）やよさについて話し合う。
- 話し合ったことを**白地図**にまとめる。

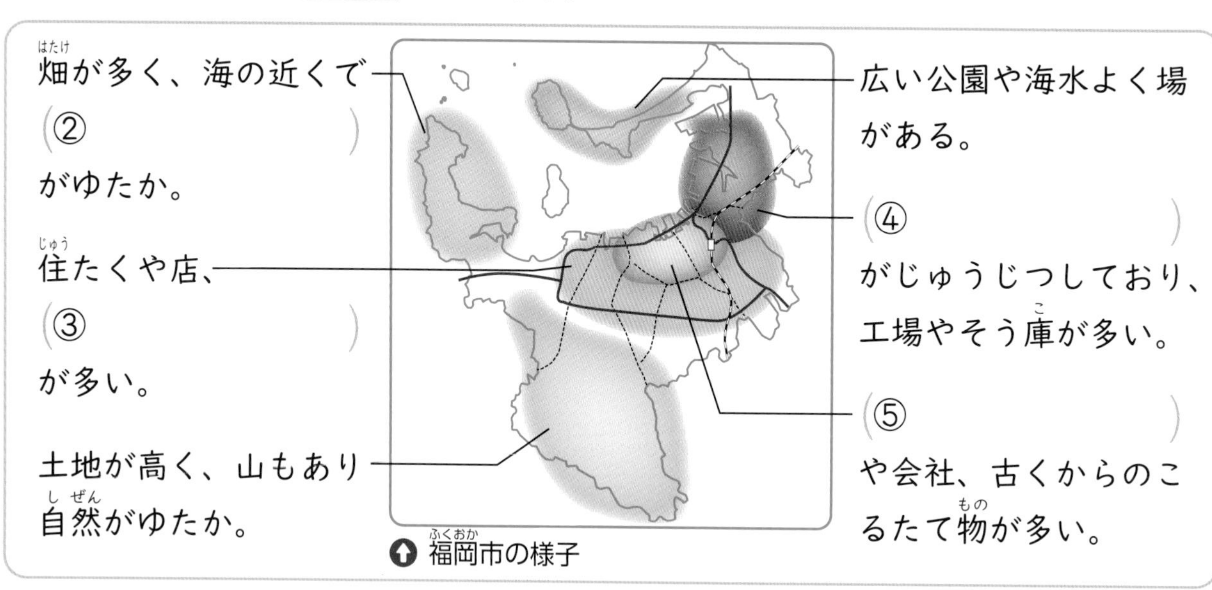

⬆ 福岡市の様子

2 市をせんでんしよう

教科書 38〜39ページ

ワンポイント　せんでんポスターのつくり方

- せんでん文で何をつたえるのかを考える。市のよいところを、できるだけ（⑥　　　　）に書く。
- せんでん文や、せんでんしたい場所の（⑦　　　　）などを地図にはる。
- 写真の場所を（⑧　　　　）などで地図中にしめす。
- 市の（⑨　　　　）やガイドマップなどもさんこうにするとよい。

⬆ 福岡市の広ほうしとガイドブック

えらんだ言葉に ✔

□交通きかん	□とく色	□広ほうし	□店	□自然
□公共しせつ	□シール	□具体てき	□写真	

学習日　　月　　日

ぴたトリビア

白地図は地形のりんかくだけをかいた地図で、土地の様子を表すものは何も書かれていません。自分で調べたことなどを書きこむことができます。

教科書 36〜39ページ　答え 9ページ

1 次の地図を見て、①、②にあてはまる言葉を、[　　]からえらびましょう。

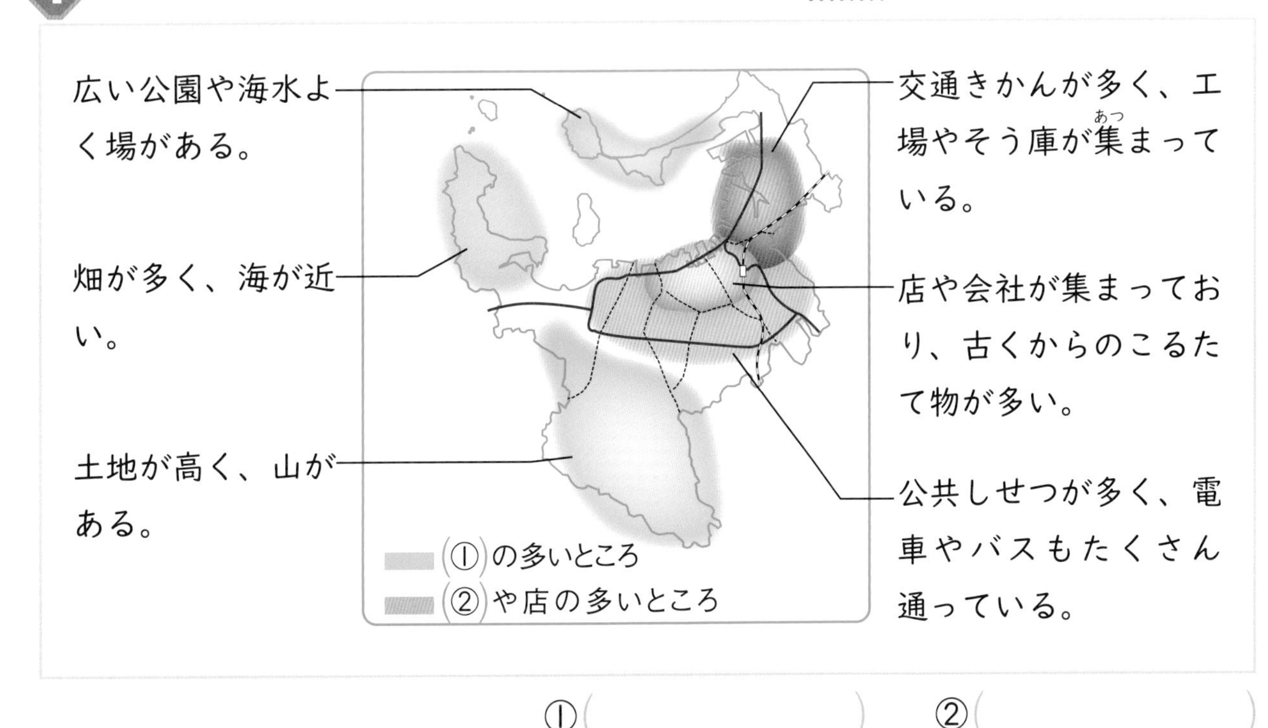

①(　　　　　)　②(　　　　　)

住たく　　自然

2 ①〜③の福岡市のせんでん文に合う写真を、㋐〜㋒からえらんで線でむすびましょう。

① 福岡市はれきしのある場所で、古くからのこるたて物が多くあります。　・　　・ ㋐

② 福岡市は山や海などゆたかな自然があり、かんこうにおすすめです。　・　　・ ㋑

③ 福岡市は博多や天神に多くのお店が集まり、買い物にべんりです。　・　　・ ㋒

ヒント 1 畑、海、山、公共しせつという言葉をヒントにして考えましょう。

1 市の様子

教科書 32～39ページ　答え 10ページ

1 次の地図を見て、答えましょう。

1つ5点（40点）

(1) 市役所から見て、動物園は八方位のどの方位にありますか。

技能

（　　　　　）

(2) よく出る 次の①～⑤のせつ明について、正しいものには○を、まちがっているものには×をつけましょう。

①（　　　）市役所は中央区にある。

②（　　　）はくぶつ館は西区にある。

③（　　　）東区には2つの図書館がある。

④（　　　）南区には消防しょがない。

⑤（　　　）博多区には2つのけいさつしょがある。

0　5km

東区
中央区
博多区
西区
南区
早良区
城南区

新かん線　地下鉄　そのほかのしせつ
そのほかの鉄道　区のさかい　動物園
主な公園

記述 (3) できたらスゴイ! 公共しせつが多いのはどのようなところでしょうか。地図をヒントにしてかんたんに書きましょう。

思考・判断・表現

（　　　　　　　　　　　　　　　　　　　　）

(4) 市役所についてのせつ明としてまちがっているものを、㋐～㋓からえらびましょう。

（　　　）

㋐ 市民のくらしにかかわるさまざまな仕事をしている。

㋑ 市の子育てやかんこう、産業など、市全体にかかわるさまざまなことをあつかっている。

㋒ 市民が相談できるまど口はない。

㋓ 災害のときのひなん場所を知らせる。

2 次の地図を見て、答えましょう。

1つ5点（40点）

(1) よく出る 次の①～⑥のせつ明について、正しいものには○を、まちがっているものには×をつけましょう。 技能

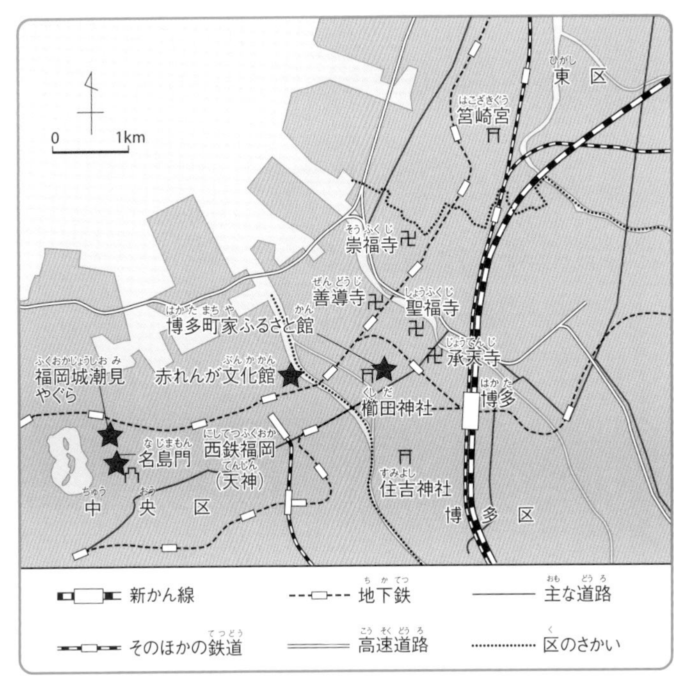

①（　　　）博多駅の西がわには古くからのこるたて物が多く見られる。

②（　　　）櫛田神社は、博多駅の東がわにある。

③（　　　）赤れんが文化館は、川の東がわにある。

④（　　　）神社や寺は、博多区にたくさんある。

⑤（　　　）中央区には、福岡城潮見やぐらがある。

⑥（　　　）筥崎宮は、西鉄福岡（天神）駅の北西にある。

(2) 赤れんが文化館にいちばん近い駅を、㋐～㋒からえらびましょう。（　　　）

㋐ 地下鉄の駅　　㋑ 博多駅　　㋒ 西鉄福岡（天神）駅

(3) 博多駅から住吉神社までのきょりはおよそ何kmでしょうか。㋐～㋓からえらびましょう。 技能

㋐ 1km　　㋑ 5km　　㋒ 10km　　㋓ 20km　（　　　）

3 次の①～④にあてはまる地いきを、地図の中の㋐～㋓からそれぞれえらびましょう。

1つ5点（20点）

① 田畑が多く、市の西がわでは米ややさいなどをつくっている。（　　　）

② 高いたて物が目立ち、店や会社が集まっている。（　　　）

③ 自然がゆたかで、けしきがきれいなところもたくさんある。（　　　）

④ 大きな船がやってくる港があって、交通きかんがじゅうじつしている。（　　　）

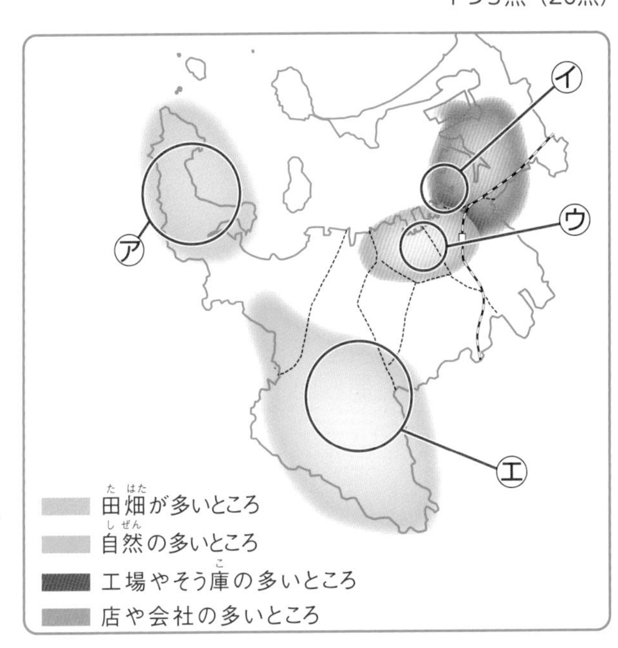

ふりかえり　1(4)がわからないときは、14ページの1にもどってかくにんしてみよう。

ぴったり1 じゅんび

3分でまとめ

せんたく

2. はたらく人とわたしたちのくらし

1 農家の仕事①

学習日　月　日

めあて
まちではたらく人の仕事や、市でつくられている作物についてりかいしよう。

教科書 40〜43ページ　答え 11ページ

次の（　）に入る言葉を、下からえらびましょう。

1 まちの人たちの仕事

教科書 40〜41ページ

はたらく人たちと仕事

- まちにはいろいろな（①　　　）をしている人がいる。
- （②　　　）の仕事
- （③　　　）の仕事
- （④　　　）の仕事

②　③　④

2 市でつくられるやさいやくだもの

教科書 42〜43ページ

福岡市でつくられる作物

- **作物**…田や畑でつくられるものをさす。
- 福岡市では、いちごやだいこん、トマト、しゅんぎく、キャベツなど、いろいろな作物がつくられている。
- 市の（⑤　　　）がわでは、こまつなが多くつくられている。
- 市の北がわや（⑥　　　）がわでは、いちごが多くつくられている。
- 市でつくられる主なやさいやくだもののうち、右のグラフの中でいちばん生産額が多いのは（⑦　　　）で、いちばん生産額が少ないのは（⑧　　　）である。

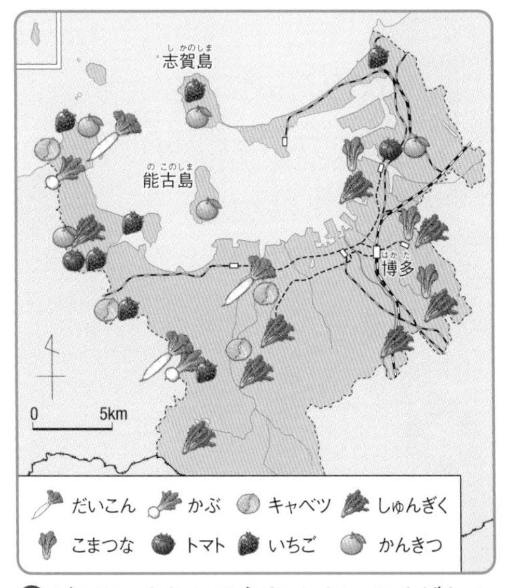

市でつくられる主なやさいやくだもの

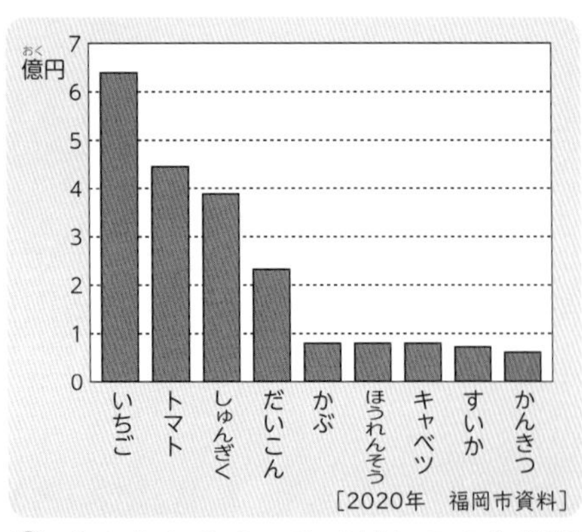

市の主なやさいやくだものの生産額

ワンポイント　ぼうグラフの読み取り方

- グラフの（⑨　　　）とこうもくを見て、何の数を表しているのか読み取る。
- 数字のたんいをたしかめる。
- （⑩　　　）を見て、だいたいの数を読み取る。

えらんだ言葉に✓

□かんきつ	□目もり	□工場	□仕事	□西
□タイトル	□いちご	□お店	□東	□農家

学習日　　月　　日

ぴたトリビア

ぼうグラフは、ぼうの長さで数りょうをくらべるグラフです。ぼうがいちばん長いものや短い(みじか)もの、長さのじゅんばんに注意(ちゅうい)しましょう。

教科書 40〜43ページ　答え 11ページ

1 ①〜③のまちではたらく人たちのイラストにあてはまる仕事を、㋐〜㋒からえらんで線でむすびましょう。

① 

・　　・ ㋐工場の仕事

② 
・　　・ ㋑農家の仕事

③ 
・　　・ ㋒お店の仕事

2 次の問いに、答えましょう。

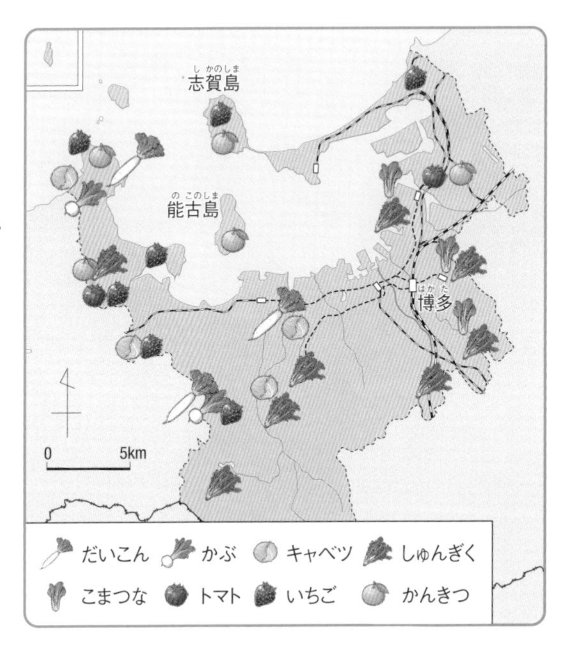

(1) 田や畑でつくられるものを、何といいますか。（　　　）

(2) 右の地図を見て、次の①〜④の文のうち、正しいものには○を、まちがっているものには×をつけましょう。

① 志賀島(しかのしま)では、こまつなやキャベツがつくられている。（　）

② 博多駅(はかたえき)の東がわでは、かぶはつくられていない。（　）

③ 博多駅の北がわでは、だいこんがつくられている。（　）

④ 能古島(のこのしま)では、かんきつがつくられている。（　）

(3) 右のグラフの中で、いちばん生産額が多いものをえらびましょう。（　　　）

(4) しゅんぎくのおよその生産額を、㋐〜㋒からえらびましょう。（　）

㋐ 2億(おく)円　　㋑ 3億円　　㋒ 4億円

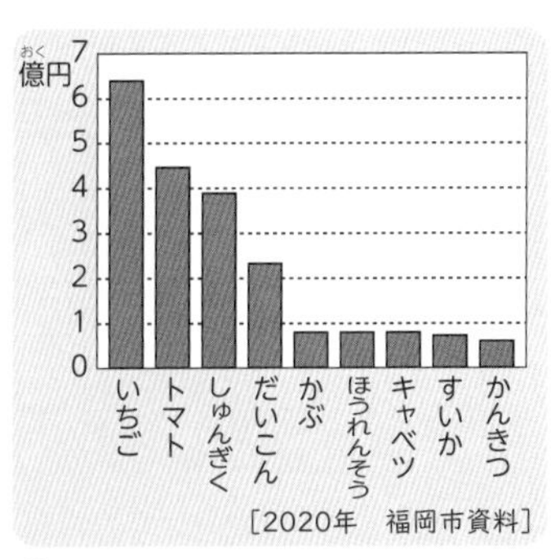

市の主なやさいやくだものの生産額

ヒント　2 (2) 地図の絵をよく見て考えましょう。

ぴったり1 じゅんび

せんたく

2. はたらく人とわたしたちのくらし

1 農家の仕事②

学習日 月 日

めあて
農家の仕事の調べ方や、見学のしかたについてりかいしよう。

教科書 44〜47ページ　答え 12ページ

次の（　　）に入る言葉を、下からえらびましょう。

1 特産品のあまおう

教科書 44〜45ページ

✪ 福岡の特産品

- 福岡市ではあまおうといういちごが多くつくられている。
- **農家**は**特産品**のあまおうをつくるため、さまざまなくふうをしている。

特産品
その地いきでつくられていることが、よく知られているもののこと。

✪ 農家の見学で調べること

- はたらく人や、畑・ビニールハウスの（①　　　　）。使っている道具。
- ビニールハウスを使う（②　　　　）。
- あまおうをつくるために気をつけていること。

2 あまおうづくりの1年間

教科書 46〜47ページ

✪ 1年間の仕事

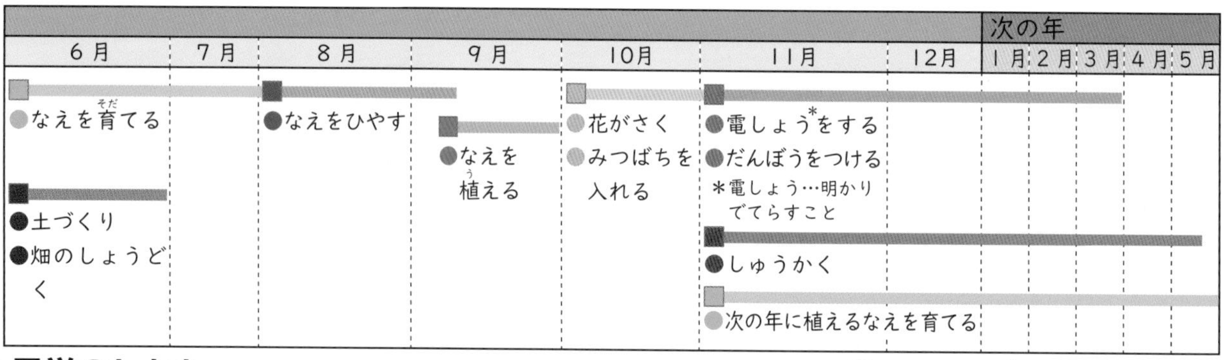

6月	7月	8月	9月	10月	11月	12月	次の年 1月	2月	3月	4月	5月
●なえを育てる ●土づくり ●畑のしょうどく		●なえをひやす	●なえを植える	●花がさく ●みつばちを入れる	●電しょう*をする ●だんぼうをつける *電しょう…明かりでてらすこと ●しゅうかく ●次の年に植えるなえを育てる						

↑ あまおうづくりのカレンダー

✪ 見学のしかた

- 畑の様子や、農家の人の作業をよく（③　　　　）する。
- かんさつしてぎもんに思ったことを農家の人に（④　　　　）する。
- 農家の人に聞いて、作物や土などにふれてよければ、じっさいにふれてみる。
- わかったことは写真やメモにのこして（⑤　　　　）する。
- 見学のさいごに農家の人に（⑥　　　　）を言い、帰ったら手紙を書く。

✪ 見学してわかったこと

- あまおうづくりは、（⑦　　　　）によって作業がちがう。
- （⑧　　　　）をしっかり立てて、作業を進めている。

えらんだ言葉に✔

□しつもん　□様子　□きろく　□計画
□かんさつ　□理由　□きせつ　□お礼

ぴたトリビア

いちごは昼が長くなる春に花をつけるので、あまおうづくりのビニールハウスでは、秋から冬の夜には電気で明るくし、春になったとかんちがいさせます。

教科書 44～47ページ　答え 12ページ

1 次の問いに、答えましょう。

(1) あまおうのように、決(き)まった地いきでつくられていることが、よく知られているものを何といいますか。（　　　　）

(2) 農家で調べることのうち、見て調べることには㋐を、聞いて調べることには㋑を書きましょう。

①（　　）ビニールハウスを使うのはなぜかな。

②（　　）どのような道具を使って仕事をしているのかな。

③（　　）あまおうをつくるために気をつけていることは何かな。

2 あまおうづくりのカレンダーを見て、答えましょう。

6月	7月	8月	9月	10月	11月	12月	1月	2月	3月	4月	5月
							次の年				
●なえを育てる ●土づくり ●畑のしょうどく		●なえをひやす	●なえを植える	●花がさく ●みつばちを入れる	●電しょう*をする ●だんぼうをつける *電しょう…明かりでてらすこと ●しゅうかく ●次の年に植えるなえを育てる						

(1) 次の作業はいつから始(はじ)めますか。㋐～㋒からえらびましょう。

① なえを植える（　　）　② 畑のしょうどく（　　）

③ なえをひやす（　　）

㋐ 6月　㋑ 8月　㋒ 9月

(2) なえを育てる期間(きかん)は何か月ですか。㋐～㋓からえらびましょう。（　　）

㋐ 3か月　㋑ 6か月　㋒ 9か月　㋓ 12か月

(3) 農家の見学のしかたについて、正しいものには○を、まちがっているものには×をつけましょう。

①（　　）畑の様子や、農家の人の作業をよくかんさつする。

②（　　）農家の人はいそがしいので、しつもんはしないで自分で調べる。

③（　　）わかったことやぎもんに思ったことを、メモにとっておく。

④（　　）作物や土などにふれてよければ、じっさいにふれてみる。

ヒント 2 (1)・(2) カレンダーと見くらべて、いつごろ行う作業かたしかめましょう。

1 農家の仕事③

学習日　月　日

めあて
作物がつくられるまでのくふうや努力についてりかいしよう。

教科書 48〜53ページ　答え 13ページ

次の（　）に入る言葉を、下からえらびましょう。

1 くふうがつまったあまおうづくり

教科書 48〜49ページ

ワンポイント　ビニールハウスのとくちょう

- **ビニールハウス**…まわりにビニールをはった温室。
- 空気の（①　　　）調整がしやすい。
- 電しょうせつびで、夜も明るくできる。
- だんぼうせつびで、あたたかくできる。
  →春に実をつけるいちごが冬でもしゅうかくできる。たくさん売れる（②　　　）に合わせてつくることができる。

ビニールハウスの中

なえを育てるくふう

- 畑で育てたなえを8月にれいぞうこでひやすと、冬と同じかんきょうになり、花をさかせるじゅんびをする。
- よぶんな葉をとる「（③　　　）」をすると、実にえいようが集まり、大きくおいしいいちごになる。

いろいろくふうしているね。

生き物の力をかりるくふう

- 10月に花がさいたら、ビニールハウスの中に（④　　　）を入れてとび回らせる。すると、自然と花に花ふんがついて実がなる。
- がい虫をふせいでくれる（⑤　　　）を使うなどしている。

2 いよいよしゅうかく／あまおうのキャッチコピーを考える

教科書 50〜53ページ

しゅうかくと送り先

- 早朝に一つずつ手でとる。食べるときにいちばんあまくなるうれぐあいのものをえらぶ。パックづめも（⑥　　　）で、一つずつていねいに行う。
- 市の**中央卸売市場**に送られ、各地の店やほかの県、海外にも送られる。

キャッチコピーのつくり方

- 作物がつくられるまでの（⑦　　　）や努力についてまとめ、いちばんつたえたいことを短い（⑧　　　）にする。

えらんだ言葉に ✓

□手作業　□くふう　□言葉　□温度
□みつばち　□び生物　□葉かぎ　□冬

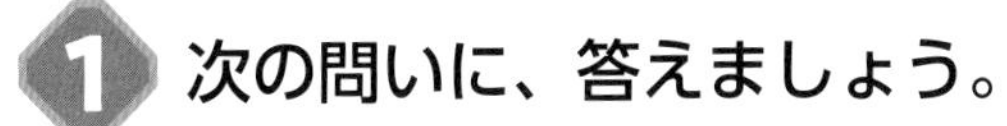

あまおうの名前は、「あかい」「まるい」「おおきい」「うまい」の頭文字をとってつけられました。

教科書 48～53ページ　答え 13ページ

1 次の問いに、答えましょう。

(1) 作物を育てるときなどに使う、右の写真のような温室を何といいますか。

(　　　　　　　　　　)

(2) 次のあまおうづくりのくふうとそのもくてきを、㋐～㋓からえらんで線でむすびましょう。

① 花がさいたら、みつばちをビニールハウスに入れる。・

② 8月に、なえをれいぞうこに入れてひやす。・

③ あまおうを、ビニールハウスの中で育てている。・

④ よぶんな葉をとりのぞく「葉かぎ」をする。・

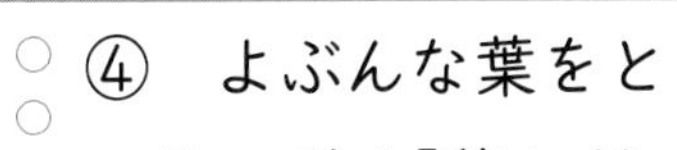

・㋐冬でもしゅうかくできるようにするためだよ。

・㋑自然と花に花ふんがついて、実がなるようにするためだよ。

・㋒大きくて、おいしいあまおうができるようにするためだよ。

・㋓花をさかせるじゅんびをするためだよ。

2 あまおうのしゅうかくについて、正しいものには○を、まちがっているものには×をつけましょう。

①(　　　)日光がよくあたる昼ごろにしゅうかくする。

②(　　　)買った人が食べるときに、いちばんあまくなるうれぐあいのものをえらんでしゅうかくする。

③(　　　)新せんなうちに運(はこ)べるよう、きかいを使ってパックにつめている。

④(　　　)パックにつめたあまおうは、市の中央卸売市場に送る。

⑤(　　　)しゅうかくされたあまおうは、海外にも送られる。

ヒント 1 (2)④「葉かぎ」をすると、実にえいようが集まります。

せんたく

2. はたらく人とわたしたちのくらし

1 農家の仕事

教科書 40〜53ページ　答え 14ページ

1 次のグラフを見て、答えましょう。

1つ5点（25点）

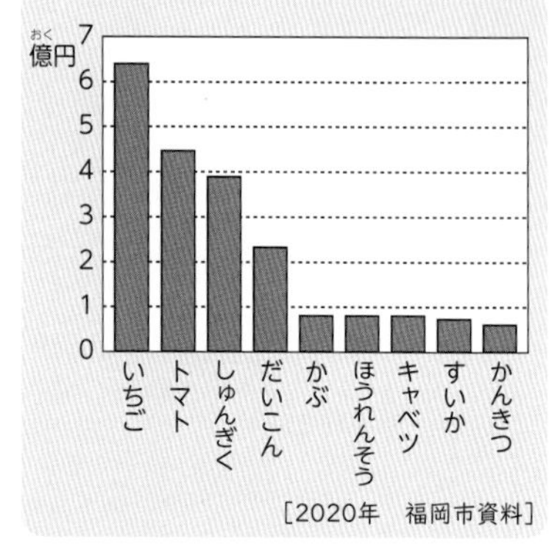

福岡市の主なやさいやくだものの生産額

(1) よく出る 右のグラフからわかることを㋐〜㋓から2つえらびましょう。（　　）（　　）

㋐ やさいやくだものの生産額のちがい

㋑ やさいやくだものが生産されている時期

㋒ やさいやくだものの送り先

㋓ 市で生産されているやさいやくだもののしゅるい

(2) よく出る 右のグラフの中から、いちばん生産額の多いものをえらびましょう。（　　）

(3) しゅんぎくの生産額はどのくらいですか。数字を書きましょう。 技能

およそ（　　）億円

(4) しゅんぎくの生産額は、かぶの生産額のおよそ何倍ですか。 技能

およそ（　　）倍

2 あまおう農家の見学のしかたについて、次の文の①〜⑥にあてはまるものを、それぞれ㋐〜㋕からえらびましょう。

1つ5点（30点）

まず、見学で調べることを、みんなで話し合って（①　　）をつくったよ。見学に行ったら、畑がどんな（②　　）なのか、農家の人がどんな（③　　）を使っているのか、見たいな。

おいしいあまおうをたくさんつくるために、農家の人はどんな（④　　）をしているのかな。農家の人に聞きたいことを（⑤　　）してもだいじょうぶかな。見学が終わったら（①）をもとにして、（⑥　　）を考えるよ。

㋐ くふう　㋑ 様子　㋒ 道具

㋓ しつもん　㋔ 見学カード　㋕ キャッチコピー

3 次のカレンダーのうち、ビニールハウスを使う場合のあまおうのしゅうかく期間は㋐、㋑のどちらですか。

（5点）

（　　）

	6月	7月	8月	9月	10月	11月	12月	次の年 1月	2月	3月	4月	5月
㋐						しゅうかく						
㋑											しゅうかく	

4 次の問いに、答えましょう。

1つ5点（30点）

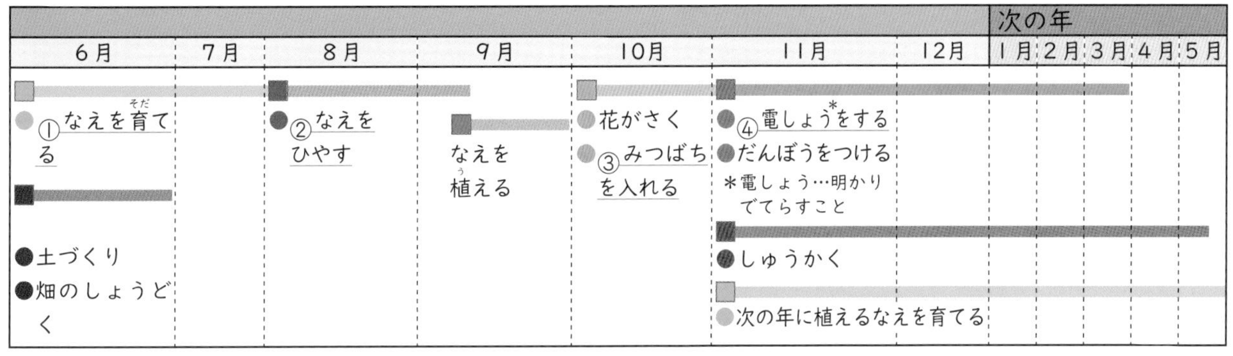

あまおうづくりのカレンダー

(1) 下線部①について、植える前のなえはどこで育てますか。育てる場所を㋐～㋓からえらびましょう。（　　）

㋐ 田　㋑ 畑　㋒ 庭　㋓ 家の中

(2) 下線部②について、なえをひやす理由を㋐～㋓からえらびましょう。（　　）

㋐ なえが早く育ちすぎないようにするため。

㋑ 葉が大きく育つようにするため。　㋒ 実をつけるじゅんびをさせるため。

㋓ 花をさかせるじゅんびをさせるため。

記述 (3) できたらスゴイ！ 下線部③について、みつばちを入れる理由を、かんたんに書きましょう。

思考・判断・表現

（　　　　　　　　　　　　　　　　）

(4) 下線部④について、電しょうをしたり、だんぼうをつけたりする理由を、㋐～㋓からえらびましょう。（　　）

㋐ 雨をふせぐため。　㋑ 冬でも花をさかせて実をつけさせるため。

㋒ 実を大きくするため。　㋓ 夜の農作業をやりやすくするため。

(5) いちごはもともとはいつごろ実をつけますか。きせつを書きましょう。（　　　　）

(6) いちごがたくさん売れるのはいつごろですか。きせつを書きましょう。（　　　　）

5 次の問いに、答えましょう。

1つ5点（10点）

(1) 1日のうちのいつ、あまおうをしゅうかくしますか。㋐～㋓からえらびましょう。

㋐ 朝早く　㋑ 昼ごろ　㋒ 夕方　㋓ 夜おそく（　　）

(2) 農家ではまず、しゅうかくしたあまおうをどこに送りますか。㋐～㋓からえらびましょう。（　　）

㋐ 各地のスーパーマーケット　㋑ 市の中央卸売市場

㋒ ほかの市や県の市場　㋓ 海外の市場

ふりかえり ❹(3)がわからないときは、24ページの❶にもどってかくにんしてみよう。

この本の終わりにある「夏のチャレンジテスト」をやってみよう！

1 工場の仕事①

3分でまとめ

学習日　　月　　日

めあて
身近な地いきでつくられているものと、工場見学の計画について考えてみよう。

教科書 54～57ページ　答え 15ページ

次の（　　）に入る言葉を、下からえらびましょう。

1 福岡市のおみやげ／まちで人気の明太子

教科書 54～57ページ

工場が多いところ

- 工場…（① 　　　　）やきぐがあり、ものをつくったり加工したりするところ。きかいを使うことで、たくさんのせい品をつくることができる。
- 福岡市の（② 　　　　）や博多区には工場が多い。
- 城南区や（③ 　　　　）には工場が少ない。
- （④ 　　　　）には16の工場がある。

区ごとの工場の数

工場のしゅるい

- 福岡市は（⑤ 　　　　）や飲み物をつくる工場がいちばん多く、その数は60以上である。

市で30人以上の人がはたらいている工場の数

工場見学の計画

見学カードのつくり方

- 調べたいことをカードに書き出す。
- まわりの人と同じようなものは一つにまとめる。
- 見てくること、聞いてくることに分ける。
- とくに聞きたいことには（⑥ 　　　　）をつける。

明太子工場の見学カード

<見てくること>
- 明太子の**原料**
- 明太子ができる（⑦ 　　　　）
- 使っているきかい
- はたらいている人の仕事の様子や（⑧ 　　　　）

<聞いてくること>
- はたらいている人の数
- 1日につくるりょう
- おいしい明太子のつくり方

えらんだ言葉に ✔

□じゅんじょ	□中央区	□しるし	□きかい
□食べ物	□早良区	□服そう	□東区

学習日　　月　　日

ぴたトリビア

工場の数や生産額（せいさんがく）などをしめす円や絵などがかかれている地図では、円や絵の大きさや数、かかれている地いきに注意（ちゅうい）しましょう。

教科書 54～57ページ　答え 15ページ

1 次の地図とグラフを見て、答えましょう。

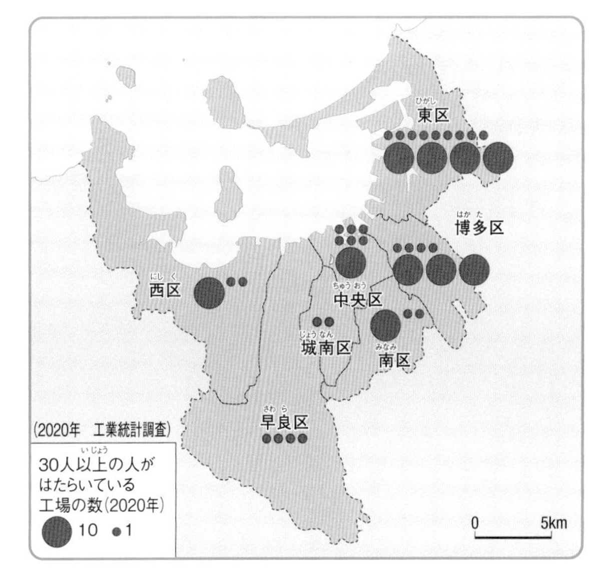

(1) きかいやきぐをそなえて、ものを加工したり、つくったりするところを何といいますか。（　　　）

(2) 地図を見て、次の①～③の文のうち、正しいものには○を、まちがっているものには×をつけましょう。

① （　　　）いちばん工場の数が多いのは、博多区である。

② （　　　）いちばん工場の数が少ないのは、城南区である。

③ （　　　）東区（ひがし）には49の工場がある。

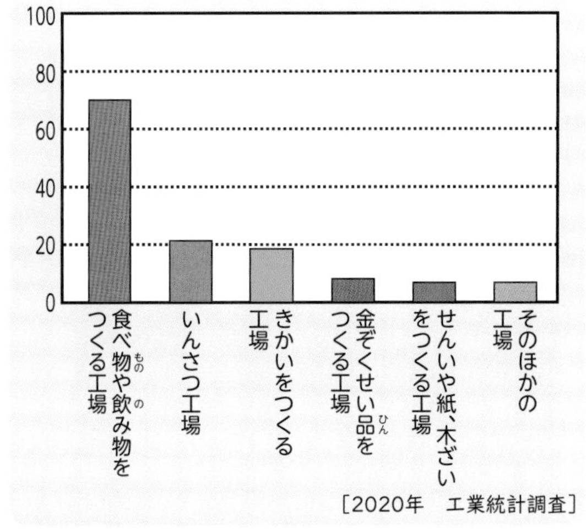

［2020年　工業統計調査］

市で30人以上の人がはたらいている工場の数

(3) 福岡市でいちばん数が多い工場を、㋐～㋓からえらびましょう。（　　　）

㋐ 食べ物や飲み物をつくる工場

㋑ いんさつ工場

㋒ きかいをつくる工場

㋓ 金ぞくせい品をつくる工場

(4) いんさつ工場の数はどのくらいですか。㋐～㋓からえらびましょう。（　　　）

㋐ 10　㋑ 20　㋒ 30　㋓ 40

(5) 明太子工場の見学で調べることのうち、見てくることには㋐を、聞いてくることには㋑を書きましょう。

① （　　　）どんなきかいを使って明太子をつくっているのかな？

② （　　　）1日につくる明太子のりょうはどのくらいかな？

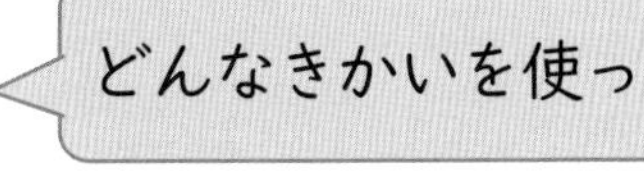

③ （　　　）はたらいている人の服そうや仕事の様子はどうかな？

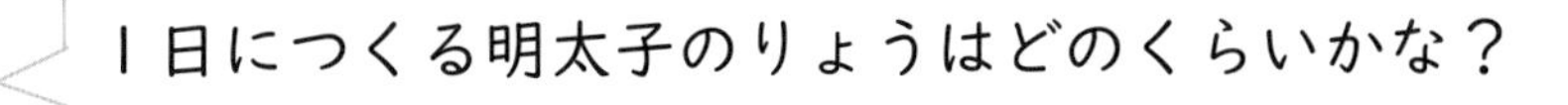

④ （　　　）おいしくつくるためにどんなくふうをしているのかな？

ヒント 1 (2) 地図の中の円の大きさと数を見て考えましょう。大きな円は一つが10、小さな円は一つが1を表（あらわ）しています。

1 工場の仕事②

学習日　月　日

めあて
せい品をつくるくふうや、工場ではたらく人が気をつけていることをりかいしよう。

教科書 58〜61ページ　答え 16ページ

次の（　　）に入る言葉を、下からえらびましょう。

1 明太子ができるまで

教科書 58〜59ページ

ワンポイント 原料

- 原料…あるものをつくるとき、そのもととなる材料のことをさす。
- 明太子の原料はすけとうだらのたまご。主にロシアと（①　　　　）でとれたものを使用している。

明太子づくりのじゅんじょ

1 たれづくり…とうがらしなどの（②　　　　）をまぜて、たれをつくる。
せんべつ…原料となるたらこの、きず、やわらかさ、色などをチェックする。

2 たれをかける…たらこの大きさや（③　　　　）に合わせて、たれのりょうをかえる。

3 じゅくせい…0度でほかんし、たれをしみこませる。

4 計りょう…1本1本（④　　　　）のちがう明太子を、決められた重さになるように組み合わせてパックにつめる。

5 みっぷう…きかいでようきにフィルムをはり、ふたをする。

人の手でしかできない仕事もあるんだね。

見学してわかったこと

- いろいろな（⑤　　　　）があり、それぞれたん当する人が決まっている。
- みっぷう後、箱につめて出荷されるまで（⑥　　　　）がつづいていた。

2 はたらく人が気をつけていること

教科書 60〜61ページ

つくりかたのくふう

- 自動で重さをはかりパックにつめる（⑦　　　　）ができて、少人数で早く正かくにつめられるようになった。
- 新せんさを守るため、明太子の温度が10度をこえないように、タイマーで作業時間をかんりしている。
- 食べ物をあつかう工場なので、（⑧　　　　）に気をつけている。
- はたらく人の服そう…ぼうし、クリーン服、長ぐつ、手ぶくろ
- エアシャワーで服のちりやほこりを落とし、長ぐつのそこを消どくする。

自動の計りょうき

えらんだ言葉に✓				
	□えいせい	□じょうたい	□ライン	□作業
	□アメリカ	□きかい	□調味料	□重さ

学習日　　月　　日

ぴたトリビア

すけとうだらのたまごをしおづけにしたものを「たらこ」といいます。たらこを調味料につけこんで味(あじ)つけしたものが明太子です。

教科書　58〜61ページ　答え　16ページ

1 次の問いに、答えましょう。

(1) あるものをつくるとき、そのもととなる材料のことを何といいますか。

（　　　　　）

(2) 明太子づくりの作業㋐〜㋔を、正しいじゅんばんにならべかえましょう。

㋐ たれをかける　㋑ みっぷう　㋒ たれづくりとせんべつ

㋓ じゅくせい　㋔ 計りょう

（　　→　　→　　→　　→　　）

(3) 次の①〜⑤の文のうち、正しいものには○を、まちがっているものには×をつけましょう。

①（　　）明太子は、日本でとれたすけとうだらのたまごだけを使(つか)ってつくられている。

②（　　）味にばらつきがでないよう、決まったりょうのたれをかけている。

③（　　）じゅくせいするときの温度は０度である。

④（　　）一つ一つ手作業でようきにフィルムをはり、ふたをしている。

⑤（　　）１本１本重さのちがう明太子を組み合わせてパックづめしている。

2 明太子工場ではたらく人のくふうのうち、早く正かくな作業のためのくふうには㋐を、新せんさを守るためのくふうには㋑を、えいせい面(めん)のくふうには㋒を書きましょう。

①（　　）明太子の温度が10度以上(いじょう)にならないように、タイマーで作業時間をかんりしているよ。

②（　　）エアシャワーで、服のちりやほこりを落としてから工場に入るよ。

③（　　）明太子の重さを自動ではかって、パックにつめるきかいを使っているよ。

④（　　）長ぐつのそこを消どくしてから作業を始(はじ)めるよ。

ヒント 1 (3)② 明太子の大きさが１本１本ちがうことから考えましょう。

1 工場の仕事③

学習日 月 日

めあて
明太子と地いきのかかわりや、明太子を広めるくふうについてりかいしよう。

教科書 62〜65ページ　答え 17ページ

次の（　）に入る言葉を、下からえらびましょう。

1 明太子はどこへ

教科書 62〜63ページ

明太子のはん売

- 工場でつくられた明太子は、店に運ばれてはん売される。
- 明太子を売る店は、ほとんどが（①　　　）内にあり、（②　　　）の近くにつくられていることが多い。
- 電話や（③　　　）でも注文することができ、（④　　　）で送られるため、遠くに住む人でも買うことができる。

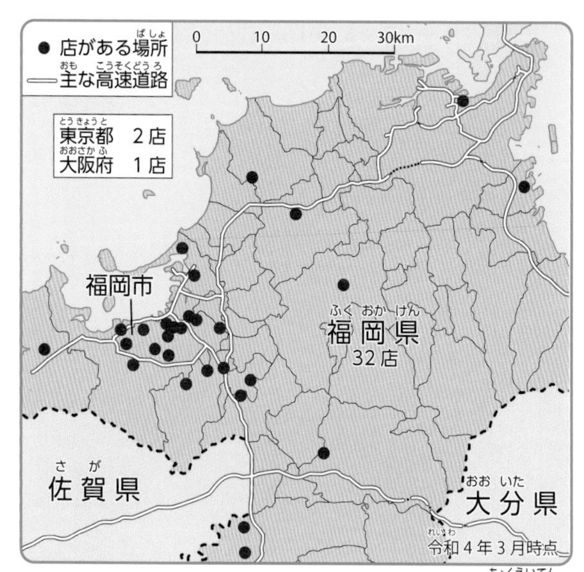

工場でつくられる明太子が売られている店（直営店）

ワンポイント 多くの人に広めるためのくふう

- 明太子のたれを使ったツナかんづめなど、新しい商品を（⑤　　　）している。
- 工場のちゅう車場で（⑥　　　）を開くなど、市民が楽しめるようくふうしている。
- 工場の中に（⑦　　　）をつくり、かんこう客などに市の文化やでんとうこうげい品をしょうかいしている。

たくさんの人に知ってもらうために、いろいろくふうしているね。

2 明太子のキャッチコピーを考える

教科書 64〜65ページ

工場ではたらく人の様子をふり返る

- 工場ではたらく人について、とくに心にのこった人の（⑧　　　）の様子をふり返る。
- 仕事の様子や（⑨　　　）、わたしたちの生活とつながっているところを考えてみる。
- 学習問題について自分なりに考え、みんなで話し合う。

えらんだ言葉に ✔

□たくはいびん　□イベント　□アプリ　□福岡県　□開発
□てんじ室　□高速道路　□くふう　□仕事

学習日　　月　　日

ぴたトリビア

明太子をつくるとちゅうで形がくずれてしまったり、つぶだけになってしまったりしたものでも、調理用にするなど、くふうしてはん売されています。

教科書　62～65ページ　答え　17ページ

1 次の地図を見て、答えましょう。

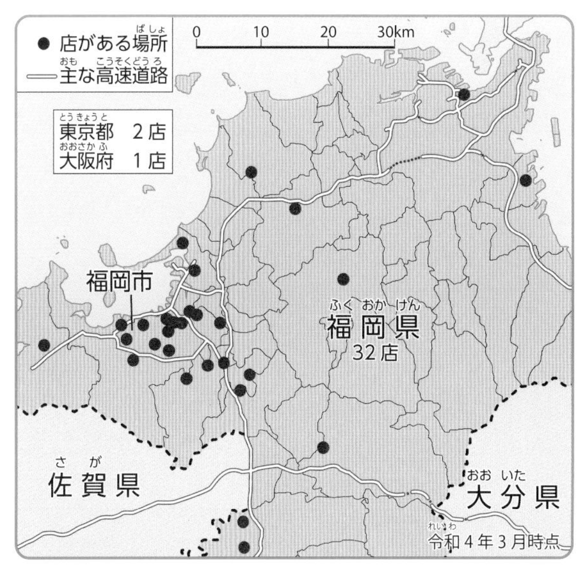

工場でつくられる明太子が売られている店(直営店)

(1) 次の①～④の文について、地図から読み取れるものには○を、読み取れないものには×をつけましょう。

①(　　　)明太子を売る店がいちばん多いのは、福岡市である。

②(　　　)明太子を売る店は、福岡県以外にも５店ある。

③(　　　)明太子を売る店は、高速道路の近くに集まっている。

④(　　　)福岡県には、明太子を売る店が35店ある。

(2) 明太子をたくさんの人に知ってもらうためのくふうを、㋐～㋒からえらびましょう。(　　　)

㋐ 工場の中の温度をきびしくかんりしている。

㋑ 明太子を使った新商品を開発している。

㋒ 工場の中をいつもせいけつにしている。

2 次の問いに、答えましょう。

(1) 工場ではたらく人の様子をふり返り、話し合いを行います。次の㋐～㋒を、話し合いを行うじゅんばんにならべかえましょう。

㋐ 学習問題について自分なりに考え、みんなで話し合う。

㋑ 工場ではたらく人について、とくに心にのこった人の仕事の様子をふり返る。

㋒ 調べたことから、仕事の様子やくふう、わたしたちの生活とつながっているところを考える。(　　　→　　　→　　　)

(2) 次のせんでん文に合うキャッチコピーを、㋐～㋒からえらびましょう。

①(　　　)明太子は地元の人々がほとんど手作業でていねいにつくっています。

②(　　　)明太子は70年以上も前にはじめてつくられ、味の研究を重ねてげんざいの明太子ができあがりました。

㋐ 福岡のでんとうをつたえる　㋑ 全国で親しまれる明太子

㋒ あいじょうたっぷり明太子

ヒント ❶ (1) 地図中の記号や線が何を表しているのかをかくにんして読み取りましょう。

せんたく

2. はたらく人とわたしたちのくらし

1 工場の仕事

教科書 54～65ページ　答え 18ページ

1 次の地図とグラフを見て、答えましょう。

1つ5点（30点）

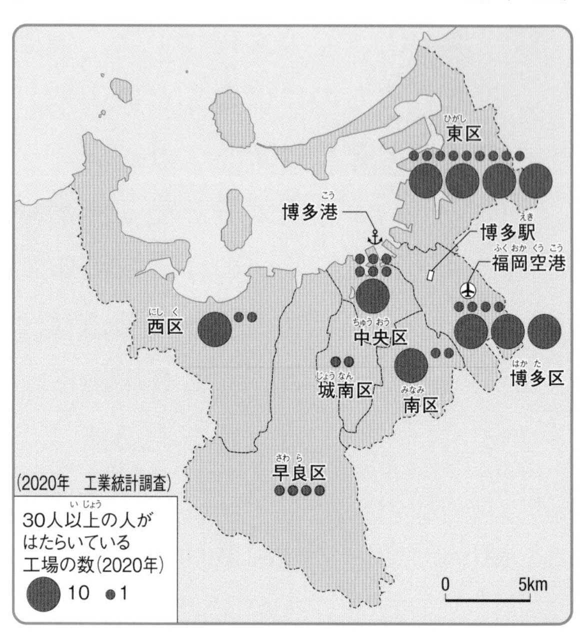

(1) よく出る 工場がいちばん多い区を地図からえらびましょう。（　　　）

(2) 工場がいちばん少ない区を地図からえらびましょう。（　　　）

(3) 博多区には工場がいくつあるか、数字を書きましょう。（　　　）

(4) 地図から読み取れることを、㋐～㋒からえらびましょう。（　　　）

㋐ 工場は市の西がわに集まっている。

㋑ 工場は交通きかんに近く、海に面した区に多い。

㋒ 工場は海に面していない区に多い。

(5) 明太子工場はグラフの中のどのしゅるいの工場ですか。

（　　　　　　）をつくる工場

(6) 作図 福岡市の「いんさつ工場」の数は21です。右のグラフにぼうをかきいれて、グラフを完成させましょう。 技能

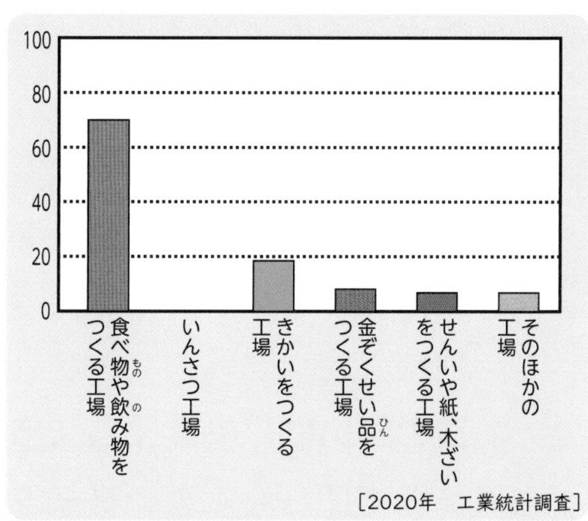

↑ 市で30人以上の人がはたらいている工場の数

2 明太子工場の見学でわかったことのうち、見てわかったことを、㋐～㋕から3つえらびましょう。

1つ5点（15点）

（　　　）（　　　）（　　　）

㋐ 工場では、1日にやく3トンの明太子をつくることができる。

㋑ 明太子づくりは、作業ごとにたん当する人が決まっている。

㋒ できあがった明太子をみっぷうした後、箱につめて出荷されるまでラインがつづいている。

㋓ 工場ではたらく人たちは、市内のいろいろな場所から集まってきている。

㋔ 工場ではたらく人たちは、ぼうしをかぶり、クリーン服を着ている。

㋕ 明太子の原料は、主にロシアとアメリカでとれたものを使用している。

3 次の地図を見て、答えましょう。

1つ5点（30点）

(1) 次の文中の①～⑤にあてはまるものを、㋐～㋖からえらびましょう。

明太子を売る店が（①　　　）の近くに集まっているのは、（②　　　）を使って工場から店まで運ばれているからだと考えられる。

また、福岡市には（③　　　）の駅や空港があるため、全国から多くの人が仕事や（④　　　）などでおとずれる。明太子を（⑤　　　）として買う人が多いため、店が集まっていると考えられる。

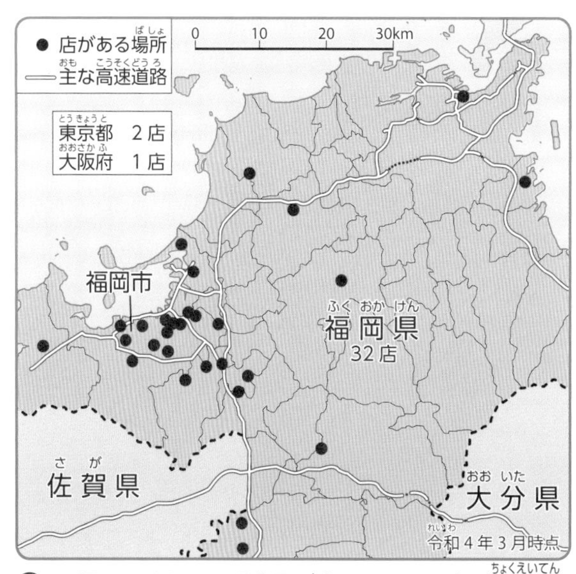

工場でつくられる明太子が売られている店（直営店）

㋐ 船　㋑ トラック　㋒ おみやげ　㋓ 新かん線
㋔ 高速道路　㋕ かんこう　㋖ バス

記述 (2) 全国の人が福岡県をおとずれなくても明太子を買うことができるよう、どのようなくふうがされていますか。かんたんに書きましょう。 思考・判断・表現

（　　　　）

4 次の問いに、答えましょう。

1つ5点（25点）

(1) よく出る 次の①～④の作業は何のために行われていますか。㋐～㋓からえらびましょう。

①（　　　）エアシャワーで服のほこりを落とし、長ぐつのそこを消どくする。
②（　　　）ほかんれいぞう庫からたらこを出すときは、タイマーをセットする。
③（　　　）たらこにかけるたれのりょうをかえる。
④（　　　）できあがった明太子を1本1本計りょうする。

㋐ たらこの大きさやじょうたいに合わせるため。
㋑ 工場の中にばいきんやよごれが入らないようにするため。
㋒ 明太子は生ものなので、温度が高くならないよう作業時間をかんりするため。
㋓ 決められた重さにそろえてパックに入れるため。

記述 (2) できたらスゴイ！ 明太子の重さを自動ではかり、パックにつめるきかいができたことで、作業はどのようにかわりましたか。かんたんに書きましょう。 思考・判断・表現

（　　　　）

ふりかえり 3(2)がわからないときは、32ページの1にもどってかくにんしてみよう。

➜ この本の終わりにある「夏のチャレンジテスト」をやってみよう！

2 店ではたらく人①

学習日　月　日

めあて
地いきにある店のしゅるいや、店をえらぶ理由について考えてみよう。

教科書 66～69ページ　答え 19ページ

次の(　　)に入る言葉を、下からえらびましょう。

1 よく買い物に行く店／買い物調べ

教科書 66～69ページ

いろいろなしゅるいの店

- **商店がい**…店が集まっているところや、通りのこと。さまざまな店がある。
- みんなが行く店には、(①　　　　)、八百屋や肉屋、コンビニエンスストアなどがある。その店に行くわけを家の人にしつもんしてみる。

ワンポイント　しつもんカードのつくり方

- はじめに自こしょうかいをして、しつもんの(②　　　　)を書く。
- 何をどのように調べたいのか(③　　　　)してからしつもんをつくる。
- しつもんをつくるときに(④　　　　)も考えておく。
- さいごにお礼の言葉を書く。

しつもんカードの集計

- (⑤　　　　)とグラフにまとめ、気づいたことを話し合う。
- 商店がいは、(⑥　　　　)の近くにある。
- 家からはなれたスーパーマーケットには、大きな(⑦　　　　)がある。

家の人がよく行く店

はなれたところにある大きなスーパーマーケット　近くのスーパーマーケット①　近くのスーパーマーケット②　八百屋さん　お肉屋さん　コンビニエンスストア　通信はん売

しつもんカードの集計けっか

大きなスーパーマーケットに行くわけ

- ちゅう車場が広いので(⑧　　　　)で行ける。
- いろいろな品物を一度に買える。

駅や家の近くの商店がいに行くわけ

- 仕事の帰りに買い物ができる。
- 近いので、ひつようなときにすぐに行ける。

通信はん売で買うわけ

- 重い品物を家までとどけてもらえる。
- いつでも、どこでも(⑨　　　　)ができる。

えらんだ言葉に✓

□スーパーマーケット　□まとめ方　□白地図　□注文　□車
□ちゅう車場　□もくてき　□整理　□駅

ぴったり2

練習

学習日　　月　　日

ぴたトリビア
英語(えいご)でコンビニエンスは「べんりな」、ストアは「店」という意味(いみ)です。コンビニエンスストアは「べんりな店」という意味になります。

教科書 66～69ページ　答え 19ページ

1 次の地図を見て、答えましょう。

(1) 次の①～④の文のうち、正しいものには○を、まちがっているものには×をつけましょう。

① 行く人がいちばん多い店は、学校の南がわにある。（　　）

② 行く人がいちばん多い店は、遠くにある大きなコンビニエンスストアである。（　　）

③ 地図の中ではコンビニエンスストアの数がいちばん多く、4けんある。（　　）

④ コンビニエンスストアに行く人の合計はスーパーマーケットに行く人の合計よりも多い。（　　）

家の人がよく行く店
＊家の人が行く店にしるしをつけた。

(2) 店が集まっているところや通りのことを何といいますか。

（　　　　）

(3) 次の店で買い物をするわけを、㋐～㋓からえらんで線でむすびましょう。

① 大きなスーパーマーケット ・　　・  ㋐いつでもどこでも注文ができるので、べんりだよ。

② 通信はん売 ・　　・  ㋑近いので、ひつようなときにすぐ買いに行けるよ。

③ 駅近くの商店がい ・　　・  ㋒車で行っていろいろな品物を一度に買えるよ。

④ 近くのお店 ・　　・  ㋓八百屋や肉屋などがあって、仕事帰りに買い物できるよ。

ヒント ❶ (1) 地図の中にかかれている●は、そのお店によく買い物に行く人の数を表(あらわ)しています。

ぴったり1 じゅんび

2．はたらく人とわたしたちのくらし

2 店ではたらく人②

学習日　月　日

めあて
スーパーマーケットの調べ方や、お店の様子についてりかいしよう。

教科書 70～75ページ　答え 20ページ

次の（　　）に入る言葉を、下からえらびましょう。

1 スーパーマーケットについて話し合う

教科書 70～71ページ

調べること

- 売っている品物としゅるい。品物がどこから来ているか。
- はたらいている人の数や仕事の内容。お客さんに来てもらうためのくふう。

調べ方

- はたらいている人やお客さんに（①　　　　　　　）する。
- 店長さんに（②　　　　　　　）のくふうを教えてもらう。

2 スーパーマーケットの様子

教科書 72～75ページ

ワンポイント　見学のときに気をつけること

- 店の人の仕事や、（③　　　　　　　）のじゃまにならないようにする。
- （④　　　　　　　）には手をふれないようにする。
- 話を聞くときは（⑤　　　　　　　）をして、終わったらお礼を言う。

見学してわかったこと

- 売り場には（⑥　　　　　　　）がついている。
- 通路が広く、品物がきれいにならべられている。
- 売り場の品物は、（⑦　　　　　　　）ごとにまとめて売られている。
- （⑧　　　　　　　）がいろいろな大きさに切って売られている。
- 魚や肉を切って売ったり、調理したそうざいを売ったりしている。
- ほかの市や県、外国から来たものが売られている。
- お店の人が品物をならべていた。
- 売り場の（⑨　　　　　　　）ではたらく人がいる。

売り場のかんばん

いろいろな大きさに切られたやさい

品物を売るためのいろいろなくふうがありそうだね。

えらんだ言葉に ✓					
	□インタビュー	□かんばん	□あいさつ	□売り方	□外
	□しゅるい	□お客さん	□やさい	□品物	

ぴたトリビア

「そうざい」はごはんといっしょに食べるおかずのことで、スーパーマーケットではコロッケやからあげなど、さまざまなそうざいが売られています。

学習日　月　日

教科書 70〜75ページ　答え 20ページ

1 次の学習問題についてのメモの①〜④にあてはまる言葉を、㋐〜㋓からえらびましょう。

学習問題「スーパーマーケットではたらく人は、たくさんのお客さんに来てもらうために、どのようなくふうをしているのでしょうか。」

●調べること
- 売っている（①　　　）のしゅるい。
- たくさんの品物は、どこから来ているのか。
- 品物を見つけやすくするために、どのようなことをしているか。
- はたらいている人の数や仕事の内容。
- たくさんの（②　　　）に来てもらうためにどのようなくふうをしているか。

●調べ方
- じっさいにスーパーマーケットに見学に行って調べる。
- スーパーマーケットで（③　　　）やお客さんにインタビューする。
- 見学してわかったことをノートやメモに書いておく。
- 店長さんに売り方の（④　　　）を教えてもらう。

㋐ お客さん　㋑ くふう　㋒ 品物　㋓ はたらいている人

2 次の①〜③の様子にあてはまるものを、スーパーマーケットの絵の中の㋐〜㋔からえらびましょう。

① 売り場の外ではたらいている人がいる。

② 売り場には、品物のしゅるいごとにかんばんがついている。

③ お店の人が売り場で品物をならべている。

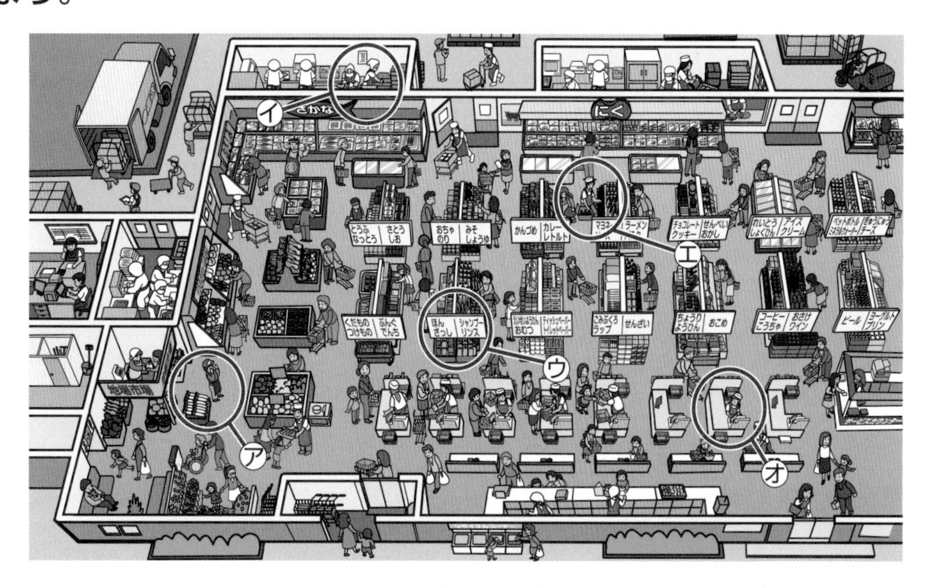

①（　　　）②（　　　）③（　　　）

ヒント ❷ スーパーマーケットの中の様子がかかれた絵なので、こまかいですが、注意してさがしましょう。

2 店ではたらく人③

学習日　　月　　日

めあて
産地の調べ方や、商品の売り方のくふうについてりかいしよう。

教科書 76～79ページ　答え 21ページ

次の（　　）に入る言葉を、下からえらびましょう。

1 品物はどこから

教科書 76～77ページ

ワンポイント 品物の産地

- **産地**…やさいやくだもの、肉や魚などの、つくられた場所やとれた場所のこと。
- 産地がわかるものには、（①　　　　）、パッケージのシール、やさいやくだものなどに直せつはってあるシール、（②　　　　）などがある。
- 台湾バナナのように、品物の（③　　　　）に産地のヒントがあることもある。

産地がわかるだんボール

産地のかくにん

- 産地やその国の**国旗**を（④　　　　）でたしかめてみる。
- （⑤　　　　）…国を表すめじるし。ねがいや気持ちがこめられている。

2 店ではたらく人

教科書 78～79ページ

売り方のくふう

- お客さんが品物をさがしやすいよう、しゅるいごとにかんばんをつける。
- **品しつ**…おいしさや新せんさなど、品物のよしあしのこと。品しつのよい品物を売ることで、お客さんに（⑥　　　　）されるようになる。

お客さんのねがいをかなえるくふう

- お客さんが（⑦　　　　）なりょうを買えるように、やさいや魚をいろいろな大きさに切って売り場に出す。
- おいしく食べてもらうために、１日に何回かに分けてそうざいをつくる。
- （⑧　　　　）で売れぐあいを調べながら品物を注文する。
- どこに何があるかすぐわかるように考えてならべる。

やさいを切る人

天ぷらをつくる人

じむしょではたらく人

やさいをならべる人

えらんだ言葉に✔				
	□コンピューター	□ひつよう	□地図帳	□信用
	□だんボール	□ねふだ	□国旗	□名前

学習日　　月　　日

ぴたトリビア

スーパーマーケットでは、お店のご意見箱やホームページなどによせられたお客さんの声を、お店づくりに生かしています。

教科書 76～79ページ　答え 21ページ

1 次の地図を見て、答えましょう。

(1) 次の品物は、どこから運ばれてきますか。地図の中からえらびましょう。

① にんじん
(　　　　　)

② もも
(　　　　　)

③ 牛肉
(　　　　　)

④ たまねぎ
(　　　　　)

⑤ キウイフルーツ
(　　　　　)

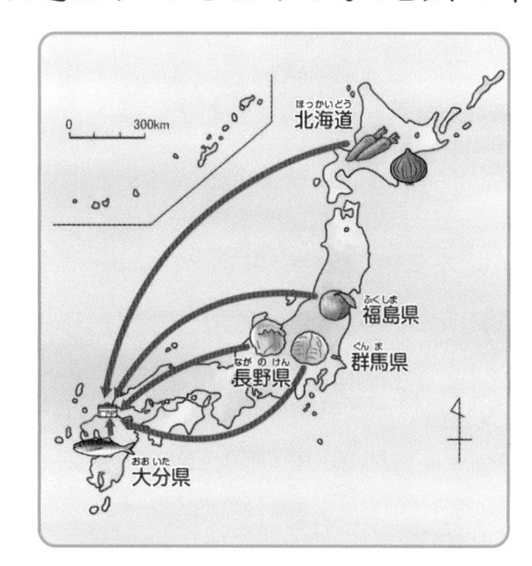

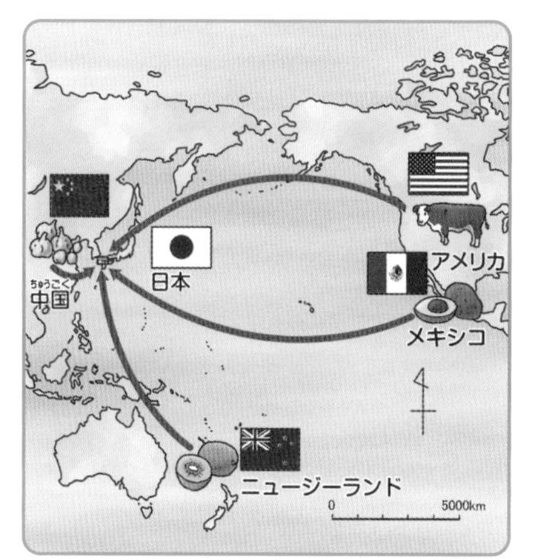

(2) やさいやくだもの、肉や魚などの、つくられた場所やとれた場所のことを何といいますか。
(　　　　　)

2 買う人のねがいに合わせたくふうを、㋐～㋓からえらんで線でむすびましょう。

①  ほしい品物が買えるように品切れがないようにしてほしいな。　・　・　㋐どこに何があるかすぐわかるように、考えてならべている。

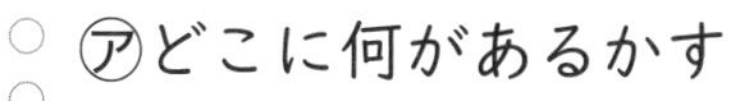

②  調理に手間のかからないお肉やお魚がほしいな。　・　・　㋑できたてを売り場に出すため、1日に何回かに分けてつくっている。

③  それぞれの家族がほしい分だけ買えるようにしてほしいな。　・　・　㋒コンピューターで売れぐあいを調べて、注文する数を決める。

④  品物が見やすいようにならべてほしいな。　・　・　㋓ひつようなりょうを買えるように、いろいろな大きさに切っている。

ヒント 1 それぞれの品物が、地図中のどこにしめされているのか、さがしてみましょう。

2．はたらく人とわたしたちのくらし

2 店ではたらく人

時間 30 分

／100

ごうかく 80 点

教科書 66〜79ページ　答え 22ページ

1 次の地図と図を見て、答えましょう。

1つ5点（25点）

(1) 次のせつ明にあてはまるお店を、地図の中の㋐〜㋒からえらびましょう。

①（　　　）八百屋や肉屋など、いろいろなお店がたくさん集まっている。

②（　　　）いろいろな品物を一度に買える。また、ちゅう車場が広いので、車で行くこともできる。

(2) 近くのスーパーマーケット①によく買い物に行く人は何人ですか。数字を書きましょう。

（　　　　）人

(3) スーパーマーケットとコンビニエンスストアでは、どちらに買い物に行く人が多いですか。多いほうを書きましょう。　技能

（　　　　）

記述 (4) 通信はん売でよく買い物をする人は、どのような理由で通信はん売をえらんでいると考えられますか。かんたんに書きましょう。

思考・判断・表現

（　　　　　　　　　　　　　　　　）

わたしたちの学校
スーパーマーケット
㋐
コンビニエンスストア
スーパーマーケット
㋑
コンビニエンスストア
商店がい
八百屋さん
お肉屋さん
コンビニエンスストア
はなれたところ（学校から見て南がわ）にある大きなスーパーマーケット（車で行った）
㋒

はなれたところにある大きなスーパーマーケット
近くのスーパーマーケット①
近くのスーパーマーケット②
八百屋さん
お肉屋さん
コンビニエンスストア
通信はん売

⬆ 家の人がよく行く店の集計けっか

2 スーパーマーケットの見学についてせつ明した次の文のうち、正しいものには○を、まちがっているものには×をつけましょう。

1つ5点（30点）

①（　　　）いろいろな人に話を聞くため、売り場がこんでいて、いちばんいそがしいときに見学に行く。

②（　　　）売り場にならんでいる品物は、さわってたしかめてみる。

③（　　　）売り場を歩いて、品物のしゅるいや売り方をかんさつする。

④（　　　）見学してわかったことをメモに書きこむ。

⑤（　　　）店の人や、お客さんのじゃまにならないようにする。

⑥（　　　）話を聞くときはあいさつをして、終わったらお礼を言う。

3 次の問いに、答えましょう。

1つ5点（25点）

(1) よく出る 次の絵はスーパーマーケットではたらく人の様子です。絵にあてはまる仕事を、㋐～㋓からえらびましょう。

①（　　）　②（　　）　③（　　）　④（　　）

㋐　できたてのものを売り場に出せるように、１日に何回かに分けてつくる。

㋑　どこに何があるのかがすぐわかるように、やさいやくだものをならべる。

㋒　お客さんがひつようなりょうを買えるように、いろいろな大きさに切って売り場に出す。

㋓　コンピューターで売れぐあいを調べながら、ひつような品物を注文する。

記述 (2) できたらスゴイ！ 売り場で買いたい品物がすぐに見つかる理由を、右の絵を見てかんたんに書きましょう。　思考・判断・表現

（　　　　　　　　　　　　　　　）

4 次の問いに、答えましょう。

1つ5点（20点）

(1) よく出る 右の絵を見てわかることは何ですか。㋐～㋓からえらびましょう。（　　）

㋐　品物の産地　　㋑　品物のねだん

㋒　品物の数りょう　　㋓　品物の品しつ

(2) 次の文の①～③にあてはまる言葉を、あとの［　］からえらびましょう。

> 品物の産地は、売り場に表示される（①）に、ねだんといっしょに書かれている。また、品物のパッケージにはってある（②）や、やさいやくだものなどにはってある（②）にも産地が書かれている。台湾バナナや熊本みかんなどのように、品物の（③）を見ると産地がわかるものもある。

①（　　　　）　②（　　　　）　③（　　　　）

シール　かんばん　名前　品しつ　しゅるい
ねふだ　バーコード

ふりかえり　4(2)がわからないときは、40ページの1にもどってかくにんしてみよう。

2 店ではたらく人④

学習日　　月　　日

めあて
お客さんのねがいをかなえるためのくふうや、新聞のつくり方をりかいしよう。

教科書 80～83ページ　答え 23ページ

次の（　　）に入る言葉を、下からえらびましょう。

1 お客さんのねがいをかなえるために　教科書 80～81ページ

✪ べんりに買い物をしてもらうためのくふう

- 大きな（①　　　　）があると、となりの町からでも車で買い物に来ることができる。
- スマートフォンの（②　　　　）を使うと、安い品物がわかったり、ポイントがたまったりして、おとくに買い物ができる。

スマートフォンのアプリ

✪ 安心して買い物をしてもらうためのくふう

- 品物の新せんさだけではなく、（③　　　　）やつくった人がだれかわかるようにしている。
- （④　　　　）のかし出しや、手つだいがひつような人には、店の人が買い物の手つだいをしている。
- お年よりが休める休けいスペースをつくったり、小さな子どものいる家庭向けに、（⑤　　　　）サービスをしたりしている。

品物をつくった人がわかる売り場

ワンポイント　地いきこうけん

- **地いきこうけん**…品物を売るだけではなく、地いきの人々の役に立つようにすること。
- スーパーマーケットではリサイクルコーナーをせっちし、（⑥　　　　）をへらすための取り組みを行っている。

リサイクルコーナー

2 調べたことを話し合い、新聞にまとめる　教科書 82～83ページ

✪ 新聞のまとめ方

- 調べたことをもとに、スーパーマーケットではたらく人のくふうをまとめる。
- 記事には、調べてわかった（⑦　　　　）だけを書く。
- さいごに、事実を知って自分自身が考えた（⑧　　　　）を書く。
- 記事に（⑨　　　　）や絵をくわえると、わかりやすくなる。

えらんだ言葉に ✓				
□ちゅう車場	□わり引き	□ごみ	□感想	□車いす
□消ひ期げん	□アプリ	□写真	□事実	

学習日　　月　　日

ぴたトリビア

リサイクルされた牛にゅうパックは紙の原料に、食品トレーはプラスチックせい品の原料になります。

教科書 80～83ページ　答え 23ページ

1 スーパーマーケットが、お客さんのねがいをかなえるために行っているくふうについて、答えましょう。

(1) 次の絵はスーパーマーケットで行われているくふうを表しています。それぞれの絵にあてはまる文を、㋐～㋓からえらびましょう。

①(　　)　②(　　)　③(　　)　④(　　)

㋐ お客さんに安い品物を知らせたり、ポイントをつけたりして、おとくに買い物ができるようにしている。

㋑ つくった人がだれかわかるようにすることで、安心して買い物ができるようにしている。

㋒ 少しはなれたところに住んでいる人も、車で買い物に来ることができるように、広いちゅう車場をもうけている。

㋓ 手つだいがひつようなお客さんには、店ではたらく人がついて、買い物の手つだいをする。

(2) 品物を売るだけでなく、地いきの人々の役に立つようにすることを、何といいますか。(　　　　)

(3) 右の絵は何を表していますか。あてはまるものを、㋐～㋓からえらびましょう。(　　)

㋐ 車いすかし出しコーナー

㋑ おかいどく品コーナー　㋒ リサイクルコーナー

㋓ レジぶくろを配るコーナー

2 新聞のまとめ方として正しいものには○を、まちがっているものには×をつけましょう。

①(　　)新聞には、文しょうだけをのせるようにする。

②(　　)記事には、調べてわかった事実以外にも、まだかくにんできていないこともくわえる。

③(　　)さいごに、事実を知って自分自身が考えた感想を書く。

ヒント　1 (3) 絵の中のボックスに書かれている文字に注目しましょう。

2 店ではたらく人⑤

学習日　月　日

めあて
いろいろな店のとくちょうや、それぞれのくふうについてりかいしよう。

教科書 84～87ページ　答え 24ページ

次の（　　）に入る言葉を、下からえらびましょう。

1 いろいろな店 ひろげる

教科書 84～85ページ

いろいろな店のとくちょう

近所の店	●（①　　　　）や歩いて買い物に行くのにべんり。 ●顔見知りなのでサービスしてくれることもある。
商店がい	●いろいろな店が集まっているのでべんり。 ●たくさんの店が（②　　　　）し合い、お客さんをよぶくふうをしている。
大型せんもん店	●せんもんにしている品物のしゅるいがたくさんある。 ●品物にくわしい（③　　　　）さんがいる。
コンビニエンスストア	●朝早い時間や夜おそくでも開いているのでべんり。 ●食べ物や日用品など、品物のしゅるいが多い。
ショッピングセンター	●広いしき地に、せんもん店などが集まっている。 ●（④　　　　）で行くのにべんりな場所にあり、大きなちゅう車場がある。

ワンポイント いどうする店

●いどうはん売車は、（⑤　　　　）で日用品や食品を運び、はん売する。
●店が少ない地いきに住む人や、買い物に出かけにくい人も、家の近くでひつようなものを買うことができる。

2 はたらく人とわたしたちとのつながり

教科書 86～87ページ

地いきの仕事とわたしたちの生活とのつながり

●（⑥　　　　）の人がつくるやさいやくだもの、（⑦　　　　）でつくられた商品をお店で売るので、農家と工場、お店の仕事はつながっている。
●つくる人も売る人も、よい（⑧　　　　）のものを、たくさんの人に買って食べてもらいたいという（⑨　　　　）を持っている。

えらんだ言葉に☑
□トラック　□自動車　□ねがい　□協力　□店員
□品しつ　□自転車　□工場　□農家

学習日　　月　　日

ぴたトリビア

コンビニエンスストアは、1927年にアメリカで生まれました。日本では1970年ごろにはじめて開店し、その後全国に広がりました。

教科書 84〜87ページ　答え 24ページ

1 次の問いに、答えましょう。

(1) 表の①〜④にあてはまる店を、㋐〜㋓からえらびましょう。

①	●自転車や歩いて買い物をするときにべんり。 ●顔見知りなのでサービスしてくれることもある。
②	●いろいろな店が集まっているのでべんり。 ●たくさんの店が協力し合って、お客さんをよぶくふうをしている。
③	●せんもんにしている品物のしゅるいがたくさんある。 ●品物にくわしい店員さんがいる。
④	●品物のしゅるいが多く、朝早い時間や夜おそくでも開いているのでべんり。 ●いろいろなところにあり、お金を引き出したり、コピーをしたりすることもできる。

㋐ 大型せんもん店　　㋑ 近所の店
㋒ コンビニエンスストア　　㋓ 商店がい

(2) 店が少ない地いきに住む人や、買い物に出かけにくい人が、家の近くでひつようなものを買えるよう、トラックで日用品や食品などを運び、はん売する店を何といいますか。　(　　　　　)車

2 次の地いきの仕事と、それにあてはまる仕事のくふうを、㋐〜㋒からえらんで線でむすびましょう。

① 農家の仕事　・　　・ ㋐品しつのよさや産地を考えて売り場にならべているよ。

② 工場の仕事　・　　・ ㋑えいせいに気をつけて、ていねいにつくっているよ。

③ お店の仕事　・　　・ ㋒きせつに合わせた育て方をしているよ。

ヒント
1 (1)② いろいろな店が集まっていることに注目しましょう。
③ インターネットを使ったはん売も行っています。

2 店ではたらく人

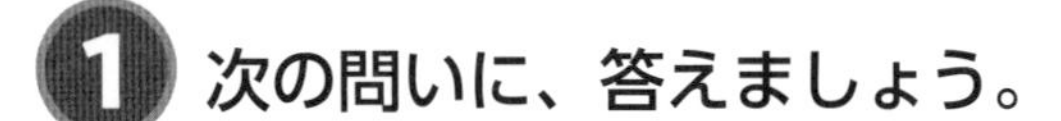

1 次の問いに、答えましょう。

1つ5点（45点）

(1) よく出る スーパーマーケットのお客さんのねがいと、それにこたえた店のくふうを、㋐～㋓からえらんで線でむすびましょう。

① だれでも安心して買い物ができるといいな。 ・　・ ㋐ちゅう車場を広くして、むりょうでとめられるようにしている。

② お店に行く前に、お買いどくの品物がわかるといいな。 ・　・ ㋑手つだいがひつようなお客さんの買い物の手つだいをしている。

③ 少し遠いので車で行けるようにしてほしいな。 ・　・ ㋒売り場に写真をはって、つくった人がわかるようにしている。

④ 安全で安心できる品物を買いたいな。 ・　・ ㋓スマートフォンのアプリで、安い品物がわかるようにしている。

(2) スーパーマーケットの取り組みについてせつ明した次の文の①～⑤にあてはまるものを、それぞれ㋐～㋘からえらびましょう。

スーパーマーケットでは、(①　　　)をへらすための取り組みとして、牛にゅうパックや食品トレーなどのしげんを回しゅうするための(②　　　)をせっちしています。このように、(③　　　)を売るだけではなく、地いきの人々の役に立つようにすることを(④　　　)といいます。(④)することで、店も地いきの人々から(⑤　　　)にされるようになります。

㋐ リサイクルコーナー　㋑ 大切　㋒ 地いきこうけん
㋓ 品物　㋔ ごみ　㋕ 食べのこし
㋖ ポイント　㋗ かんばん　㋘ 国さいこうけん

2 次の問いに、答えましょう。

1つ5点（30点）

(1) 次の文は、スーパーマーケット新聞の記事です。それぞれの記事にあう絵を、㋐～㋓からえらびましょう。

①（　　　）売り場には、品物の名前が書かれたかんばんが下がっていて、もくてきの売り場にすぐ行くことができます。

②（　　　）売られている品物の中には、外国からとどいた品物もあります。

③（　　　）肉売り場にやき肉のたれをおくのは、やき肉をするために肉を買うお客さんが、たれを買いわすれないように、おく場所をくふうしているからだそうです。

㋐ 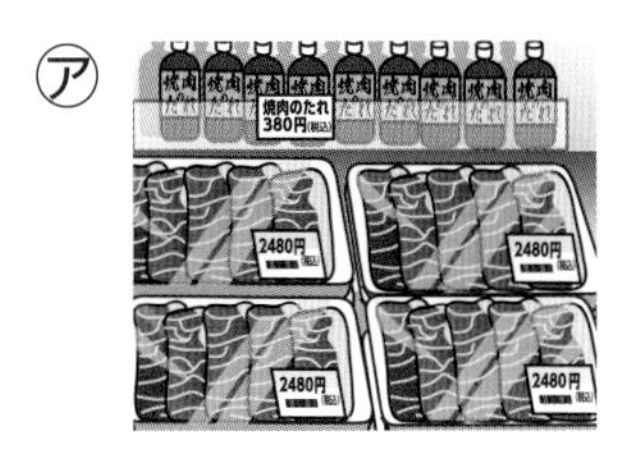

㋑ 

㋒ 

㋓ 

(2) 次の文はスーパーマーケット新聞の記事です。それぞれの記事のうち、事実にあたるものには㋐を、感想にあたるものには㋑を書きましょう。

①（　　　）通路が広くて、車いすでもゆっくり買い物ができます。

②（　　　）お店ではたらく人とお客さんのねがいはつながっているのだなと思いました。

③（　　　）お客さんは「ちゅう車場が広くて車で来やすいので、よく利用します」と話していました。

3 次の問いに、答えましょう。

1つ5点（25点）

(1) よく出る 次のようなときに行く店を、㋐～㋓からえらびましょう。

①（　　　）夜おそくなってしまったが、お金を引き出しに行きたい。

②（　　　）デジタルカメラを買いたいが、どのカメラがよいかわからないので、カメラにくわしい店員さんに相談したい。

③（　　　）休みの日に車で出かけて、いろいろな品物を一度に買いたい。

④（　　　）ぶらぶらと歩きながら、肉屋や魚屋などいくつかのお店をまわって、いろいろなものを買いたい。

㋐ 大型せんもん店　　㋑ コンビニエンスストア

㋒ 商店がい　　㋓ ショッピングセンター

記述 (2) できたらスゴイ！ いどうはん売車をりようする人は、どのような人だと考えられますか。かんたんに書きましょう。

思考・判断・表現

（　　　　　　　　　　　　　　　　　　　　）

ふりかえり 3(2)がわからないときは、46ページの1にもどってかくにんしてみよう。

学習日　　月　　日

3. くらしを守る

1 火事からくらしを守る①

めあて
火事のときに、消火や救助のためにはたらく人たちについてりかいしよう。

教科書 88～93ページ　答え 26ページ

次の（　　）に入る言葉や数字を、下からえらびましょう。

1 くらしの安全を考えよう／火事が起きたら

教科書 88～91ページ

まちの安全を守る人たち

- （①　　　　）や事故・事件が起きたり、起きたときにそなえて訓練したりするときに、多くの人がはたらいている。

火事の現場の様子

- （②　　　　）や救急車、パトロールカーがかけつける。
- （③　　　　）は、ホースから水を出して火を消し、人を助ける。

ワンポイント　火事の現場での協力

- 火事のときは、消防しょだけでなく、（④　　　　）、役所、病院、電力会社、水道局などの関係するところが、はやく、安全に（⑤　　　　）や救助ができるように**協力**する。

2 市内の消防しょ

教科書 92～93ページ

火事の原因

- 浜松市の2021年の火事の総数は171件である。
- 原因としていちばん多いのは（⑥　　　　）で、2ばん目に多いのは配線器具である。

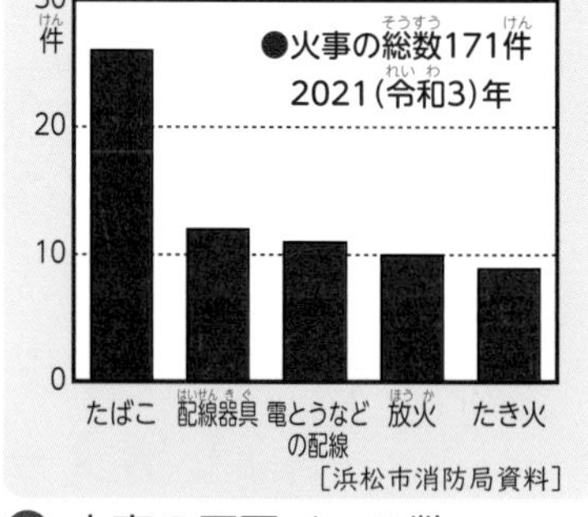

火事の原因べつの数

消防自動車が出動するまで

- 消防しょに火事のれんらくが入ってからおよそ60秒後に消防自動車が出動する。

消防しょ見学の計画

調べること	調べ方
●消防しょや消防士の仕事 ●（⑦　　　　）番のしくみ ●消防のためのしせつやせつび ●地いきの人の取り組み	●消防しょを見学し、しりょうをもらう。 ●学校やまわりを歩いて調べる。 ●図書館や（⑧　　　　）で調べ、地いきの人に話を聞く。

えらんだ言葉に✓

□けいさつしょ　□消防自動車　□消防士　□火事
□ホームページ　□たばこ　□119　□消火

学習日　　月　　日

ぴたトリビア

2022年の全国(ぜんこく)の火事の総数は36375件で、原因としてもっとも多かったのは「たばこ」、2ばん目が「たき火」でした。

教科書　88〜93ページ　答え　26ページ

1 火事が起きたときの様子についてせつ明した次の文の①〜③にあてはまる言葉を、[　　]からえらびましょう。

火事が起きたときは、消火活動をする消防士以外(いがい)にも、けいさつしょや役所、病院、（①　　　　）、ガス会社、水道局などが、はやく、安全な消火や（②　　　　）のため（③　　　　）しています。

協力　救助　電力会社　学校

2 次の問いに、答えましょう。

(1) 右のグラフを見て、正しいものには○を、まちがっているものには×をつけましょう。

①（　　）浜松市の2021年の火事の総数は、200件をこえている。

②（　　）浜松市で2021年に起こった火事の原因でいちばん多いのは、放火である。

③（　　）配線器具による火事は、15件をこえている。

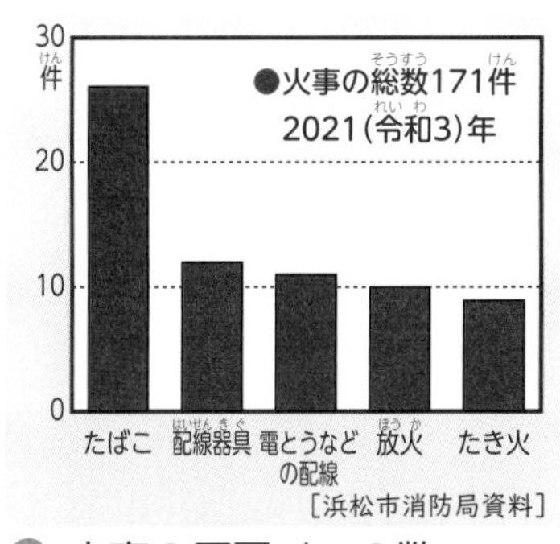

火事の原因べつの数

(2) 次の①〜③を調べるには、どのようにしたらよいですか。それぞれの調べ方を㋐〜㋒からえらび、線でむすびましょう。

① 119番の電話が入ると、どこにれんらくがいくのかな。　・　　・ ㋐じっさいにまちを歩いて調べる。

② わたしたちのまちには、どんな消防しせつがあるのかな。　・　　・ ㋑地いきの人に話を聞いてみる。

③ 地いきでも、火事が起きたときの訓練をするのかな。　・　　・ ㋒消防しょへ行って、見学したり話を聞いたりする。

ヒント　2 (1) ぼうグラフのこうもくや数字を読み取(と)って考えてみましょう。

3. くらしを守る

1 火事からくらしを守る②

学習日　　月　　日

めあて
消防しょの取り組みや、通信指令室のはたらきについてりかいしよう。

教科書 94～97ページ　答え 27ページ

次の（　　）に入る言葉や数字を、下からえらびましょう。

1 消防しょへ行こう

教科書 94～95ページ

ワンポイント　訓練・点検

- 消防の仕事は、はやく確実に、（①　　　　）に行うことが大切。
- 消防士はふだんから（②　　　　）や救助の**訓練**をしたり、消防自動車や器具などの**点検**をしたりして、火事にそなえている。

✪ 防火服・器具・消防自動車

- 防火服は（③　　　　）に強い生地でできており、じょうぶでやぶれにくい。やく10kgの重さがある。
- 消防自動車には、消火や救助のための（④　　　　）がつまれている。
- いろいろな消防自動車があり、火事の様子により、出動する消防自動車がちがう。

✪ きんむ時間

- （⑤　　　　）の日は24時間はたらく。非番の日や休みの日もある。

2 通信指令室とさまざまな人々のはたらき

教科書 96～97ページ

✪ 通信指令室のはたらき

- （⑥　　　　）番の電話は、消防本部の**通信指令室**につながる。
- 通信指令室は、火事なのか（⑦　　　　）なのか、場所はどこかなどをたしかめる。（⑧　　　　）に出動を指令し、関係するところにれんらくを入れる。

ずいぶんいろいろなところへれんらくするんだね。

えらんだ言葉に ✓				
	□消防しょ	□器具	□救急	□消火
	□119	□ねつ	□当番	□安全

学習日　月　日

ぴたトリビア

119番に電話をすると、さいしょに「火事ですか、救急ですか」と聞かれます。消防自動車を出動させるか、救急車を出動させるか、決めるためです。

教科書 94〜97ページ　答え 27ページ

1 次の問いに、答えましょう。

(1) 消防士の訓練について、次の文の①〜④にあてはまる言葉を、㋐〜㋓からえらびましょう。

> 消防士は、火事のとき、できるだけはやく火事の（①）にかけつけて消火活動ができるように、ふだんから訓練をしている。防火服、（②）、ボンベなど、じっさいの火事のときと同じそうびで（③）をのぼったり、走って（④）をのばしたりする訓練を行っている。

①（　　）　②（　　）　③（　　）　④（　　）

㋐ マスク　㋑ ホース　㋒ はしご　㋓ 現場

(2) 消防士のきんむ時間について、正しいものには○を、まちがっているものには×をつけましょう。

①（　　）消防しょには24時間、消防士がいる。

②（　　）毎日はたらくわけではなく、「非番」という日や休みの日もある。

③（　　）朝から夕方まではたらく人と、夕方から朝まではたらく人がいて、12時間ごとに交代している。

2 次の図を見て、答えましょう。

(1) 消防本部で119番の電話を受ける、図の中のあを何といいますか。

（　　）

(2) 119番のれんらくを受けたあが、次のれんらくをするところを、図の中の㋐〜㋔からえらびましょう。

① 交通じゅうたいをかい消するため車と人の整理をおねがいする。（　　）

② 運ばれてくるけが人を受け入れるためのじゅんびをおねがいする。（　　）

③ 出火した現場への出動をおねがいする。（　　）

④ 感電事故をふせぐための協力をおねがいする。（　　）

⑤ けが人の手あてをして、病院に運ぶようおねがいする。（　　）

ヒント

1 (2) 火事は昼間だけでなく、夜中や朝早くに起きることもあります。

2 (2) れんらくする内ように注意して考えましょう。

3．くらしを守る

1 火事からくらしを守る

教科書 88～97ページ　答え 28ページ

1 次の写真を見て、答えましょう。

1つ5点（20点）

(1) 次の①～③の写真にあてはまるせつ明を、㋐～㋒からえらびましょう。

①（　　　）　②（　　　）　③（　　　）

㋐ 火事によって高いところからおりられなくなった人を、助ける訓練をしている。

㋑ 山地や、高い場所の火事のときに出動することがある。

㋒ かんじゃを救急車で運ぶ間、医者の指示のもとに、救命しょちを行う。

記述 (2) 消防士が、ふだんから消火や救助の訓練を行っている理由を、かんたんに書きましょう。

思考・判断・表現

（　　　　　　　　　　　　　　　　　　）

2 次の問いに、答えましょう。

1つ5点（30点）

(1) 次の文のうち正しいものには○を、まちがっているものには×をつけましょう。

①（　　　）消防士は、いつ火事が起きても出動できるようにしているので、訓練は休みの日にしている。

②（　　　）消防士の防火服やボンベは、消火活動をしやすくするため、とても軽くできている。

③（　　　）消防士は、自分たちが消火活動で使う器具や消防自動車を、ふだんからしっかり点検している。

④（　　　）火事の大きさなどは現場に行かないとわからないので、火事が起きたときは、消防しょの消防自動車はすべて出動する。

⑤（　　　）消防自動車には、消火や救助のための器具が、たくさんつまれている。

(2) 消防士が出動するときのそうびではないものを、㋐～㋓からえらびましょう。

（　　　）

㋐ ヘルメット　㋑ 防火服　㋒ サングラス　㋓ ボンベ

3 次の図を見て、答えましょう。

1つ5点（25点）

(1) 消防士のきんむについて、次の文のうち正しいものには○を、まちがっているものには×をつけましょう。 技能

きんむ時間　8:50～次の日 9:00

	1日目	2日目	3日目	4日目	5日目	6日目	7日目	8日目
高田さん	当番	非番	当番	非番	当番	非番	休み	休み

⬆ 消防士のきんむ表

①（　　）当番の日が2日つづくこともある。

②（　　）当番の日のきんむ時間は、朝8時30分から次の日の8時30分までである。

③（　　）当番の次の日は非番になる。

④（　　）8日間のうち、休みの日は2日ある。

記述 (2) できたらスゴイ! 消防士が当番の日に24時間はたらく理由を、「すぐ」という言葉を使って、かんたんに書きましょう。 思考・判断・表現

（　　　　　　　　　　　　　　　　）

4 次の問いに、答えましょう。

1つ5点（25点）

(1) よく出る 119番にかけた電話は、どこにつながりますか。㋐～㋒からえらびましょう。（　　）

㋐ 近くの消防しょの受付　㋑ 市役所の火事係　㋒ 通信指令室

(2) 119番の電話をかけたときに、さいしょに聞かれることを、㋐～㋓からえらびましょう。（　　）

㋐ 火事の起きている場所　㋑ 電話をかけている人の名前

㋒ 火事なのか救急なのか　㋓ けがをしている人の数

(3) よく出る 119番の電話を受けた(1)が、次の①～③にもれんらくする理由を、㋐～㋒からえらびましょう。

①（　　）電力会社やガス会社

②（　　）けいさつしょ

③（　　）病院

㋐火事の現場近くで交通整理などをしてもらうためだよ。

㋑感電やばく発事故が起きないよう、電気やガスを止めてもらうためだよ。

㋒けが人が運ばれてきたときのじゅんびをしてもらうためだよ。

ふりかえり 4(1)がわからないときは、52ページの2にもどってかくにんしてみよう。

1 火事からくらしを守る③

学習日　　月　　日

めあて
まちの消防しせつや、地いきの消防団の取り組みについてりかいしよう。

教科書 98～103ページ　答え 29ページ

次の（　　）に入る言葉を、下からえらびましょう。

1 まちの中にある消防しせつをさがそう

教科書 98～99ページ

消火活動に使うもの

- まちの中には、（①　　　　）にひつような**消防しせつ**が、場所、数、大きさなどをくふうしておかれている。
- 消火せん…消火活動にひつような水をとるためのしせつ。
- 防火水そう…消火用の水をためておくしせつ。

消火せん

FIRE CISTERN 防火水そう

防火水そう

人を守るためにひつようなもの

- 学校には（②　　　　）や屋内消火せん、ほのおとけむりが広がるのをふせぐ（③　　　　）がそなえられている。
- 住たくには（④　　　　）がついている。

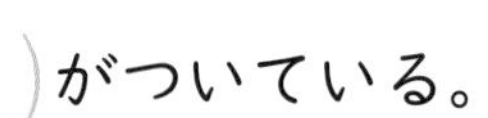

- 学校や（⑤　　　　）がひなん場所になっている。
- **消防について定めた国のきまり**により、学校や病院などは、消火活動や（⑥　　　　）などにひつようなせつびをおいておかなければならない。

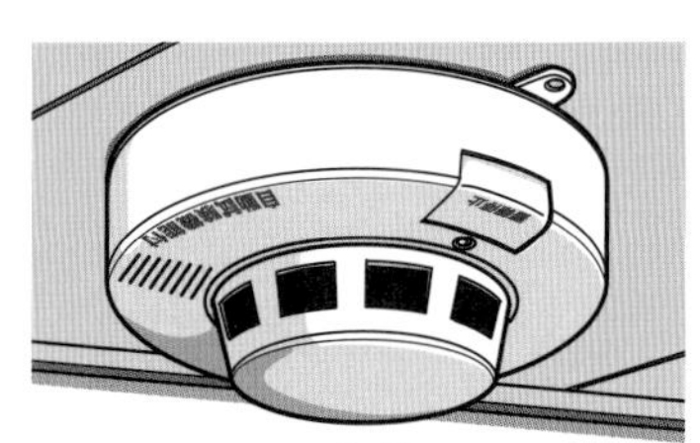
住たく用火災けいほうき

2 地いきの消防団の取り組み 火事からくらしを守る人々のはたらき

教科書 100～103ページ

ワンポイント　消防団

- **消防団**は（⑦　　　　）たちが活動する組織で、火事などの災害のときに消防しょと協力して活動する。
- 団員は、ふだんはそれぞれがべつの仕事をしている。
- 器具の点検や訓練、（⑧　　　　）のよびかけなどに取り組んでいる。
- 自分たちの地いきは、自分たちで守るという考え方にもとづいている。

人々の協力とつながり

- 消防しょ、けいさつしょ、病院、水道局、電力会社、ガス会社、消防団、地いきの人々などが協力して、火事からくらしを守っている。

えらんだ言葉に ✓

□火災けいほうき　□防火とびら　□火災予防　□ひなん
□地いきの人　□消火活動　□消火き　□公園

学習日　月　日

ぴたトリビア

消火せんは、ふたを開(あ)けると水道管(かん)につながるせんがあり、消防ホースをつないで消火用の水をとります。火事のときは、水道局に水圧(すいあつ)を上げてもらいます。

教科書 98〜103ページ　答え 29ページ

1 次の①〜④の消防しせつの絵と、それにあてはまるせつ明を、㋐〜㋓からえらんで線でむすびましょう。

① 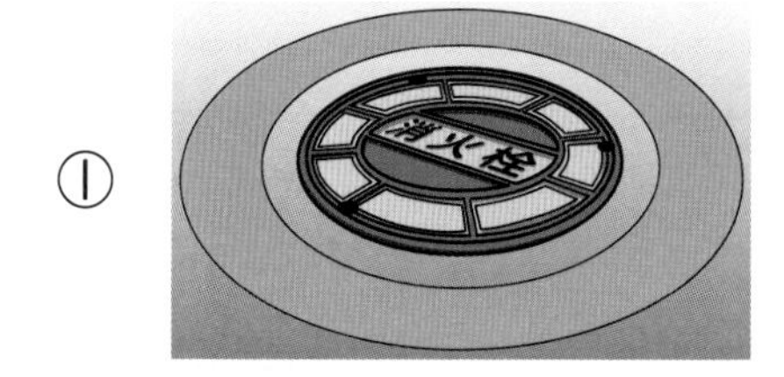

② 

③ 

④ 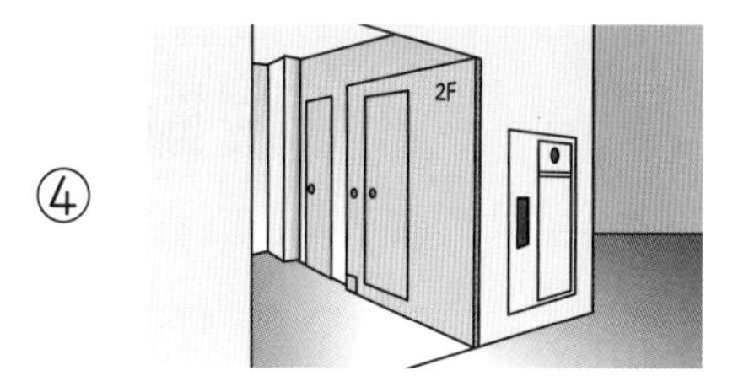

㋐火事にそなえて消火用の水をためておくしせつだよ。

㋑火事のときに消火活動にひつような水をとるしせつだよ。

㋒火事が起(お)きたときに、それを知らせるためのものだよ。

㋓火事が起きたときに、ほのおとけむりが広がるのをふせぐよ。

2 次の問いに、答えましょう。

(1) 火事などの災害のときに消防しょと協力して活動する、地いきの人たちの組織を何といいますか。（　　　　）

(2) (1)のせつ明として、正しいものには○を、まちがっているものには×をつけましょう。

①（　　）火事が起きたときは活動するが、台風や地しんなどの災害のときは、火事にならないかぎり活動しない。

②（　　）ふだんは会社やお店などで自分の仕事をしていて、火事が起きたときなどに団員として活動する。

③（　　）きん急(きゅう)時にすばやく行動するために、器具の点検を行っている。

④（　　）ふだんは自分の仕事があるので、消火の訓練は行っていない。

⑤（　　）火災予防のよびかけや、おう急手当のしかたを学んでいる。

ヒント
1 ③は住たく用のものです。
2 (1) 自分たちの地いきは自分たちで守るという考え方にもとづいた組織です。

1 火事からくらしを守る

教科書 98～103ページ 答え 30ページ

1 次の地図を見て、答えましょう。

1つ5点（30点）

(1) 右の地図についてのせつ明として、正しいものには○を、まちがっているものには×をつけましょう。 技能

① (　　) 消火せんと防火水そうでは、防火水そうのほうが数が多い。

② (　　) 消火せんのほとんどは、道路ぞいにせっちされている。

③ (　　) 地図中にひなん場所は３か所ある。

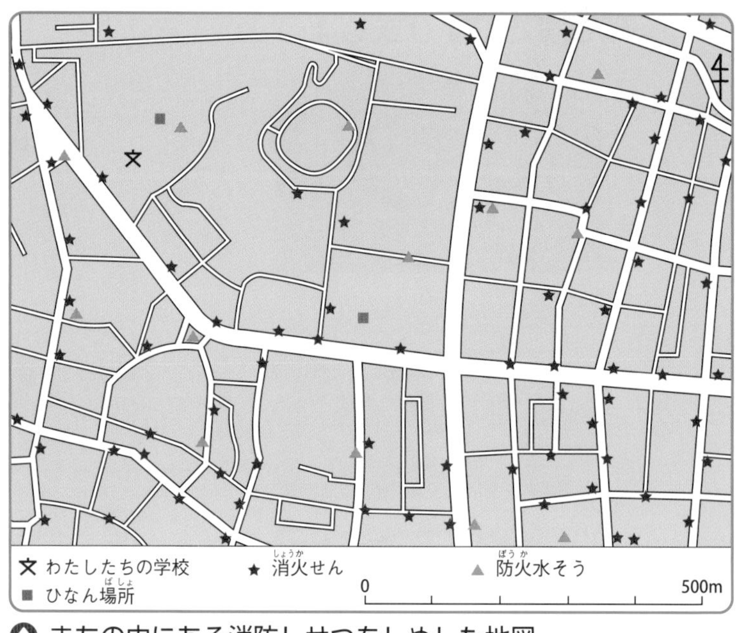

まちの中にある消防しせつをしめした地図

(2) ひなん場所としてえらばれるのは、どのような場所ですか。㋐～㋓からえらびましょう。 (　　)

㋐ ふだんはだれも使うことがなく、目立たない場所。

㋑ ほかの地いきの人が入ってこない、近所の人でなければわからない場所。

㋒ 地いきの人がよく知っていて、たくさんの人がひなんできる広い場所。

㋓ 家族とはぐれることのない、地いきの人がよく知っているせまい場所。

(3) (2)にあてはまる場所を、㋐～㋔から２つえらびましょう。

㋐ 学校　㋑ コンビニエンスストア　㋒ けいさつしょ

㋓ 公園　㋔ 駅 (　　) (　　)

2 次の①～③の消防しせつのうち、消火活動に使うものには㋐を、人を守るためのものには㋑を書きましょう。

1つ5点（15点）

① (　　)

② (　　)

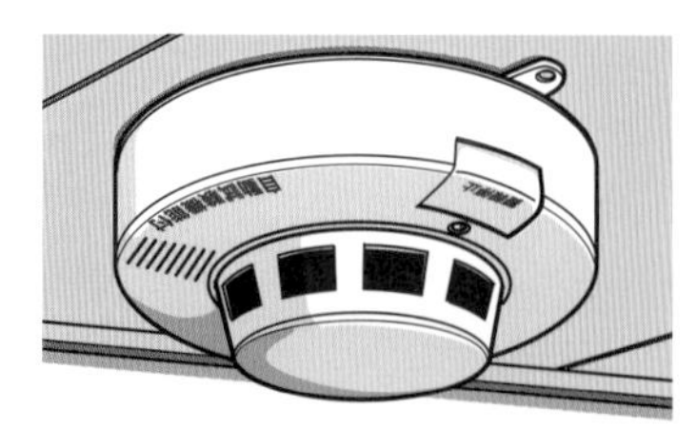

③ (　　)

3 次の問いに、答えましょう。

1つ5点（40点）

(1) よく出る 次の①～③の絵は消防団の活動をしめしています。絵の活動にあてはまるものを、㋐～㋒からえらびましょう。

①（　　）　②（　　）　③（　　）

㋐ 器具の点検　㋑ 火災予防のよびかけ　㋒ 消火の訓練

記述 (2) できたらスゴイ！ 消防団の団員はどのような人ですか。かんたんに書きましょう。

思考・判断・表現

（　　　　　　　　　　　　）

(3) よく出る 消防団の活動のせつ明として、正しいものには○を、まちがっているものには×をつけましょう。

①（　　）自分たちの地いきは、自分たちで守るという考え方にもとづいた組織である。

②（　　）地いきのお祭りの計画を立てて、みこしをかついだりする。

③（　　）家の多いところや山の多いところなど、地いきごとに訓練の内ようをくふうしている。

④（　　）消火きの使い方を地いきに住む人たちに教えるなど、自分たちの知しきをつたえている。

4 次の①～③の火事からくらしを守るための組織や人々が、ふだん行っていることを、㋐～㋒からえらんで線でむすびましょう。

1つ5点（15点）

① 消防しょ　・　・　　㋐防災訓練に参加し、住たくに火災けいほうきをつけているよ。

② 消防団　・　・　　㋑消防自動車や道具の点検、消火や救助の訓練をしているよ。

③ 地いきの人々　・　・　　㋒器具の点検や消火訓練、火災予防などに取り組んでいるよ。

この本の終わりにある「冬のチャレンジテスト」をやってみよう！

ふりかえり 3(2)がわからないときは、56ページの2にもどってかくにんしてみよう。

3. くらしを守る

2 事故や事件からくらしを守る①

学習日 月 日

めあて
事故や事件の現場の様子や、れんらくの流れについてりかいしよう。

教科書 104～107ページ　答え 31ページ

次の（　）に入る言葉や数字を、下からえらびましょう。

1 事故や事件の現場の様子

教科書 104～105ページ

現場に出動するけいさつの人

- 事故や事件が起きたときは、現場に（①　　　　）の人がかけつける。

ふく数のグラフの読み取り方

- （②　　　　）と横じくがしめしているこうもくをたしかめる。
- それぞれの数を読み取る。
- それぞれの数がどのようにかわってきたかを読み取る。
- グラフをくらべて、にているところと（③　　　　）ところを話し合う。

2 事故が起きたら

教科書 106～107ページ

ワンポイント けいさつへの通報

- （④　　　　）番にかける。
- 事故の（⑤　　　　）や事故が起きている場所はどこかをつたえる。
- 自分の名前や電話番号をつたえる。
- 落ち着いて、正かくにつたえる。

事故が起きたときのれんらくの流れ

事故のれんらくの流れ

- **通報**（110番）の電話は、けいさつ本部の（⑥　　　　）につながり、けいさつしょ以外の関係するところにもれんらくがいく。
- 通信指令室は、事故現場の近くのけいさつしょや（⑦　　　　）、パトロールカーなどへれんらくする。
- パトロールカーは、車両についている無線でれんらくを受ける。
- 消防しょへれんらくして、けが人を救急車で運ぶ。
- 事故現場は人や車でこんざつしてべつの交通事故が起きやすいため、けいさつの人が（⑧　　　　）をして道路の安全をかくほする。
- けいさつの人が、事故が起きた原因を調べる。

えらんだ言葉に✓

□通信指令室　□交通整理　□交番　□ちがう
□たてじく　□けいさつ　□110　□様子

学習日　　月　　日

ぴたトリビア

交番がつくられたのは明治時代で、150年ほど前のことです。今と同じように、けいさつかんが交たいで地いきの安全を守っていました。

教科書 104～107ページ　答え 31ページ

1 次のグラフを見て、答えましょう。

(1) 右の２つのグラフのたてじくには、何がしめされていますか。㋐～㋒からえらびましょう。

（　　　）

㋐ 年　　㋑ 人数

㋒ 事故や事件の件数

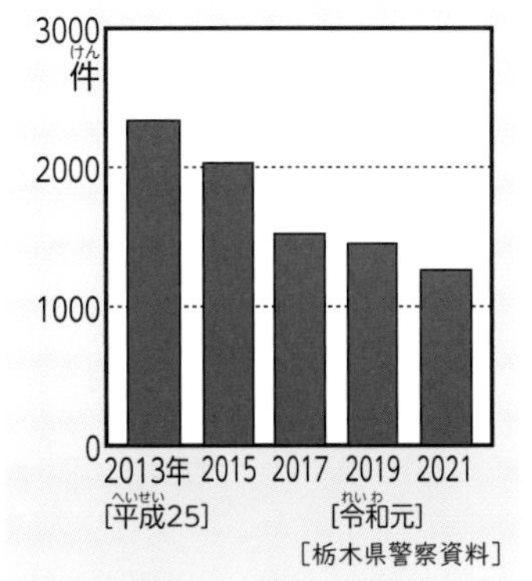

宇都宮市の事故の数

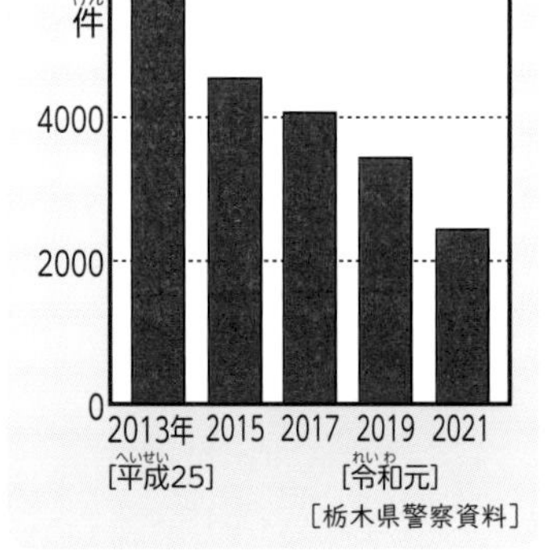

宇都宮市の事件の数

(2) 右のグラフを見て、次の文のうち正しいものには○を、まちがっているものには×をつけましょう。

①（　　　）事故の件数と事件の件数は、どちらも2013年から2021年までへりつづけている。

②（　　　）2021年の事故の件数は、1000件を下回っている。

③（　　　）2013年から2021年で、事故の件数がもっとも少ないのは、2019年である。

④（　　　）2021年の事件の件数は、2013年の半分以下になっている。

2 次の図を見て、答えましょう。

(1) 事故や事件が起きたときに、110番にれんらくすることを、何といいますか。

（　　　）

(2) 事故の電話を受けた通信指令室のせつ明として、正しいものを３つえらびましょう。

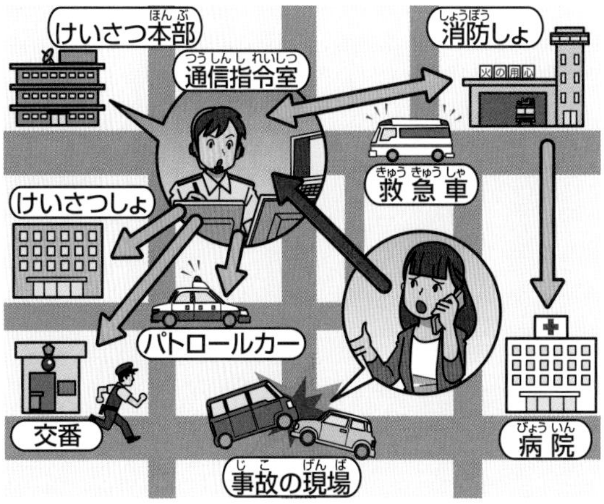

（　　　）（　　　）（　　　）

㋐ 事故現場近くのパトロールカーにれんらくして、出動を指令する。

㋑ けいさつ本部にれんらくして、出動を指令する。

㋒ 事故現場近くのけいさつしょや交番にれんらくして、出動を指令する。

㋓ 現場近くの病院にけが人が運ばれることをれんらくする。

㋔ 消防しょにれんらくして、救急車を出動してもらう。

㋕ ガス会社に連絡して、事故現場のガスをとめてもらう。

ヒント

1 (2) グラフのぼうの長さがどのようにかわってきているかに注意しましょう。

2 (2) 図の中の矢じるしに注目して考えましょう。

2 事故や事件からくらしを守る②

学習日　　月　　日

めあて　まちの安全を守るけいさつの仕事や、地いきの取り組みについてりかいしよう。

教科書 108～111ページ　答え 32ページ

次の（　　）に入る言葉を、下からえらびましょう。

1 けいさつの仕事　　教科書 108～109ページ

交番の仕事

- 交番の前で立番をしたり、（①　　　　　）をしたりして、地いきの様子を気をつけて見る。
- 道あん内、（②　　　　　）の見守り、地いきの店や家庭のほうもんなども行っている。
- 地いきで事故や事件が起きたときに、すぐに現場にかけつける。
- （③　　　　　）ルールを守らない人の取りしまりを行っている。
- 交通事故をへらすには、（④　　　　　）などの**法やきまり**を守ることが大切である。法やきまりは、安心して毎日を送るためにひつようなものの一つである。
- （⑤　　　　　）やひょうしきを守って道路を歩いたり、自転車に乗るなど、より安全な生活のためには一人ひとりの心がけが大切である。

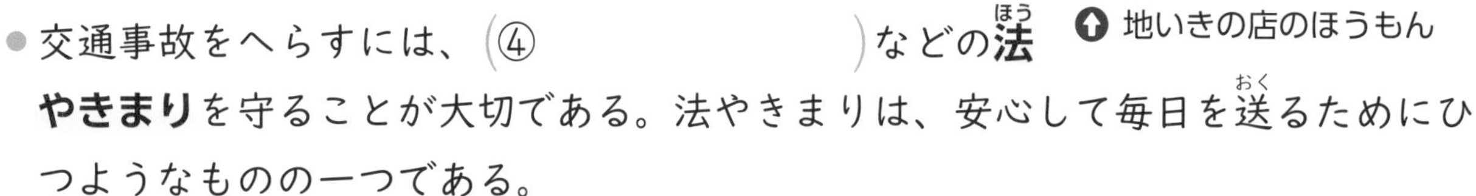

道あん内

地いきの店のほうもん

2 地いきでの取り組み　　教科書 110～111ページ

まちの安全を守る地いきの活動

- 登下校の時間にパトロールを行ったり、（⑥　　　　　）で交通ルールを教えたりしている。
- 交通事故をふせぐため、（⑦　　　　　）やカーブミラーなどをせっちしている。
- 学校やお店、けいさつ、市役所などが（⑧　　　　　）してふだんの様子を知らせ合い、まちの安全を守っている。

ワンポイント　こども110番

- **こども110番**は、いざというときに子どもたちが地いきの家や店などに助けをもとめられるようにする取り組みのこと。

こども110番のステッカー

えらんだ言葉に ✓

□交通安全教室	□道路交通法	□登下校	□信号
□道路ひょうしき	□パトロール	□協力	□交通

学習日　月　日

ぴたトリビア

これまで交番は派出所(はしゅつじょ)ともよばれていましたが、1994年に法りつがあらためられ、交番が正式な名前となりました。

教科書 108～111ページ　答え 32ページ

1 次の①～③のけいさつの仕事の絵とそれにあてはまるせつ明を、㋐～㋒からえらんで線でむすびましょう。

①  ・　・ 

㋐ちゅう車いはんの取りしまりなど、交通ルールを守らない人の取りしまりをしているよ。

②  ・　・ 

㋑交番では、道あん内や、落とし物の相談(そうだん)にのってくれるよ。

③  ・　・ 

㋒地いきの見回りをして、事件が起きないように気をつけているよ。

2 地いきの取り組みについて、答えましょう。

(1) 子どもたちが、いざというときに地いきの家や店などに助けをもとめられるようにしている取り組みを何といいますか。（　　　　）

(2) 交通事故をふせぐためのせつびには、どのようなものがありますか。㋐～㋔から、2つえらびましょう。（　　）（　　）

㋐ 電柱(でんちゅう)　㋑ 道路ひょうしき　㋒ 消火(しょうか)せん
㋓ カーブミラー　㋔ ちゅう車場

(3) まちの安全を守るための地いきの取り組みのせつ明として、正しいものには○を、まちがっているものには×をつけましょう。

①（　　）登下校の時間に、地いきの人たちが交たいでパトロールを行い、見守っている。

②（　　）学校・町内会と市役所は、ふだんの様子を知らせ合っているが、けいさつとは知らせ合うことはない。

③（　　）けいさつと地いきの人で、どのように防犯(ぼうはん)に取り組めばよいか話し合う安全会議(かいぎ)を行っている。

ヒント ❷(3) まちの安全を守るためには、いろいろな人が協力することが大切です。

3．くらしを守る

2 事故や事件からくらしを守る③

学習日　月　日

めあて
安全を守る人々のはたらきや、自分たちにできることについて考えてみよう。

教科書 112～115ページ　答え 33ページ

次の（　）に入る言葉を、下からえらびましょう。

1 安全を守る人々のはたらき

教科書 112～113ページ

安全を守る人の活動

	けいさつかん	地いきの人
ふだん	●（①　）や、立番をする。 ●まちの人の相談を受ける。 ●交通いはんを取りしまる。	●（②　）の時間にパトロールをする。 ●家や店などに「こども110番」のステッカーをはる。
事故や事件が起きたとき	●通信指令室から、近くのけいさつかんにれんらくがいく。 ●（③　）にかけつける。	●事故や事件を見かけたら、すぐに（④　）し、様子や場所を落ち着いて正かくにつたえる。

2 自分たちにもできること

教科書 114～115ページ

火事や自転車事故をふせぐ取り組み

- 火事の原因でもっとも多いのが（⑤　）で、次にたき火とこんろがつづく。（2021年）
- 火をつけっぱなしにしないよう一人ひとりが気をつける。
- 自転車に乗ると、事故の（⑥　）を受けるだけではなく、事故を起こす立場になることもある。交通ルールを守ることが大切である。

原因	件数
たばこ	3042
たき火	2764
こんろ	2678
放火	2333
電気機器	1816
野焼き	1640

[令和3年]　[令和4年版 消防白書]

主な火事の原因

くらしを守るための標語づくり

- 火事や事故・事件からくらしを守るための標語をつくる。

ワンポイント　標語のつくり方

- 学習をふり返って、大切だと思われる（⑦　）の中からとくにつたえたいものをえらぶ。
- 言葉をできるだけ5音、7音にまとめる。
- 言葉をならべたり、（⑧　）をかえたりしながら、つたえたいことがつたわるかをかくにんする。

えらんだ言葉に✓

□じゅんばん　□ひがい　□登下校　□言葉
□パトロール　□たばこ　□通報　□現場

学習日　　月　　日

ぴたトリビア

これまで自転車に乗るときにヘルメットをかぶるよう努めなければならないのは児童・幼児のみでしたが、2023年にすべての人が対しょうとなりました。

教科書 112～115ページ　答え 33ページ

1 **安全を守る人の活動のうち、けいさつかんの活動にあてはまるものには㋐を、地いきの人の活動にあてはまるものには㋑を書きましょう。**

①（　　　）法やきまりを守らない人を取りしまる。

②（　　　）店や家に「こども110番」のステッカーをはって、いざというときに助けをもとめられるようにしている。

③（　　　）立番をして、地いきの様子を気をつけて見ている。

④（　　　）事故や事件の現場にかけつける。

⑤（　　　）事故や事件を見かけたら、すぐに通報する。

2 **次の問いに、答えましょう。**

(1) 右の2つのグラフを見て、次の文のうち正しいものには○を、まちがっているものには×をつけましょう。

①（　　　）火事の原因でもっとも多いものはたばこで、件数は3500件をこえている。

②（　　　）自転車の交通事故の件数は、2017年からふえつづけている。

③（　　　）たき火とこんろが原因の火事は、どちらも2500件以上ある。

④（　　　）自転車の交通事故の件数がもっとも多かったのは、2020年である。

⑤（　　　）自転車の交通事故の件数は、毎年ふえつづけていたが、2020年から2021年にかけてはへっている。

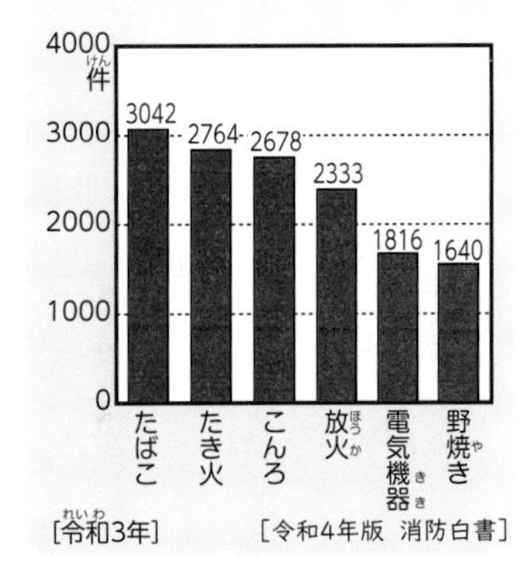

主な火事の原因

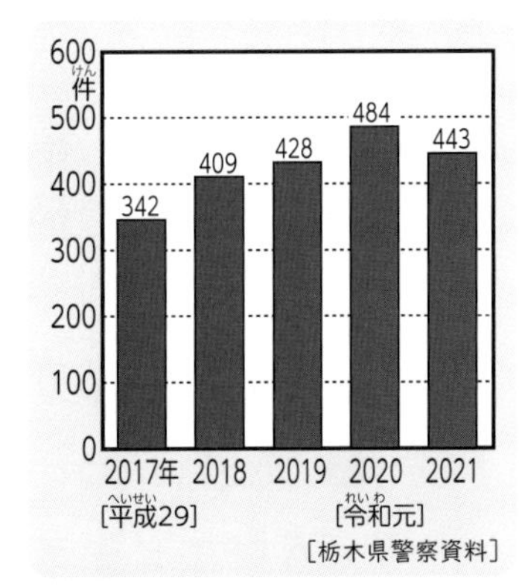

自転車の交通事故の件数

(2) 次の㋐～㋓を、標語をつくるじゅんばんにならべかえましょう。

㋐　言葉をできるだけ5音、7音にまとめる。

㋑　学習をふり返り、大切だと思われる言葉を見つける。

㋒　言葉をならべてみたり、じゅんばんをかえたりしながら、つたえたいことがつたわるかをかくにんする。

㋓　見つけた言葉の中から、自分がとくにつたえたい言葉をえらぶ。

（　　　→　　　→　　　→　　　）

ヒント　❷ (1) ぼうグラフの上にしめされている数字に注目して考えてみましょう。

3．くらしを守る

2 事故や事件からくらしを守る

／100
ごうかく 80 点

教科書 104～115ページ　答え 34ページ

1 次のグラフを見て、答えましょう。

1つ5点（30点）

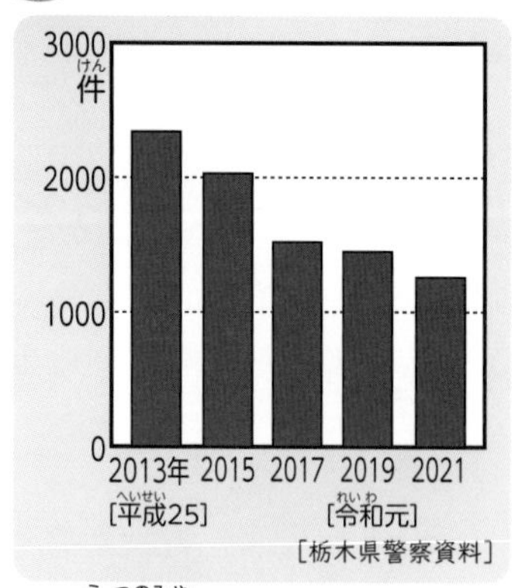

宇都宮市の事故の数

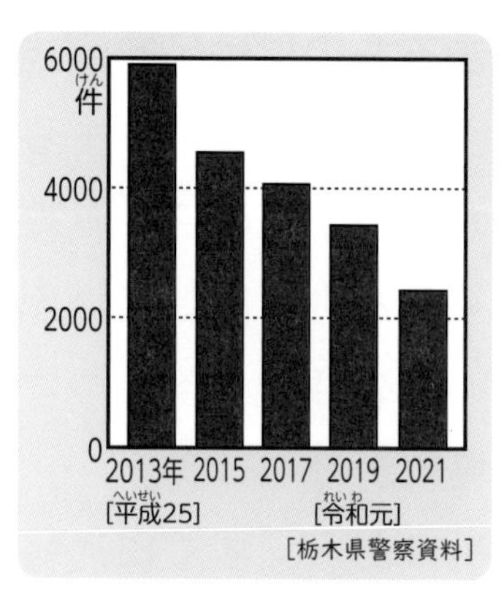

宇都宮市の事件の数

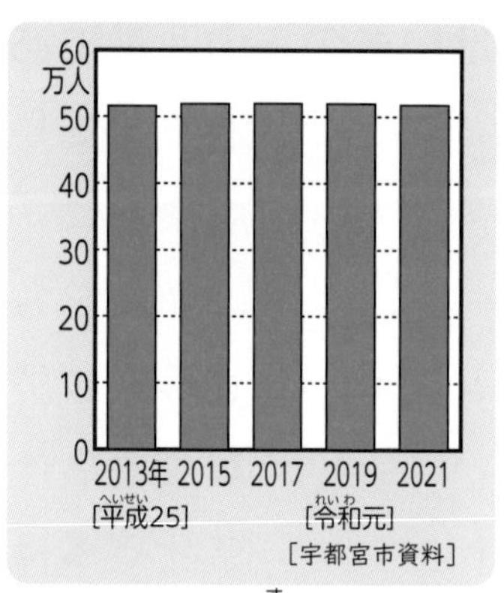

宇都宮市に住む人の数

(1) 2021年の事故と事件では、どちらの数が多いですか。（　　　）

(2) 事故の数が2000件以上の年を、2つ書きましょう。

（　　　）年　（　　　）年

(3) 3つのグラフは、2013年から2021年にかけてどのようにかわっていますか。あてはまるものを、㋐～㋒からえらびましょう。　技能

①（　　）宇都宮市の事故の数
②（　　）宇都宮市の事件の数
③（　　）宇都宮市に住む人の数

㋐ ふえつづけている　㋑ へりつづけている　㋒ ほとんどかわらない

2 次の問いに、答えましょう。

1つ5点（15点）

(1) よく出る 110番にかけた電話は、どこにつながりますか。㋐～㋒からえらびましょう。（　　　）

㋐ パトロールカー　㋑ 近くの交番　㋒ けいさつ本部の通信指令室

(2) よく出る 110番の電話を受けた(1)が直せつれんらくしないところを、㋐～㋓からえらびましょう。（　　　）

㋐ 現場近くのけいさつしょ　㋑ 現場近くにいるパトロールカー
㋒ 現場近くの病院　㋓ 現場近くの消防しょ

記述 (3) 110番に交通事故が起きたことを通報するとき、どのようなことをつたえますか。かんたんに書きましょう。　思考・判断・表現

（　　　　　　　　　　　　）

3 次の問いに、答えましょう。

1つ5点（20点）

(1)　交通事故の現場の様子を表した①〜③の絵にあてはまるせつ明を、㋐〜㋒からえらんで線でむすびましょう。

① 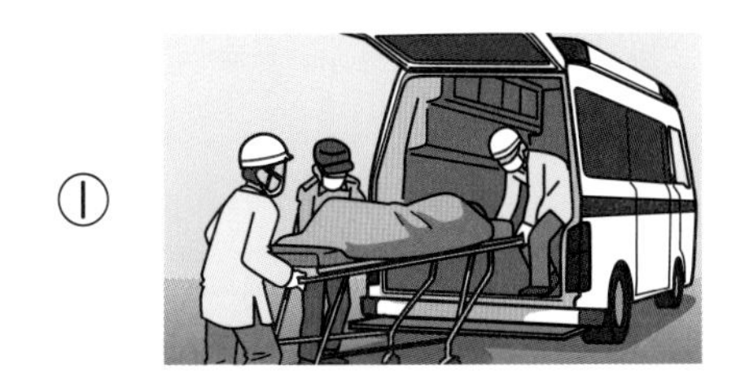

② 

③ 

㋐交通整理をして、道路の安全をかくほする。

㋑なぜ、事故が起きてしまったのか原因を調べる。

㋒けがをした人を助けて、救急車で病院に運ぶ。

記述 (2)　できたらスゴイ！　事故現場で、けいさつかんが交通整理をするのはなぜですか。「交通事故」という言葉を使って、かんたんに書きましょう。　思考・判断・表現

（　　　　　　　　　　　　　　　　）

4 安全なまちづくりについて、次の会話の①〜⑦にあてはまるものを、あとの㋐〜㋖からえらびましょう。

1つ5点（35点）

このごろ、子どもをねらった（①　　　）がふえているそうだよ。だから、（②　　　）の時間に町内会の人たちが交たいで（③　　　）をしたり、けいさつと（④　　　）を開いて、安全なまちづくりについて話し合ったりしてくれているんだって。

いざというときには、（⑤　　　）のステッカーをはってあるお店に行けば、助けてもらえるよ。地いきの人だけでなく、けいさつや学校、お店、（⑥　　　）がふだんの様子をしらせ合ったり、活動内ようをいっしょに考えたりしながら、（⑦　　　）してまちの安全を守っているんだね。

㋐　パトロール　　㋑　安全会議　　㋒　協力　　㋓　はんざい

㋔　こども110番　　㋕　市役所　　㋖　登下校

ふりかえり　2(3)がわからないときは、60ページの2にもどってかくにんしてみよう。

1 市の様子と人々のくらしのうつりかわり①

学習日　　月　　日

めあて
市の土地の使われ方や、人口のうつりかわりについてりかいしよう。

教科書 116〜123ページ　答え 35ページ

次の（　　）に入る言葉を、下からえらびましょう。

1 かわってきた明石のまち／かわってきたわたしたちの市　教科書 116〜121ページ

昔と今の様子のちがい

- 昔と今の写真をくらべると、乗り物やたて物など、様子がかわっていることに気づく。

ワンポイント　時期の区分

- **時期の区分**には、明治、大正、昭和、平成、令和のように（①　　　　）による表し方がある。
- 「江戸時代」のような、政治の中心となった地いきによる表し方もある。

市のうつりかわり

- 2つの地図をくらべると、昔は西がわの海に（②　　　　）がなかった。
- （③　　　　）の路線がふえた。
- （④　　　　）や店がふえた。

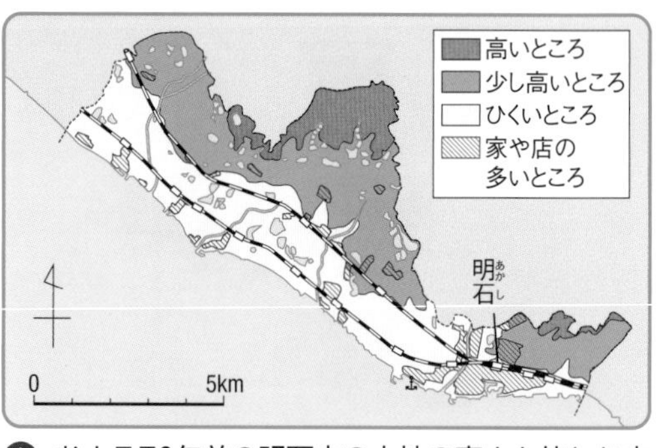

およそ70年前の明石市の土地の高さと使われ方

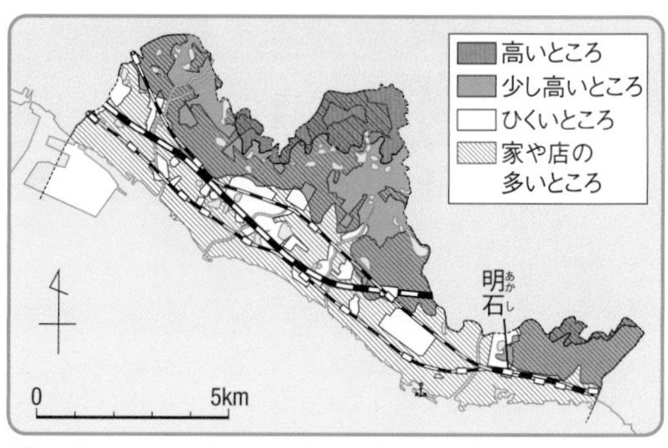

今の明石市の土地の高さと使われ方

2 人口のうつりかわり　教科書 122〜123ページ

ふえてきた人口

- **人口**…市や県、国など、その地いきに住んでいる人の数のこと。
- （⑤　　　　）ごろから急に人口がふえている。
- 明石市は昭和になってまわりの（⑥　　　　）や村と一つになり、広くなって人口もふえた。
- 平成になると65才以上の（⑦　　　　）の数がふえてきた。
- 市に住む（⑧　　　　）の人もふえている。
- さいきんは、小さな子どものいる（⑨　　　　）もふえてきている。

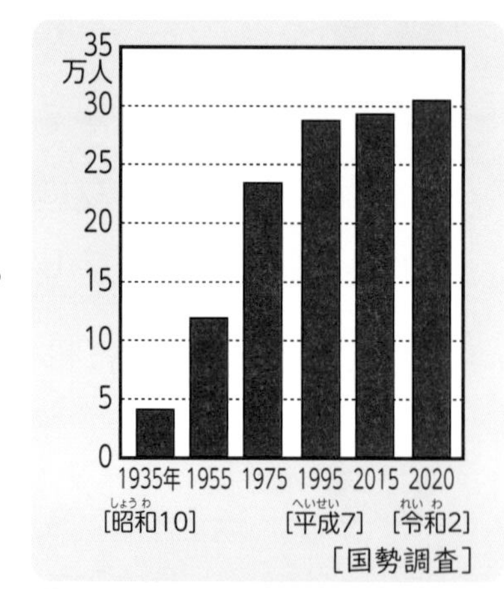

明石市の人口のうつりかわり

えらんだ言葉に✓
□お年より　□元号　□外国　□家　□島
□1955年　□家族　□鉄道　□町

ぴったり2

練習

学習日　　月　　日

ぴたトリビア

あさい海をうめ立ててつくられた人工(じんこう)の島は、工場用地などにりようされます。大阪(おおさか)の関西国際空港(かんさいこくさいくうこう)なども人工の島につくられています。

教科書 116～123ページ　答え 35ページ

1 2つの地図を見くらべて、次のせつ明のうち正しいものには○を、まちがっているものには×をつけましょう。

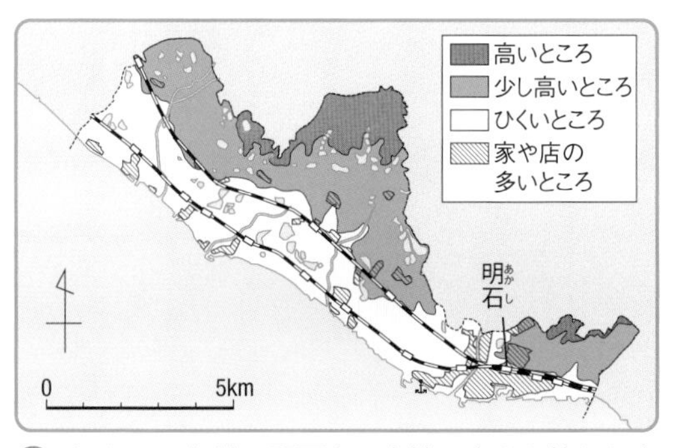

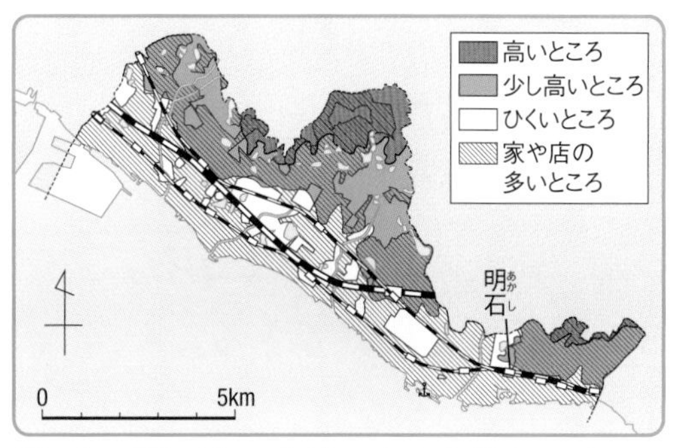

およそ70年前の明石市の土地の高さと使われ方

今の明石市の土地の高さと使われ方

①（　　　）今も昔も、土地が高いところには、家や店が多いところはない。

②（　　　）約70年前とくらべて、駅(えき)の数がふえている。

③（　　　）市の東がわに、人工の島がつくられた。

④（　　　）新しくふえた路線は、明石駅を通っている。

2 次の問いに、答えましょう。

(1) 市や県、国など、その地いきに住んでいる人の数のことを何といいますか。

（　　　　　　）

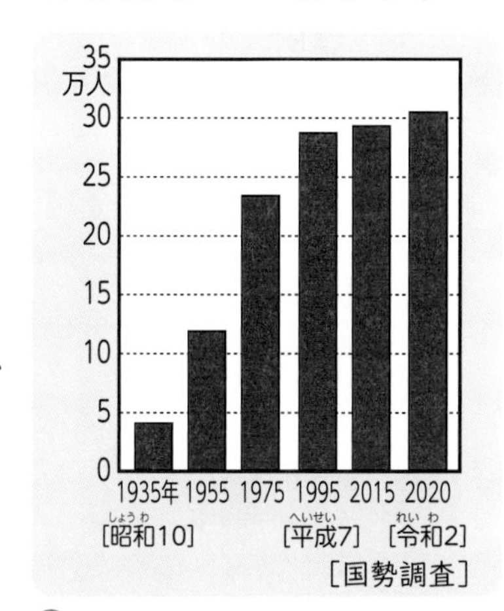

明石市の人口のうつりかわり

(2) 1935年の明石市の人口は、どのくらいですか。㋐～㋒からえらびましょう。（　　　）

㋐ 1万人　㋑ 5万人　㋒ 10万人

(3) 2020年の市の人口は、1935年の人口にくらべて、およそ何倍(なんばい)になりましたか。　およそ（　　　）倍

(4) 市の人口がいちばんふえたのはいつごろですか。㋐～㋓からえらびましょう。（　　　）

㋐ 昭和の間　㋑ 昭和から平成の間

㋒ 平成の間　㋓ 平成から令和の間

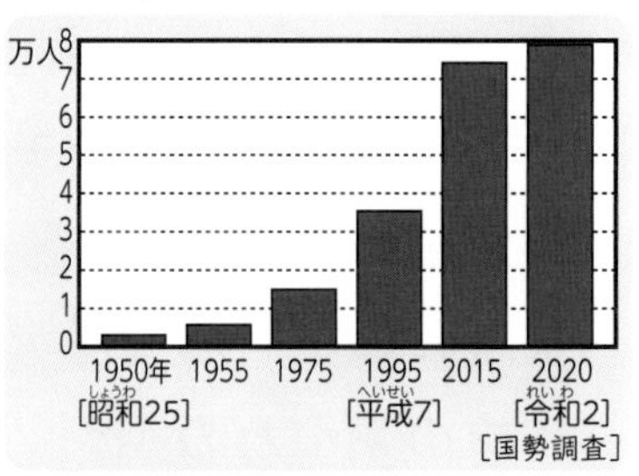

明石市の65才以上の人の数

(5) 明石市で、65才以上の人の数がいちばんふえたのはいつごろですか。㋐～㋓からえらびましょう。

（　　　）

㋐ 昭和の間　㋑ 昭和から平成の間

㋒ 平成の間　㋓ 平成から令和の間

ヒント

1 家や店の多いところ、路線や駅などがどうかわったかに注意(ちゅうい)しましょう。

2 (4)(5) グラフのぼうの長さののび方に注目します。

1 市の様子と人々のくらしのうつりかわり②

学習日　　月　　日

めあて
市の道路や鉄道、土地の使われ方のうつりかわりについてりかいしよう。

教科書 124～127ページ　答え 36ページ

次の（　）に入る言葉を、下からえらびましょう。

1 道路や鉄道のうつりかわり

教科書 124～125ページ

明石市の交通の広がり

- 1888年に鉄道が開通し（①　　　　）ができる。
- 1933年に国道2号ができる。
- 1951年に市えい（②　　　　）がはじめて通る。
- 1972年に（③　　　　）が通る。
- 今は（④　　　　）を使って、短時間でいろいろな場所に行くことができる。

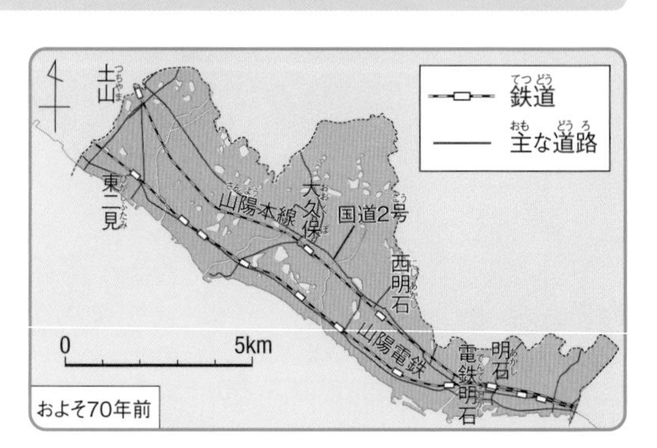

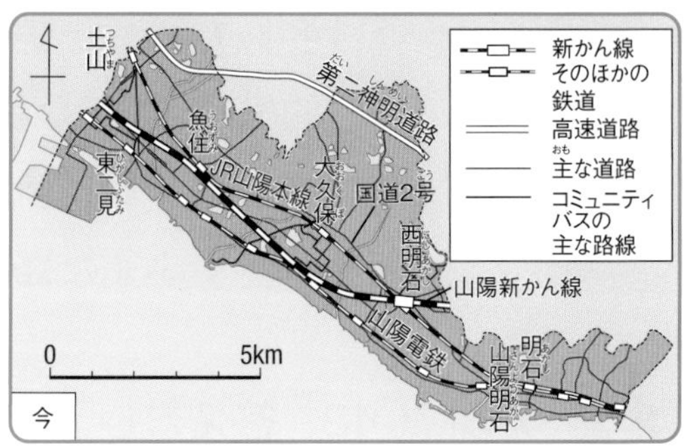

ワンポイント 鉄道

- **鉄道**は一度に多くの人を運ぶことができる、かんきょうにやさしい交通きかんである。

2 土地の使われ方のうつりかわり

教科書 126～127ページ

明石市の土地の使われ方のへんか

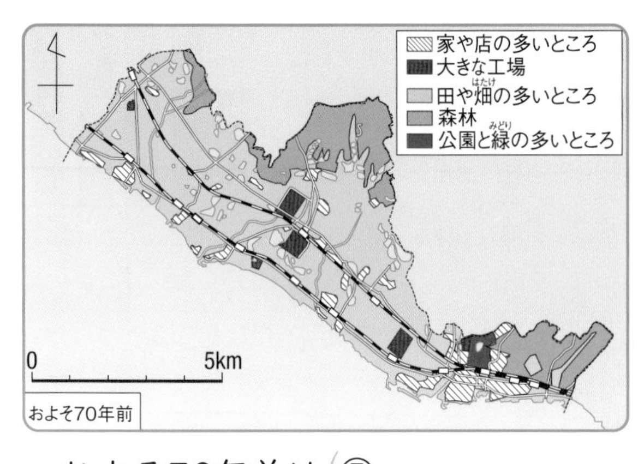

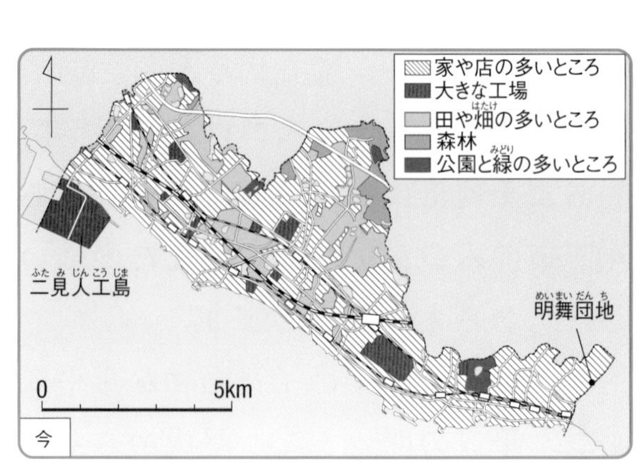

- およそ70年前は（⑤　　　　）がほとんどで、**ため池**がたくさんあった。
- 今は（⑥　　　　）が多いところが、市全体に広がっている。
- 市の西がわには海がうめ立てられて（⑦　　　　）がつくられた。
- 市の東がわの（⑧　　　　）がなくなり、明舞団地がつくられた。

えらんだ言葉に✓				
	□山陽新かん線	□家や店	□明石駅	□森林
	□高速道路	□田や畑	□人工の島	□バス

ぴったり2

練習

ぴたトリビア

山陽新かん線は大阪から博多までをむすんでいます。大阪から東京までは東海道新かん線で、博多から先は九州新かん線で鹿児島までつながっています。

学習日　月　日

教科書　124～127ページ　答え　36ページ

1 次の地図を見て、答えましょう。

(1) 一度にたくさんの人を運ぶことができる、かんきょうにやさしい交通きかんを、［　］からえらびましょう。

（　　　　）

コミュニティバス　鉄道
自動車　航空機

(2) 2つの地図を見くらべて、およそ70年前にはなかったものを、㋐～㋕から3つえらびましょう。

㋐ 山陽新かん線　㋑ 国道2号
㋒ 明石駅　㋓ 第二神明道路
㋔ 山陽電鉄　㋕ 魚住駅

（　　　）（　　　）（　　　）

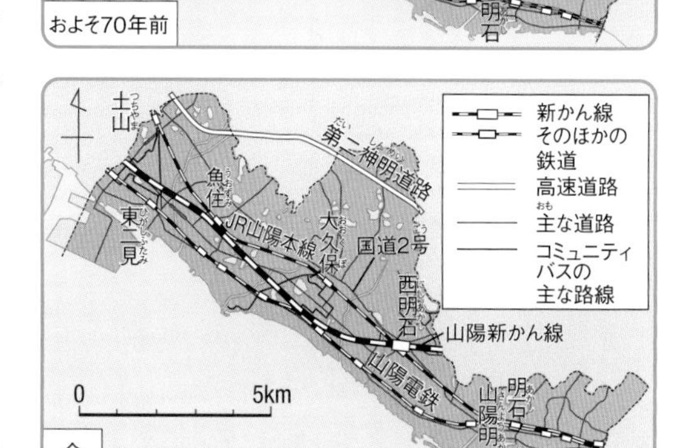

2 2つの地図を見くらべて、次のせつ明のうち正しいものには○を、まちがっているものには×をつけましょう。

①（　　）およそ70年前は田や畑だったところが、今はほとんど家や店になっている。

②（　　）今は大きな工場が各地にあるが、およそ70年前は一つもなかった。

③（　　）市の北や東に広がる森林は、およそ70年前から開発されずにそのままのこっている。

④（　　）大きな工場のある二見人工島は、市の西がわの海をうめ立ててつくられた。

⑤（　　）およそ70年前とくらべて、公園と緑の多いところが、市の北がわなどにふえている。

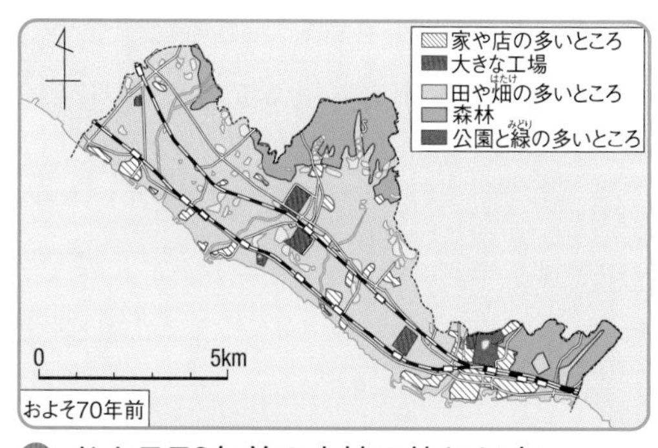

およそ70年前の土地の使われ方

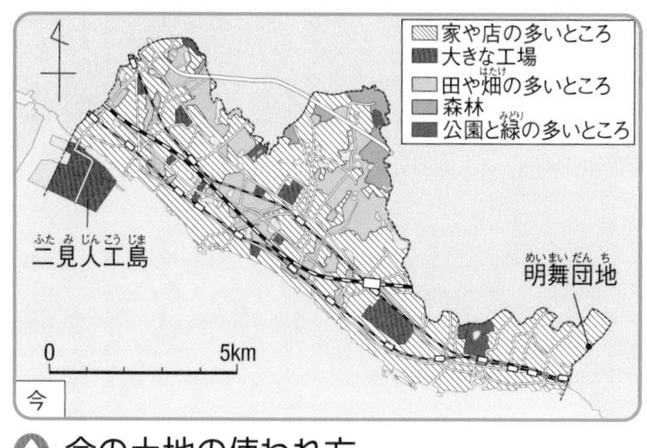

今の土地の使われ方

ヒント　2 家や店、田や畑などの色の広がりが、どうかわったかに注意しましょう。

4．市のうつりかわり

1 市の様子と人々のくらしのうつりかわり

教科書 116～127ページ　答え 37ページ

1 よく出る 次の地図1～地図4を見くらべて、明石市のうつりかわりについて書かれた下の文のうち正しいものには○を、まちがっているものには×をつけましょう。

1つ5点（30点）

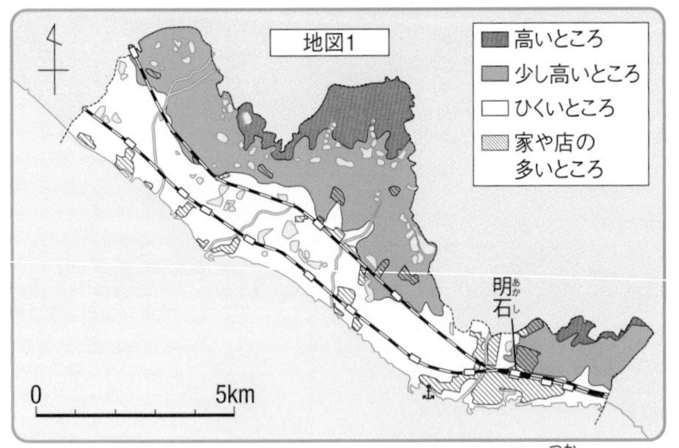

およそ70年前の明石市の土地の高さと使われ方

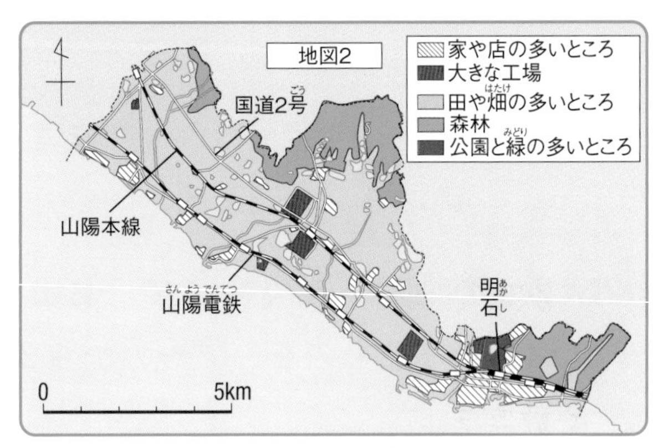

およそ70年前の土地の使われ方

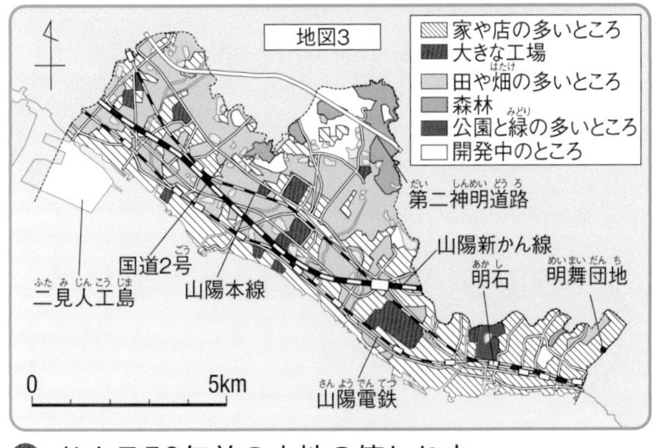

およそ50年前の土地の使われ方

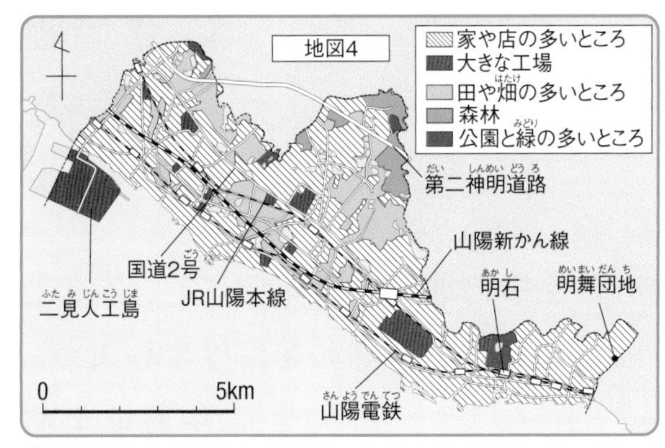

今の土地の使われ方

①（　　　）土地の使われ方は、土地がひくいところでは大きくかわったが、高いところでは、ほとんどかわっていない。

②（　　　）地図３で開発中のところは、地図４ではすべて森林になった。

③（　　　）土地がひくいところの田や畑は、今ではすべてなくなって、家や店や工場になっている。

④（　　　）土地が高いところの森林は、およそ50年前に半分以上が開発されて、今は家や店がふえている。

⑤（　　　）家や店の多いところは、土地のひくいところからふえていって、高いところへと広がっていった。

⑥（　　　）鉄道の山陽本線と山陽電鉄、高速道路の第二神明道路は土地のひくいところを通るが、山陽新かん線は土地の高いところを通っている。

2 次の市役所の人の話の①～⑦にあてはまる言葉を、1 の地図を見ながら書きましょう。

1つ5点（35点）

130年ほど前に明石駅ができて、およそ70年前には（①　　　）と（②　　　）の２つの鉄道が通っていました。そのころには、鉄道にそって（③　　　）という大きな道路もできていました。今では、高速道路の（④　　　）や、新大阪から博多までをむすぶ鉄道の（⑤　　　）もできて、ずいぶんべんりになりました。

また開発も進んで、二見には海をうめ立てた（⑥　　　）がつくられ、公園や大きな（⑦　　　）となっています。

3 次の地図やグラフを見て、答えましょう。

1つ5点（35点）

(1) よく出る　次の文の①～⑥にあてはまる言葉や数字を書きましょう。　技能

明石市は、1942年に林崎村と、1951年にさらに（①　　　）つの村や町といっしょになって、今の広さになったんだね。人口がいちばんふえたのは（②　　　）年～（③　　　）年だよ。

でも、昭和が終わり（④　　　）の時期に入ると、ふえ方は小さくなっているね。1935年の人口はおよそ（⑤　　　）万人だから、2020年の人口はそのころのおよそ６倍になっているよ。

お年よりの数も ④ に入ると大きくふえて、（⑥　　　）年にはおよそ7.4万人になっているね。

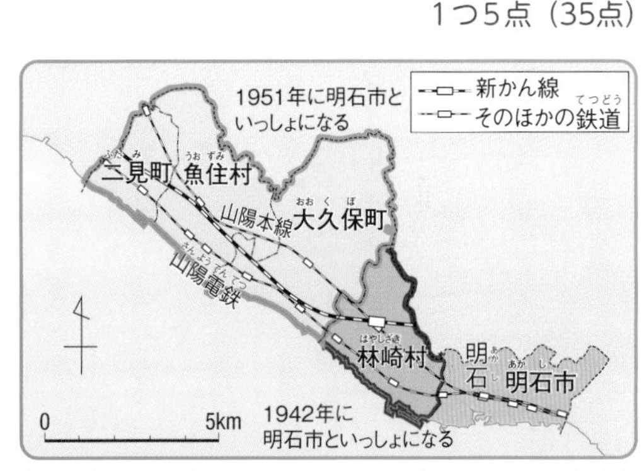

明石市の土地のうつりかわり（1942～1951年）

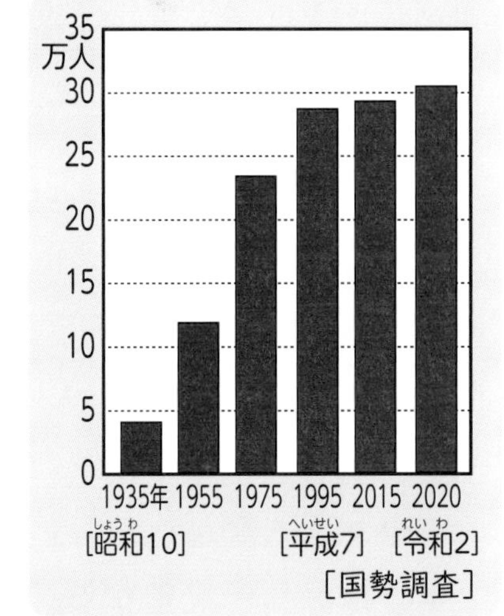

明石市の人口のうつりかわり

明石市の65才以上の人の数

記述 (2) できたらスゴイ！　1935年から1955年にかけて、人口が２倍以上にふえた理由を、かんたんに書きましょう。　思考・判断・表現

（　　　）

3(2)がわからないときは、68ページの2にもどってかくにんしてみよう。

1 市の様子と人々のくらしのうつりかわり③

学習日　月　日

めあて
公共しせつのうつりかわりと、道具を通したくらしのへんかについてりかいしよう。

教科書 128〜131ページ　答え 38ページ

次の(　　)に入る言葉を、下からえらびましょう。

1 公共しせつのうつりかわり

教科書 128〜129ページ

ふえてきた公共しせつ

- およそ70年前は、(①　　　　)、天文科学館、いくつかの小学校があった。
- 1971年に(②　　　　)がつくられた。
- 2017年にあかし市民(③　　　　)がつくられた。
- 明石市内のほとんどの(④　　　　)の中に、地いきの交流に活用できるコミュニティ・センターがある。

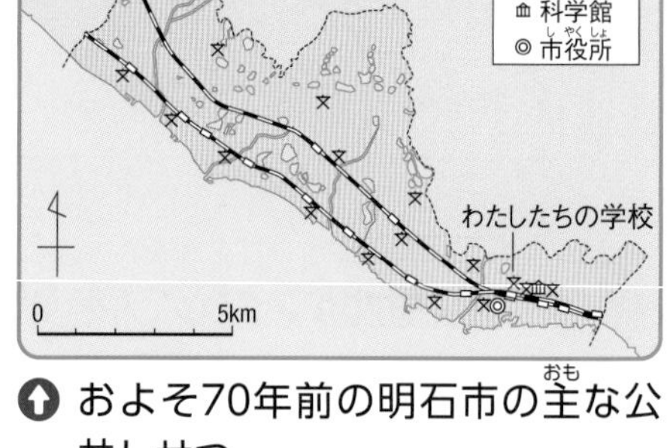

およそ70年前の明石市の主な公共しせつ

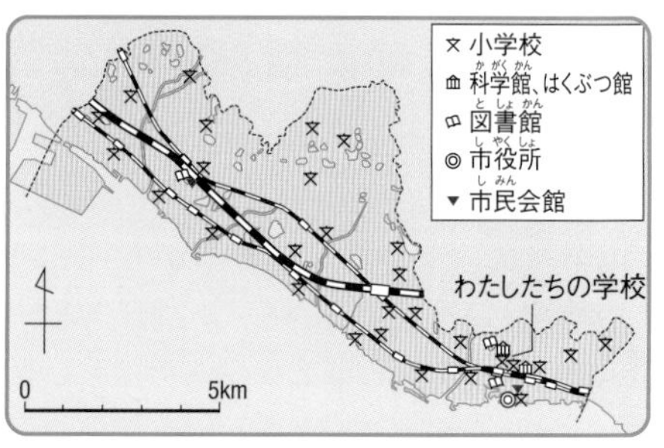

今の明石市の主な公共しせつ

ワンポイント 税金

- **税金**とは、市区町村や国などが集め、みんなに役立つ活動を行ったり、(⑤　　　　)をつくったりするために使われるお金のこと。

2 道具とくらしのうつりかわり

教科書 130〜131ページ

昔の道具と今の道具

- 昔も今も、毎日の(⑥　　　　)の中でたくさんの**道具**を使っている。
- 道具は、くらしをよりよくしようとする人々の(⑦　　　　)とともにかわってきた。
- いねかり…かまから(⑧　　　　)を使うようになった。
- 部屋のあかり…石油ランプから(⑨　　　　)にかわり、より明るく、長くてらせるLEDライトになった。
- りょうり…火を自分でおこして、まきをもやして使うかまどを使っていた。
- せんたく…みぞの上でこすってよごれを落とす、せんたく板を使っていた。

かまど

せんたく板

えらんだ言葉に ✓

□公共しせつ　□電とう　□小学校　□きかい　□市役所
□市民会館　□ねがい　□図書館　□くらし

学習日　　月　　日

昔のせんたくでは、水を入れたたらいの中にせんたく板を立てかけ、せっけんをつけて、よごれをせんたく板のみぞにこすりつけてあらいました。

教科書　128～131ページ　答え　38ページ

1 次の地図を見て、答えましょう。

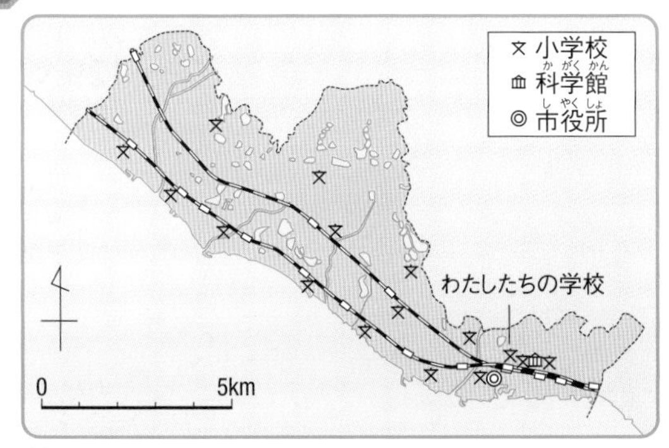

おおよそ70年前の明石市の主な公共しせつ

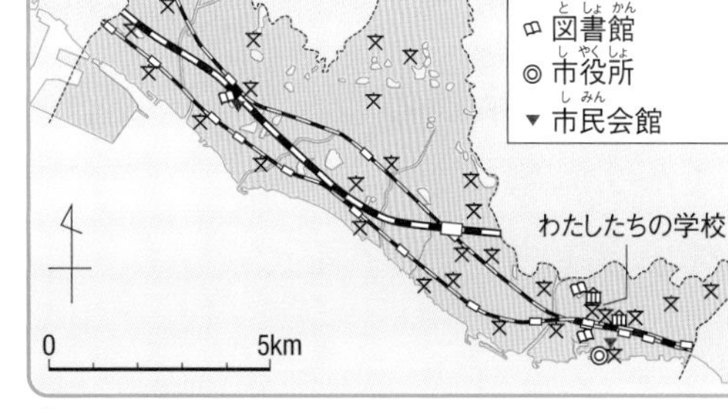

今の明石市の主な公共しせつ

(1) 地図中の公共しせつについてのせつ明として正しいものには○を、まちがっているものには×をつけましょう。

① (　　　) 市役所の場所は、およそ70年前からかわっていない。

② (　　　) およそ70年前は、市民会館がなかった。

③ (　　　) はくぶつ館や図書館は、主に駅の近くに集まっている。

④ (　　　) 小学校の数は、およそ70年前からかわっていない。

(2) 市区町村や国などが集め、公共しせつをつくったり、みんなに役立つ活動を行ったりするために使われるお金を何といいますか。 (　　　　)

2 次の①～③の道具の絵にあてはまるせつ明を、㋐～㋒からえらんで線でむすびましょう。

① 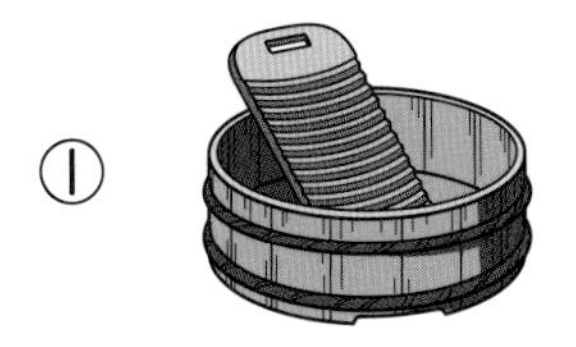 ・　　・ 

㋐昔の部屋のあかりだよ。ようきに石油を入れて、火をつけて使ったよ。

②  ・　　・ 

㋑昔のりょうりで使ったかまどだよ。火は自分でおこして、まきをもやすんだよ。

③ 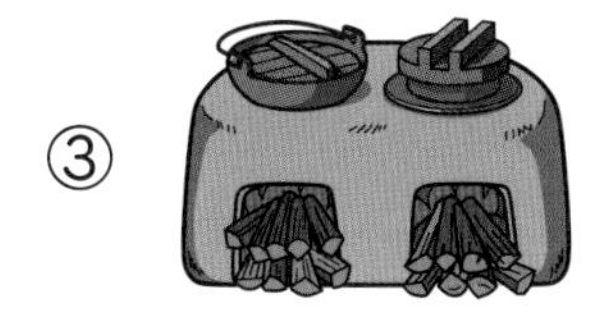 ・　　・ 

㋒昔のせんたくで使ったせんたく板だよ。みぞにこすりつけて、よごれを落とすんだよ。

ヒント ❶「1．わたしのまち　みんなのまち」で学習した地図記号を思い出しましょう。2つの地図をよく見くらべて考えましょう。

4．市のうつりかわり

1　市の様子と人々のくらしのうつりかわり④

学習日　　月　　日

めあて
年表にまとめる方法をりかいし、市のこれからのはってんについて考えてみよう。

教科書 132～137ページ　答え 39ページ

次の（　　）に入る言葉を、下からえらびましょう。

1 市のうつりかわりをまとめてみよう

教科書 132～133ページ

ワンポイント　年表のつくり方

- いちばん上に横じくをつくり、左から右に（①　　　　　）じゅんにならべ、右のはしを今にする。
- （②　　　　　）を使って、何年ごろかを書きこむ。
- 調べてきたこうもくごとに、（③　　　　　）がわかるようにまとめる。

✪ 明石市のうつりかわりの年表

	およそ70年前	およそ50年前	今
人口	人口が10万人をこえた	人口がとてもふえ、20万人をこえた	人口がやく30万人になった
交通		（④　　　　　）や新かん線が通った	大阪まで、電車でやく40分で行くことができる
土地の使われ方	（⑤　　　　　）が多かった たくさんのため池があった	明舞団地ができた 二見に人工の島ができ、（⑥　　　　　）ができていった	市全体に（⑦　　　　　）が広がった 田や畑が少なくなった
公共しせつ	天文科学館ができた	学校がふえ、図書館などの公共しせつができた	明石駅前に公共しせつが集まる大きなたて物ができた
くらしの道具	かんたんな道具が多かった	（⑧　　　　　）を使ったものがふえた	べんりな道具がふえた

2 市のはってんのために／足立区のうつりかわり　ひろげる

教科書 134～137ページ

✪ 明石市のはってん

- 子どもの医りょうひや（⑨　　　　　）、ほいくりょうなどをむりょうにする取り組みにより、明石市に住みたい人がふえている。

✪ 足立区のうつりかわり

- 地下鉄の開通で都心へ、高速道路の開通で地方へ行きやすくなった。

えらんだ言葉に ✔

□高速道路　□給食ひ　□住たく　□元号　□工場
□へんか　□田や畑　□古い　□電気

学習日　月　日

ぴたトリビア

北極と南極をむすぶ東経135度の線を日本標準時子午線といい、日本では明石市を通るこの線の上に太陽がきたときが午後０時と決められています。

教科書 132〜137ページ　答え 39ページ

1 明石市のうつりかわりについて、次の市の様子はいつごろのものでしょうか。それぞれあてはまる時期を、㋐〜㋒からえらびましょう。

㋐　およそ70年前　㋑　およそ50年前　㋒　今

(1)　人口について

①(　　　)人口が10万人をこえた。

②(　　　)人口がやく30万人になった。

③(　　　)人口がとてもふえ、20万人をこえた。

(2)　土地の使われ方について

①(　　　)田や畑が少なくなり、市全体に住たくが広がった。

②(　　　)田や畑が多く、たくさんのため池があった。

③(　　　)明舞団地ができ、二見の人工の島に工場ができた。

(3)　公共しせつについて

①(　　　)学校がふえ、図書館などの公共しせつができた。

②(　　　)天文科学館ができた。

③(　　　)明石駅前に、公共しせつが集まる大きなたて物ができた。

2 次の問いに、答えましょう。

(1)　市からのお知らせをけいさいしたり、市内のさまざまな取り組みをしょうかいしたりするためにいんさつされたさっしを何といいますか。

(　　　　)

(2)　次のしりょうは、Aさんが明石市についてまとめたものです。しりょうの①〜③にあてはまる言葉を、㋐〜㋔からえらびましょう。

●明石市のじまん
- 日本の(①　　　)を決めるきじゅん線の上に天文科学館がある。

●ふっこうした明石市
- 1995年に(②　　　)でひがいを受けたが、ふっこうしてにぎわっている。

●子どもを核としたまちづくり
- 子どもの医りょうひ、給食ひ、ほいくりょうを(③　　　)にしている。

㋐　阪神・淡路大震災　㋑　東日本大震災　㋒　ゆうりょう

㋓　むりょう　㋔　時こく

2 (2)　子どもを中心とする市の取り組みにより、明石市に住みたいという人がふえています。

4. 市のうつりかわり

1 市の様子と人々のくらしのうつりかわり

教科書 128～137ページ　答え 40ページ

1 次の地図を見て、答えましょう。

1つ5点（25点）

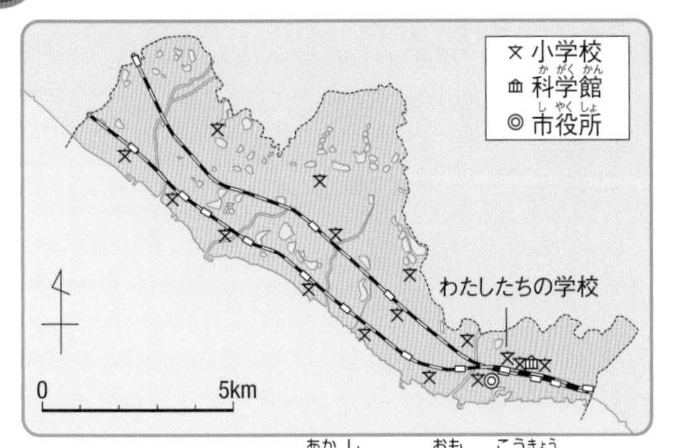

およそ70年前の明石市の主な公共しせつ

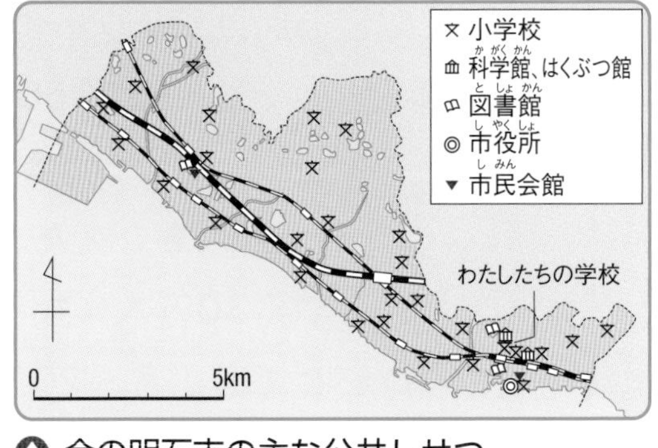

今の明石市の主な公共しせつ

(1) 明石市に、およそ70年前からあった公共しせつを、㋐～㋔から２つえらびましょう。

技能

（　　）（　　）

㋐ 市役所　㋑ 小学校　㋒ 図書館　㋓ 市民会館

㋔ はくぶつ館

(2) およそ70年前にはなく、今の明石市にはある公共しせつを、㋐～㋔から２つえらびましょう。

技能

（　　）（　　）

㋐ 市役所　㋑ 小学校　㋒ はくぶつ館　㋓ 科学館

㋔ 市民会館

記述 (3) できたらスゴイ！ 市区町村や国などが集める税金は、どのようなことに使われますか。かんたんに書きましょう。

思考・判断・表現

（　　　　　　　　　　）

2 はくぶつ館の見学のしかたのせつ明として正しいものには○を、まちがっているものには×をつけましょう。

1つ5点（20点）

①（　　）はくぶつ館についてから、何を調べるのか考える。

②（　　）せつ明をしてくれる学げい員の人にあいさつをする。

③（　　）てんじされているしりょうを見てわからないことがあれば、先生や学げい員の人にたずねる。

④（　　）はくぶつ館はどこでも写真さつえいができるので、学げい員の人にかくにんせず写真をとってもよい。

学習日　　月　　日

3 次の道具年表を見て、答えましょう。

1つ5点（20点）

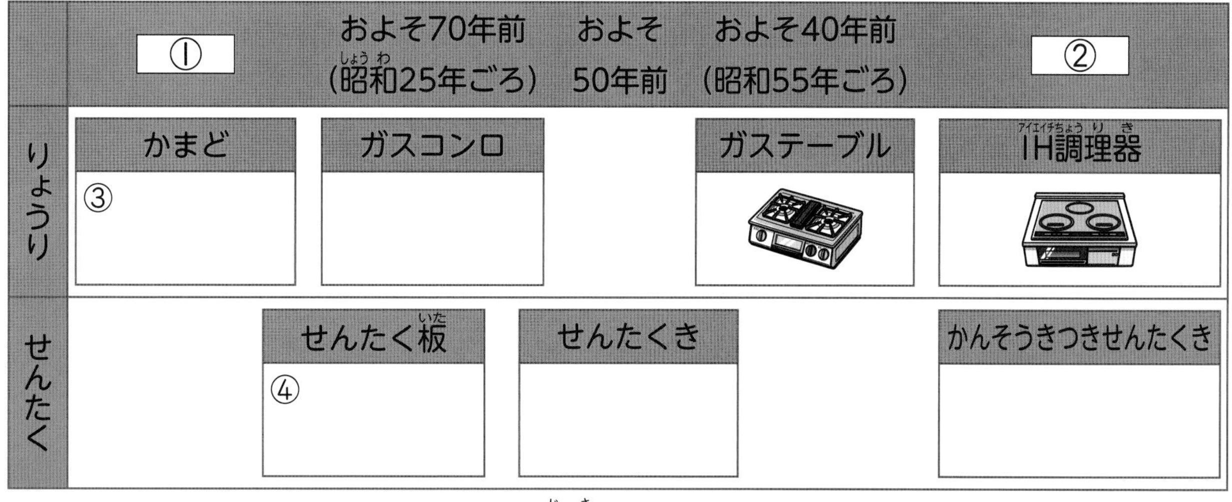

	①	およそ70年前（昭和25年ごろ）	およそ50年前	およそ40年前（昭和55年ごろ）	②
りょうり	かまど ③	ガスコンロ		ガステーブル	IH調理器
せんたく		せんたく板 ④	せんたくき		かんそうきつきせんたくき

(1) 道具年表の①、②にあてはまる時期を、㋐、㋑からえらびましょう。

㋐　100年前　　㋑　今（令和）　　①（　　）　②（　　）

(2) よく出る　道具年表の③、④にあてはまる絵を、㋐〜㋔からえらびましょう。

③（　　）　④（　　）

あ 

い 

う 

え 

お 

4 明石市のうつりかわりの年表の①〜⑦にあてはまるものを、㋐〜㋙からえらんで書きましょう。

1つ5点（35点）

	およそ70年前	およそ50年前	今
	高いたて物がなかった	にぎやかになった	高いたて物がふえた
①	人口が10万人をこえた	人口がとてもふえ、20万人をこえた	人口がやく30万人になった
②	田や畑が多かった	大きな（④）ができた （⑤）をうめ立てて人工の島がつくられた	市全体に（⑦）が広がった
③		高速道路や（⑥）が通った	大阪まで電車でやく40分で行くことができる

㋐　土地の使われ方　　㋑　交通　　㋒　地下鉄　　㋓　住たく　　㋔　海

㋕　新かん線　　㋖　団地　　㋗　田や畑　　㋘　ため池　　㋙　人口

①（　　）　②（　　）　③（　　）　④（　　）

⑤（　　）　⑥（　　）　⑦（　　）

この本の終わりにある「春のチャレンジテスト」をやってみよう！

この本の終わりにある「学力しんだんテスト」をやってみよう！

ふりかえり　1(3)がわからないときは、74ページの1にもどってかくにんしてみよう。

3年のふく習

わたしの家はどこかな？

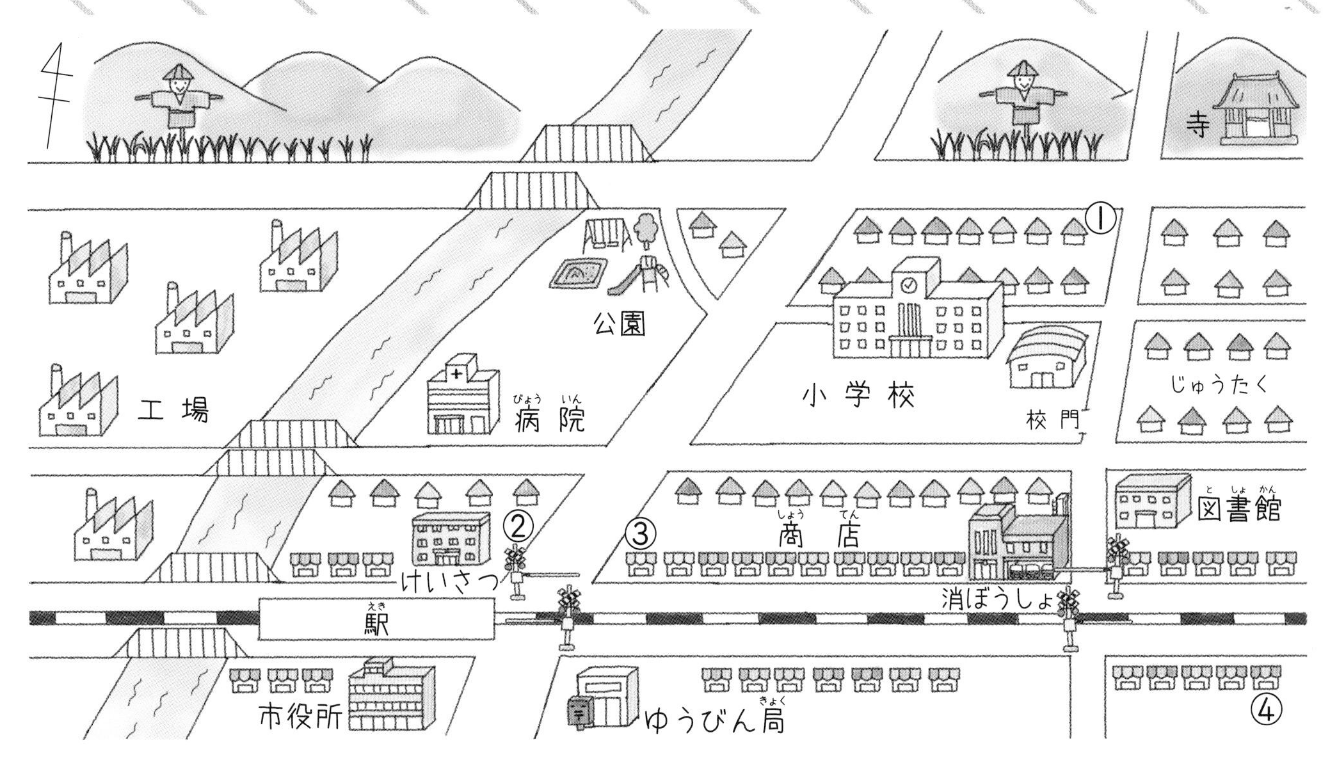

わたしは、学校の近くの様子を上の絵地図に表しました。

右のせつ明の□に言葉を入れながら、わたしの家が①～④のどれか、見つけましょう。

また、学校の近くの様子について、4人が話しています。1人だけまちがったせつ明をしている人がいますが、それはだれでしょう。

［　　　　］

わたしの家は、お店をしています。

わたしは毎朝、線路ぞいの道を通り、㋐［　　　　］があるこうさ点を右に曲がってふみきりをこえ、まっすぐ㋑［　　　］の方角に進んで小学校に行きます。だから、わたしの家は、㋒［　　　］番です。

わたし

お寺の南がわに川が流れているよ。

小学校の北がわには、住たく地があり、そのむこうには山が見えるよ。

駅から東に歩いていくと、右手にゆうびん局が見えるよ。

川の西がわには、たくさんの工場があるよ。

れん

エマ

ジミー

らん

答え　㋐消ぼうしょ　㋑北　㋒④　れん（お寺の西がわに川が流れている。）

3 次の地図を見て、答えましょう。

1つ3点、(4)4点(25点)

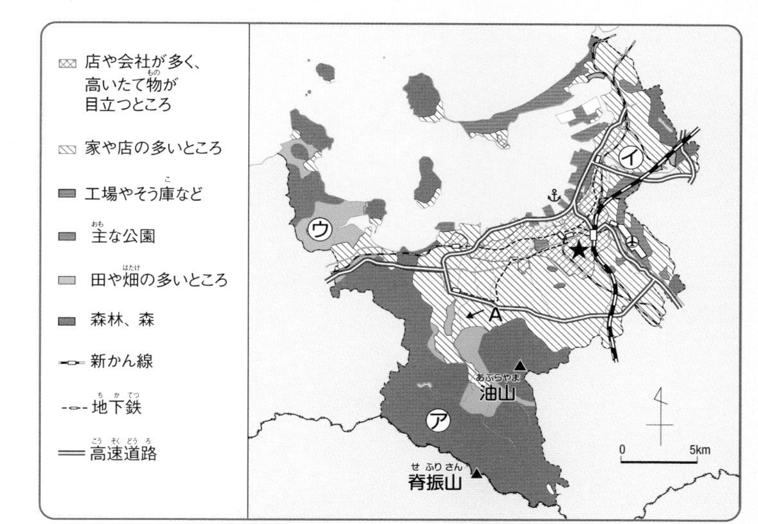

(1) 右の絵は、地図中のどの場所を表していますか。㋐〜㋒からえらびましょう。

(2) 地図中のAの川は、市のどの方角からどの方角に流れていますか。㋐〜㋒からえらびましょう。

㋐ 北から南へ流れている。

㋑ 南から北へ流れている。

㋒ 西から東へ流れている。

(3) 次の㋐〜㋔にあう言葉を、あとの□からそれぞれえらびましょう。

・市の南がわは（㋐）が多い。

・店や会社は（㋑）の集まるところに多い。

・港近くの海岸線は（㋒）がとめやすいようにまっすぐになっており、工場は（㋓）に集まっている。

・市の様子は、場所によって（㋔）。

海の近く	交通きかん	ちがう
森	ちがいはない	船

㋐（　　）　㋑（　　）

㋒（　　）　㋓（　　）

㋔（　　）

(4) 地図中の★の場所にたくさんの人が集まる理由を、「駅」という言葉を使ってかんたんに書きましょう。

（　　）

思考・判断・表現　30点

4のA 次の問いに、答えましょう。

(1)1つ5点、(2)20点(30点)

(1) 農家のくふうについてせつ明した次の文にあう言葉をそれぞれえらび、下の㋐、㋑に書きましょう。

・ビニールハウスの、空気を㋐｛ あたためる ・ ひやす ｝というとくちょうを使って、いちごがよく売れる㋑｛ 夏 ・ 冬 ｝にしゅうかくできるようにさいばいしている。

㋐（　　）　㋑（　　）

(2) しゅうかくしたあまおうは、きかいではなく手作業でパックづめをします。その理由をかんたんに書きましょう。

（　　）

4のB 次の問いに、答えましょう。

(1)1つ5点、(2)20点(30点)

(1) 右の写真についてせつ明した次の文にあう言葉をそれぞれえらび、下の㋐、㋑に書きましょう。

・自動で明太子の重さをはかってパックにつめるきかいができたことで、㋐｛ 多くの ・ 少ない ｝明太子を、㋑｛ 多くの ・ 少ない ｝人数でパックにつめることができるようになった。

明太子工場で使われている自動の計りょうき

㋐（　　）　㋑（　　）

(2) 工場ではたらく人が、右の絵のような服を着ているのはなぜですか。「よごれ」という言葉を使ってかんたんに書きましょう。

（　　）

夏のチャレンジテスト

教科書 6〜65ページ

月　日

名前

時間 40分

知識・技能	思考・判断・表現	ごうかく80点
／70	／30	／100

答え41ページ

4については、学習の状況に応じてA・Bどちらかをえらんでやりましょう。

知識・技能　70点

1 次の問いに、答えましょう。

1つ2点、(3)(4)3点(25点)

(1) 地図はふつう、どの方位を上にして表されていますか。□からえらびましょう。

東　西　南　北

(　　)

(2) 次の図の①〜④にあう方位を書きましょう。

北、東、南、西、①、②、③、④

①(　　)　②(　　)
③(　　)　④(　　)

(3) 方位や目じるし、道の様子などを絵でかいた地図を何といいますか。

(　　)

(4) 次の地図記号が表しているたて物や場所を答えましょう。

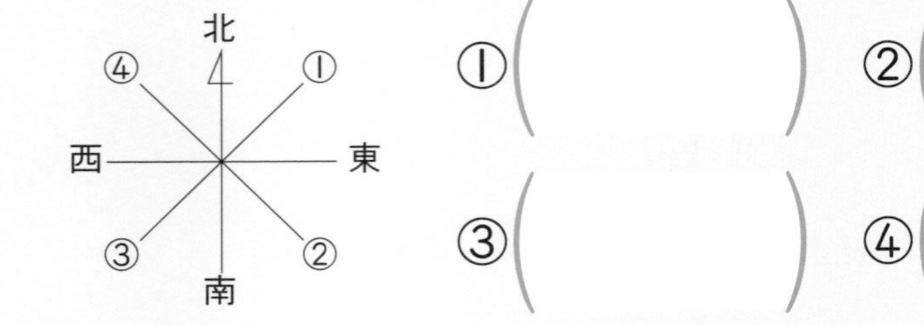

	地図記号	もとになったもの
①	V	 植物の二まいの葉(ふたば)
②	⛩	 とりいの形
③	♁	 りんごなどの実
④	⊗	 丸でかこんだ二本のけいぼう

①(　　)　②(　　)
③(　　)　④(　　)

2 次の地図を見て、答えましょう。

(1)1つ3点、(2)5点(20点)

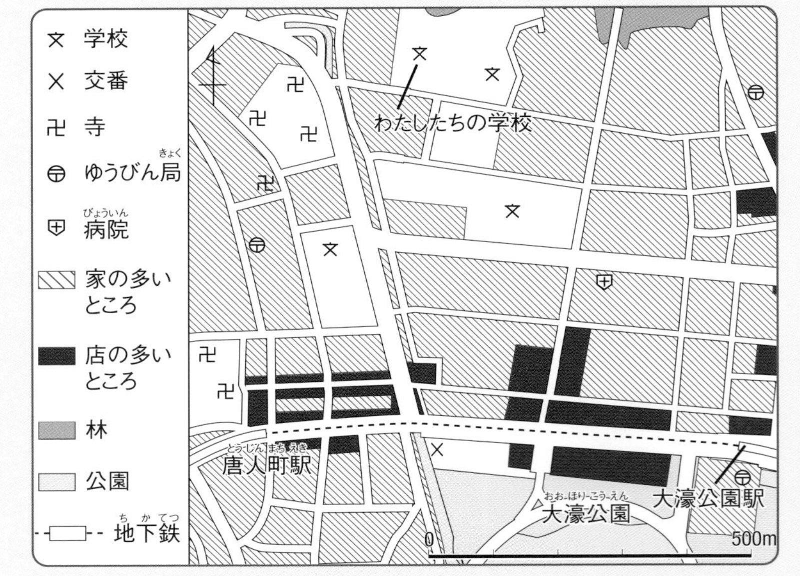

(1) 次の文にあう言葉をそれぞれえらび、下の㋐〜㋔に書きましょう。

・道路のはばは、場所によって、㋐{ ちがう ・ 同じ }。

・交番の北がわには、㋑{ 駅 ・ 学校 }がある。

・「わたしたちの学校」の㋒{ 東 ・ 西 }がわには、寺が多く集まっているところがある。

・地図の右下のものさしで、㋓{ きょり ・ 方位 }がわかる。

・店は㋔{ 駅 ・ 学校 }の近くに多い。

㋐(　　)　㋑(　　)
㋒(　　)　㋓(　　)
㋔(　　)

(2) 次の絵のような、みんなのためにつくられたたて物や場所を何といいますか。

公民館

図書館

(　　)

うらにも問題があります。

3 次の図を見て、答えましょう。

1つ4点、(5)6点(26点)

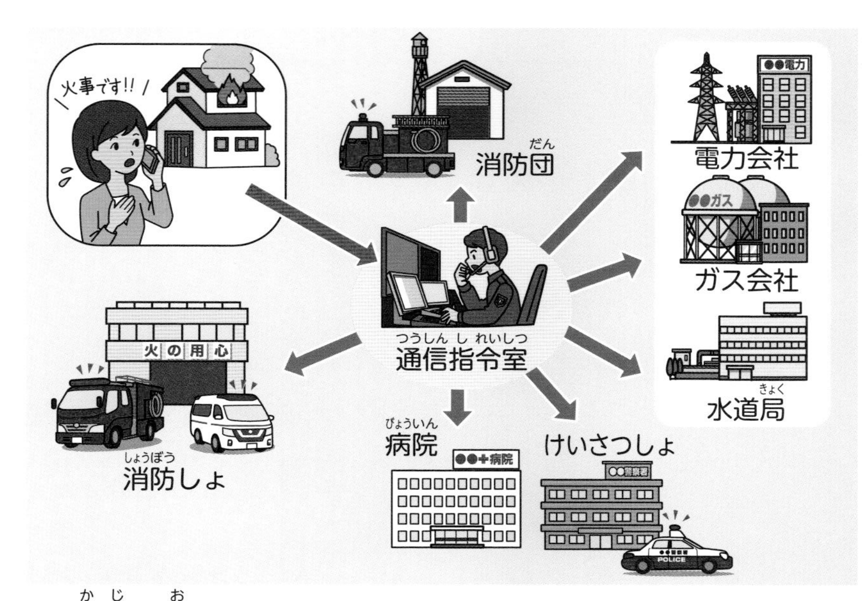

火事が起きたら

(1) 火事が起きたとき、何番に電話しますか。数字で答えましょう。

(　　　)番

(2) (1)の電話は、まずどこにつながりますか。図の中の言葉からえらびましょう。

(　　　)

(3) 次の文にあう言葉をそれぞれえらび、下の㋐、㋑に書きましょう。

・救急車は、㋐{ 病院 ・ 消防しょ }から火事の現場に出動する。

・火事のときは消防しょだけでなく、㋑{ ガス会社 ・ 図書館 }も協力のれんらくを受けることがある。

㋐(　　　) ㋑(　　　)

(4) 火事のとき、れんらくを受けた水道局は何をしますか。㋐〜㋒からえらびましょう。

㋐ 現場のガスをとめる。

㋑ けが人を運ぶ。

㋒ 現場の水が出やすいようにする。

(5) けいさつかんは、火事の現場にかけつけて、どのような仕事をしますか。「交通じゅうたい」という言葉を使ってかんたんに書きましょう。

(　　　)

4 次の図を見て、答えましょう。

(1)1つ2点、(2)4点(10点)

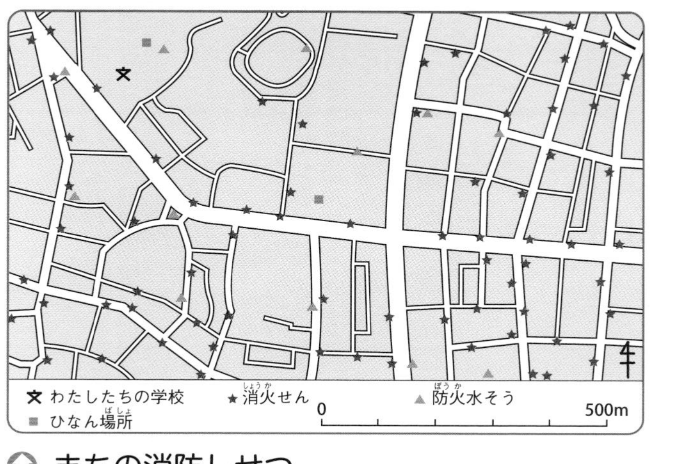

まちの消防しせつ

(1) 次の①〜③の文が正しければ○を、まちがっていれば×をつけましょう。

① まちの消防しせつの数は、防火水そうがいちばん多い。

② 学校のほかにもひなん場所がある。

③ 消火せんは、広い道にだけそなえられている。

① □ ② □ ③ □

(2) まちに消火せんが多くあるのはなぜですか。㋐〜㋒からえらびましょう。

㋐ 火事のときにすぐに消防自動車などに水を取り入れるため。

㋑ 消火のための水をためているから。

㋒ 火事が起きたときにまわりに早く知らせるため。

□

思考・判断・表現 30点

5 次の消防団の人の話を読んで、消防団の取り組みを2つ書きましょう。

1つ15点(30点)

火事などが起きたときは、消防しょの人と協力して、消火活動に取り組みます。
消防団の人たちは、「自分たちの地いきは自分たちで守る」という気持ちを大切にしています。そのため、地いきの消防しせつが火事のときに正しく使えるように、点検などの取り組みもしています。

(　　　)

(　　　)

冬のチャレンジテスト

教科書 66〜103ページ

名前　　　　月　　日

時間 40分

知識・技能	思考・判断・表現	ごうかく80点
／70	／30	／100

答え43ページ

知識・技能　70点

1 次の地図を見て、答えましょう。

(1)1つ3点、(2)1つ2点(16点)

家の人がよく行く店

(1) 次の①〜④のうち、正しいものには○を、まちがっているものには×をつけましょう。

① 商店がいのお肉屋さんに行く人は7人いる。

② 車で行くスーパーマーケットが、いちばん多くりようされている。

③ コンビニエンスストアをりようする人はいない。

④ 商店がいは駅の近くにある。

(2) 次の①・②の店のとくちょうを、㋐〜㋒からえらびましょう。

①

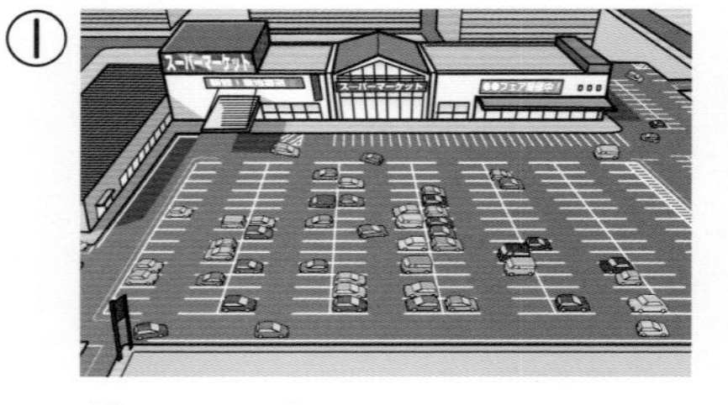

スーパーマーケット

②

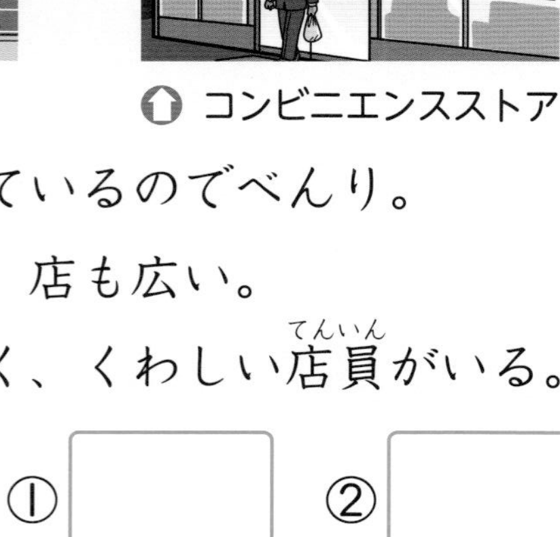

コンビニエンスストア

㋐ 早朝や夜中でも開いているのでべんり。

㋑ ちゅう車場が大きく、店も広い。

㋒ せんもんの品物が多く、くわしい店員がいる。

①　　②

2 次の問いに、答えましょう。

(1)1つ2点、(2)1つ3点(18点)

(1) 次の①〜③にあう言葉を□からえらびましょう。

売り場には、つねに(①)のよいものをならべるようにしています。

(②)は、ねふだやパッケージのシールに書かれていることが多いです。日本で手に入りにくい品物は、(③)から運んでいます。

トラック	産地	外国	品しつ

①(　　)　②(　　)

③(　　)

(2) 右の絵のような、店の入り口にあるコーナーについて、次の文にあう言葉をそれぞれえらび、下の㋐〜㋓に書きましょう。

・牛にゅうパックやトレーを㋐{ コンシェルジュ ・ リサイクル }するためにおかれている。

・このはこに入れると、使い終わったものを㋑{ もやす ・ さい生する }ことができる。

・㋒{ レジぶくろ ・ 車いすのかし出し }をへらすことも、かんきょうを守る店の取り組みのひとつである。

・店は、品物を売るだけでなく、㋓{ 地いきこうけん ・ 工場の仕事 }もしている。

㋐(　　)　㋑(　　)

㋒(　　)　㋓(　　)

うらにも問題があります。

春のチャレンジテスト

教科書 104〜140ページ

名前　　　月　　日

時間 40分

知識・技能	思考・判断・表現	ごうかく80点
／70	／30	／100

答え45ページ

知識・技能　70点

1 次の問いに、答えましょう。

1つ2点(10点)

(1) 次の①〜③のけいさつの仕事の絵にあうせつ明を、㋐〜㋒からそれぞれえらびましょう。

㋐ 道あん内　　㋑ パトロール

㋒ いほうちゅう車の取りしまり

(2) 事故が起きたときは、何番に電話をかけて通報しますか。数字で答えましょう。（　　　）番

(3) (2)の通報をするときに大切なことは何ですか。㋐〜㋒からえらびましょう。

㋐ 交番のけいさつかんに通報してもらう。

㋑ できるだけ早く通報する。

㋒ 交通整理をしてから通報する。

2 交通事故の現場の図を見て、次の文にあう言葉をそれぞれえらび、①〜④に書きましょう。

1つ2点(8点)

⇧ 事故が起きたときのれんらくの流れ

① 事故現場には、｛ 通信指令室 ・ 交番 ｝のけいさつかんもかけつける。

② けいさつの人は｛ 消火活動 ・ 交通整理 ｝をして、道路の安全をかくほする。

③ なぜ事故が起きたのか｛ 学校 ・ けいさつ ｝の人は原因を調べる。

④ 事故の通報は、まず｛ 通信指令室 ・ 消防しょ ｝につながる。

①（　　　）②（　　　）

③（　　　）④（　　　）

3 次の問いに、答えましょう。

(1)1つ4点、(2)5点(17点)

(1) 次の㋐〜㋒にあう言葉を□からえらびましょう。

「こども110番」のステッカーは、いざというときに（㋐）できる店や家であることを子どもたちに知らせています。
また、登下校のときは、（㋑）をしています。小学生のみなさんも、（㋒）を守って、安全なまちづくりにさんかしてほしいです。

交通ルール　パトロール　出動　ひなん

㋐（　　　）㋑（　　　）

㋒（　　　）

(2) まちの安全は、どのように守られていますか。□の言葉を全部使って書きましょう。

けいさつ　協力　地いきの人

（　　　　　　　　　　）

うらにも問題があります。

4 次の明石市の土地の使われ方の地図を見て、答えましょう。

(1)1つ2点、(2)(3)3点(20点)

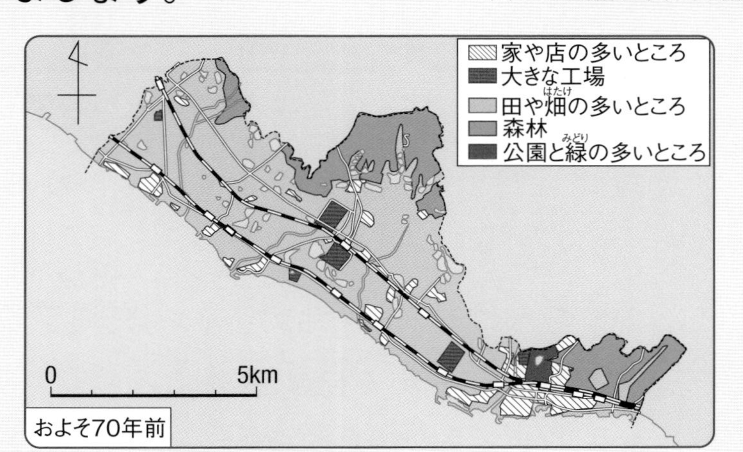

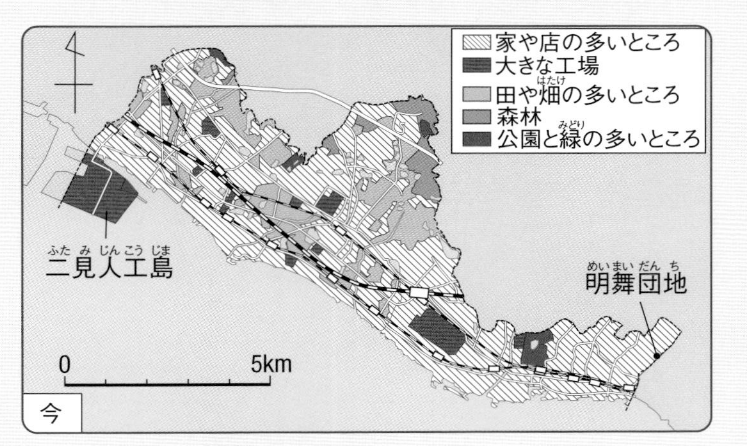

(1) 次の①～⑦のせつ明について、正しいものには○を、まちがっているものには×をつけましょう。

① 70年前とくらべて、今の方が田や畑が多い。

② 森林の面積は、昔からかわっていない。

③ 昔は今より家や店が少なかった。

④ 鉄道の路線の数は昔からかわらない。

⑤ 市の西がわに明舞団地がけんせつされた。

⑥ 市全体に家や店の多いところが広がった。

⑦ 駅の数がへった。

① ［　］　② ［　］　③ ［　］　④ ［　］

⑤ ［　］　⑥ ［　］　⑦ ［　］

(2) 海をうめ立てて土地になっているところがあります。その土地は主に何に使われていますか。

(　　　　)

(3) 一度に多くの人を運ぶことができ、かんきょうにやさしい交通きかんはどちらですか。［　］からえらびましょう。

［鉄道　　車］　(　　　　)

5 次の問いに、答えましょう。

(1)5点(完答)、(2)10点(15点)

(1) 次の道具を、昔のものから今のものにじゅんばんにならべ、記号を書きましょう。

㋐ 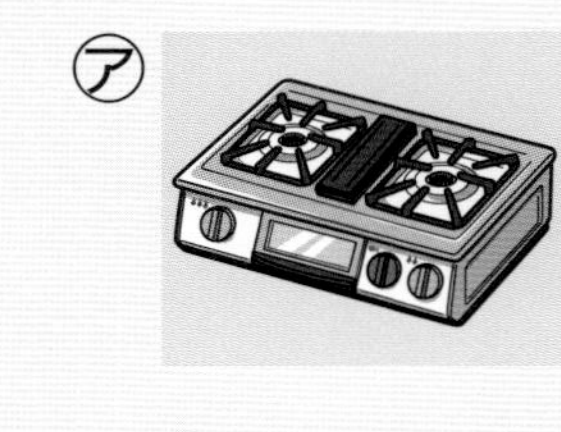 ㋑   ㋒ 

［　］→［　］→［　］

(2) (1)のようにかわることで、りょうりにかかる時間はどのようになったか、かんたんに書きましょう。

(　　　　　　　　　　)

思考・判断・表現　30点

6 次の明石市の地図とグラフを見て、答えましょう。

1つ5点、(3)20点(30点)

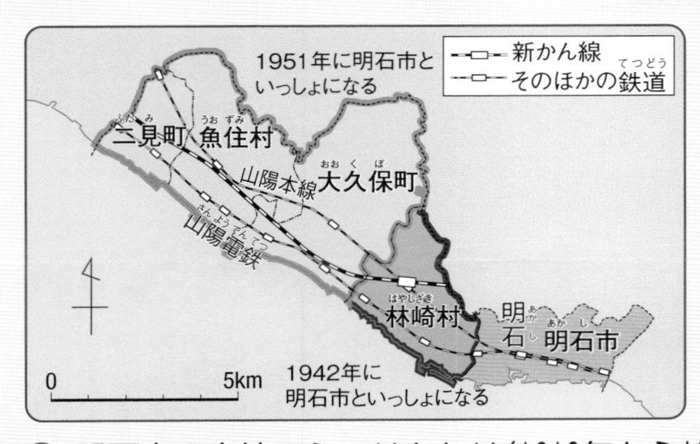

明石市の土地のうつりかわり(1942年から1951年)

(1) 1935(昭和10)年の人口を、㋐～㋒からえらびましょう。

㋐ およそ10万人

㋑ およそ5万人

㋒ およそ2万人

［　］

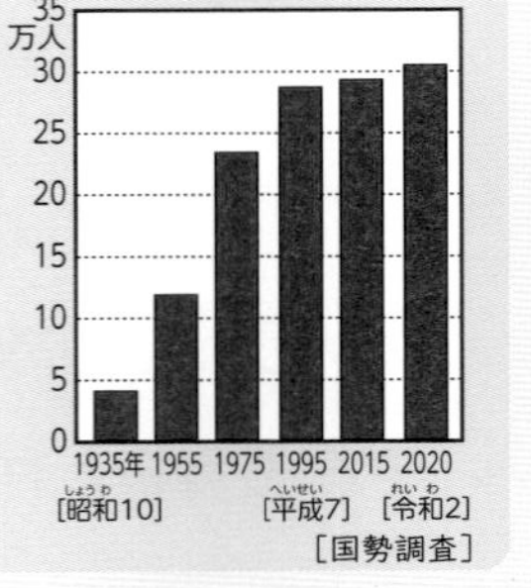

明石市の人口のうつりかわり

(2) 人口は、どのようにかわりましたか。次の文の(　)にあう言葉を、［　］からえらびましょう。

・1935年から2020年の間に、人口は(　　　)。

［ふえた　　へった］　(　　　　)

(3) (2)のようになった理由を、地図から考えてかんたんに書きましょう。

(　　　　　　　　　　)

3年 社会のまとめ

学力しんだんテスト

月　　日

名前

時間 40分

ごうかく70点　　／100

答え47ページ

2については、学習の状況に応じてA・Bどちらかをえらんでやりましょう。

1 次の地図を見て、答えましょう。

1つ3点(12点)

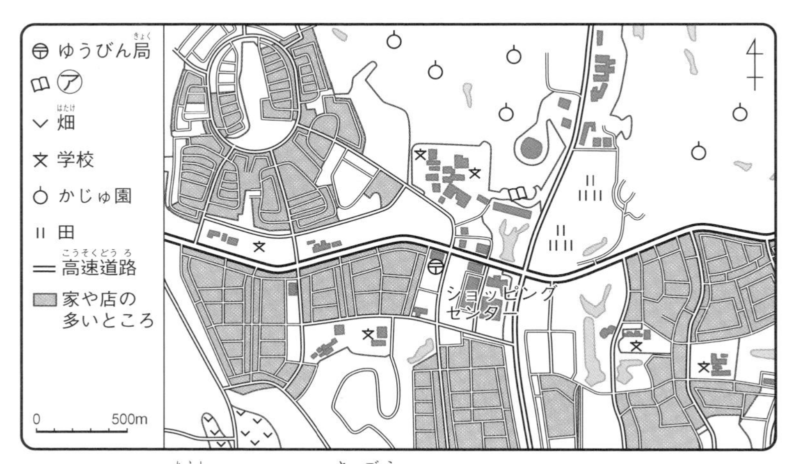

(1) ㋐は何を表す地図記号ですか。（　　　）

(2) 次の①〜③のうち、正しいものには○を、まちがっているものには×をつけましょう。

① 畑の北には学校がある。

② ゆうびん局の南にはかじゅ園がある。

③ 家や店は、田の北東に多く集まっている。

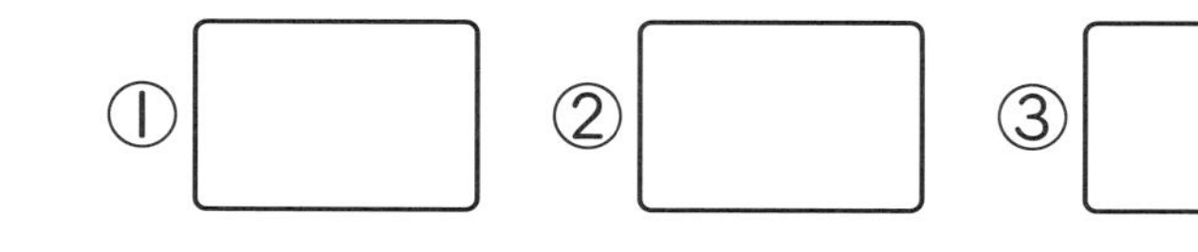

①□ ②□ ③□

2のA 農家の仕事について、答えましょう。

1つ5点(10点)

(1) 右の作物カレンダー（農事ごよみ）からわかることを、㋐〜㋒からえらびましょう。

7月	8月	9月	10月	11月	12月	1月	2月	3月	4月	5月	6月

秋作　たねをまく　なえの世話　なえの植えつけ　畑の世話　取り入れ　春作

㋐ 取り入れが終わると、3か月休んでいる。

㋑ 1年を通して作業をしている。

㋒ 7月にだけ、たねをまいている。

□

(2) しゅうかくを手作業で行う理由を、「きず」という言葉を使ってかんたんに書きましょう。

（　　　　　　　）

2のB 食べ物をつくる工場のくふうについて、答えましょう。

1つ5点(10点)

(1) 工場ではどのように数多くのせい品をつくっていますか。㋐・㋑からえらびましょう。 □

㋐ 1人できかいでつくっている。

㋑ たくさんの人の手ときかいでつくっている。

(2) 右の絵のように、工場ではたらく人が、作業の前にエアシャワーで服のほこりを落とす理由を書きましょう。

（　　　　　　　）

3 ①〜③のスーパーマーケットではたらく人の仕事を、㋐〜㋒からえらびましょう。

1つ2点(6点)

㋐ 品物の売れぐあいから、注文の数を決める。

㋑ ひつような分だけ買えるように、切り分ける。

㋒ まちがえないようにお金を受けわたす。

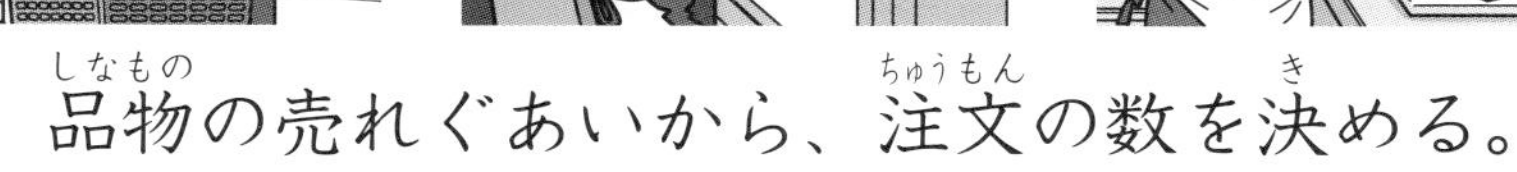

①□ ②□ ③□

4 事故が起きたときの図を見て、答えましょう。

(1)4点、(2)6点(10点)

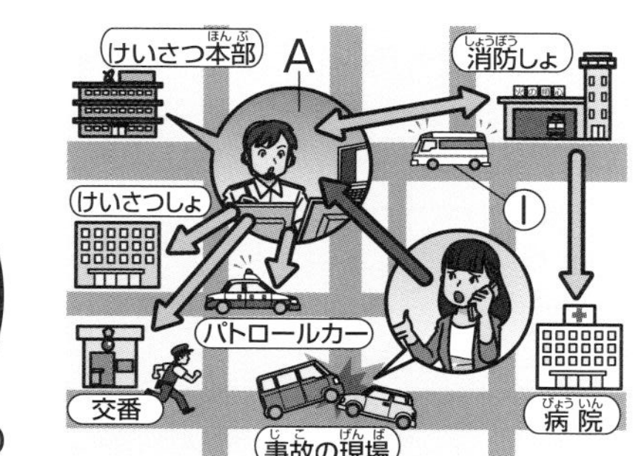

(1) 110番の電話がつながる、Aを何といいますか。

（　　　　　）

(2) ①は、事故の現場でどのようなはたらきをしますか。かんたんに書きましょう。

（　　　　　　　）

うらにも問題があります。

5 消防について、答えましょう。

1つ3点(6点)

(1) 火事が起きたときに消防しょの人たちと協力して消火活動にあたる、地いきの人たちの組織を何といいますか。

(　　　　　　)

(2) 右の火災けいほうき（けむり感知器）の役わりを、㋐～㋒からえらびましょう。

㋐ いち早く火事を知らせる。
㋑ 消火にひつような水をためておく。
㋒ 小さな火事を消す。

□

6 次の問いに、答えましょう。

1つ2点(8点)

(1) 右の絵は何をするための道具ですか。

(　　　　　　)道具

(2) 下の㋐～㋒のせつ明にあう道具を、それぞれ①～③からえらびましょう。

①　②　

㋐ ローラーの間にせんたく物をはさんで、しぼる。 □
㋑ せんたく物をせっけんや水といっしょに、板のみぞの上でこする。 □
㋒ せんたくからかんそうまで、すべて自動で行う。 □

7 兵庫県明石市の土地利用図を見て、答えましょう。

(1)1つ4点、(2)10点(18点)

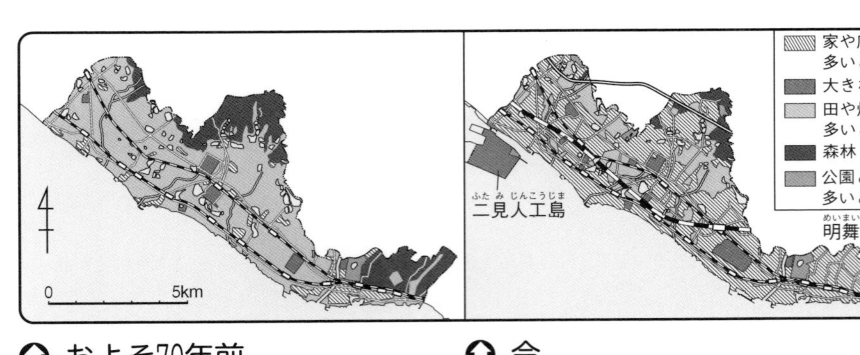

⬆ およそ70年前　⬆ 今

(1) 次の㋐～㋒のうち、正しい文を2つえらびましょう。
㋐ 森林があったところが、家や店になっている。
㋑ 市の西がわに島ができている。
㋒ 鉄道のようすは、およそ70年前からずっと変わっていない。

□ □

(2) 「家や店の多いところ」に注目して、およそ70年前と今をくらべたとき、市の人口はどうなっていると考えられますか。かんたんに書きましょう。

(　　　　　　　　　　　　)

活用力をみる

8 次の地図を見て、答えましょう。

1つ5点、(3)15点(30点)

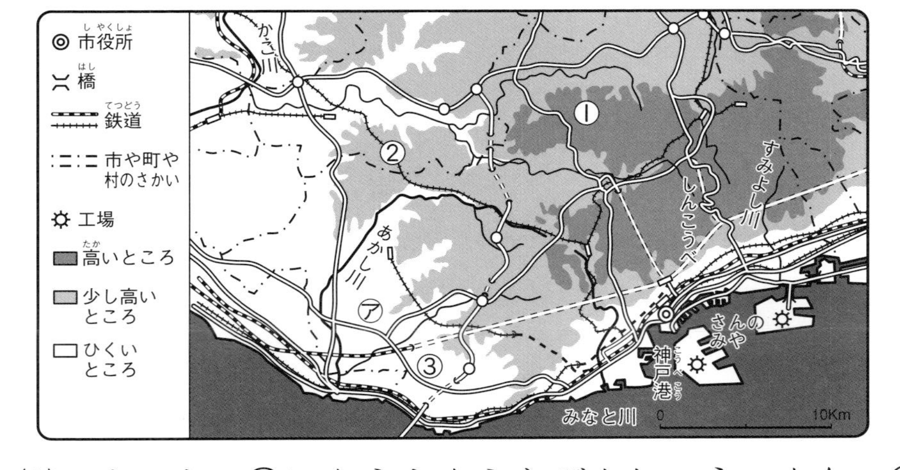

(1) 次の文の①にあう方をえらびましょう。また、②にあう言葉を書きましょう。
・工場のある場所は、うめ立ててつくられているため、海岸線が①{ ㋐まっすぐに・㋑でこぼこに }なっている。このため、船を港に(②)。

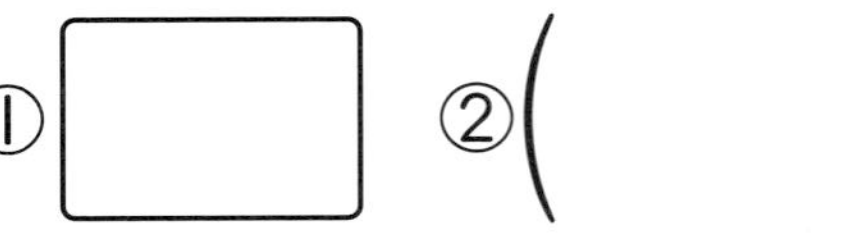

① □　②(　　　　)

(2) 次の「わたし」がいるところを、地図中の①～③からえらびましょう。
「わたしは、土地のひくい、道路に近い場所にいます。」 □

(3) 地図中の㋐にあるスーパーマーケットは、駅からはなれている場所ですが、たくさんの人が買い物に行きます。そのわけを「ちゅう車」という言葉を使って書きましょう。

(　　　　　　　　　　　　)

ふろく　取りはずしてお使いください。

社会
お仕事ずかんドリル

3年

年　組

① 医師（内科医）

給料（年平均）：1428.9万円（2022年）

働く場所：病院や診療所など

就業者数：303,660人（2020年）

お仕事内容

内科医は内臓や神経、血液など体の内側の病気をなおす医師です。

はじめに医師のもとへやってきた患者の話を聞く問診、つぎに体をしらべる診察をします。わかったことをカルテに記録して、病気を診断し、どんな治療をするか考えます。また、ひつようなときは注射や検査をおこない、症状に合わせて薬を出し、ふだんの食事をかえるなどのアドバイスをします。そして、どんな病気なのか、なぜこの薬を使うのかなどを、患者やその家族にまちがいのないよう正確にていねいに説明します。このとき、患者の希望や気持ちによりそうことも、医師の大切なお仕事なのです。

医師になるためには？

大学医学部・医科大学

↓

医師国家試験

↓

医療機関で臨床研修

↓

医師（内科医など）

ワンステップ

これまでにあなたがみてもらったことのある医師は、何科でしょうか。おうちにある診察券をみて、どんな科か、インターネットで調べてみましょう。

② 建築設計士

給料(年平均)：620.4万円(2022年)

働く場所：建築士事務所や建設会社など

就業者数：242,580人(2020年)

お仕事内容

建築設計士は、住宅や学校、ビル、工場などの建物をしらべたり、建てる計画をつくったりするお仕事です。

お客さんの希望を聞き、建物が何に使われるのかや、大きさやデザイン、予算などを話し合います。そして法律をしらべ、どんな材料を使うかなどを決めて設計図をつくります。

最近では、環境を守る建物づくりを考えたり、街づくりの計画に合わせて街を住みやすくしたりするお仕事も増えています。建物をつくることで、人が生活する空間をよりよくすることができるお仕事です。

建築設計士になるためには？

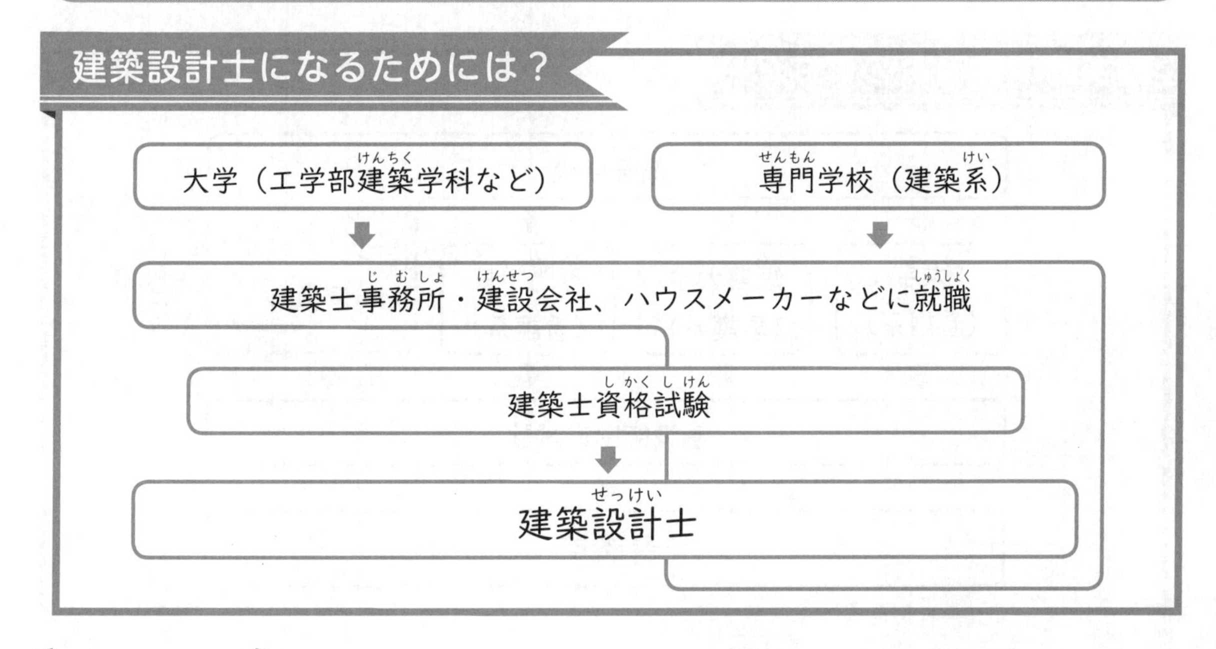

ワンステップ

もしあなたが建築設計士になったら、どんな建物をつくってみたいですか。設計図をかき、材料をどのようにするかなど、計画を考えてみましょう。

③ 看護師

給料(年平均)：508.1万円(2022年)

働く場所：病院や診療所など

就業者数：1,385,950人(2020年)

お仕事内容

看護師は、医師が診断や治療をスムーズにすすめられるよう、たすけるお仕事です。

患者の体温や呼吸、痛みのひどさ、意識があるかどうかなどをつねにみまもり、医師の判断をたすけます。また、医師にしたがい、採血や注射、点滴などをおこなうこともあります。ほかにも、けがの治療をしている人や介護施設の高齢者などの、リハビリや介護をたすけることもあります。

どんな病気の人であっても「食べる」「体をきれいにたもつ」「はいせつをおこなう」などのふだんのくらしを、その人らしさを大切にしながら気持ちよくおくれるようサポートします。もっとも身近に患者の体と心をささえるお仕事です。

看護師になるためには？

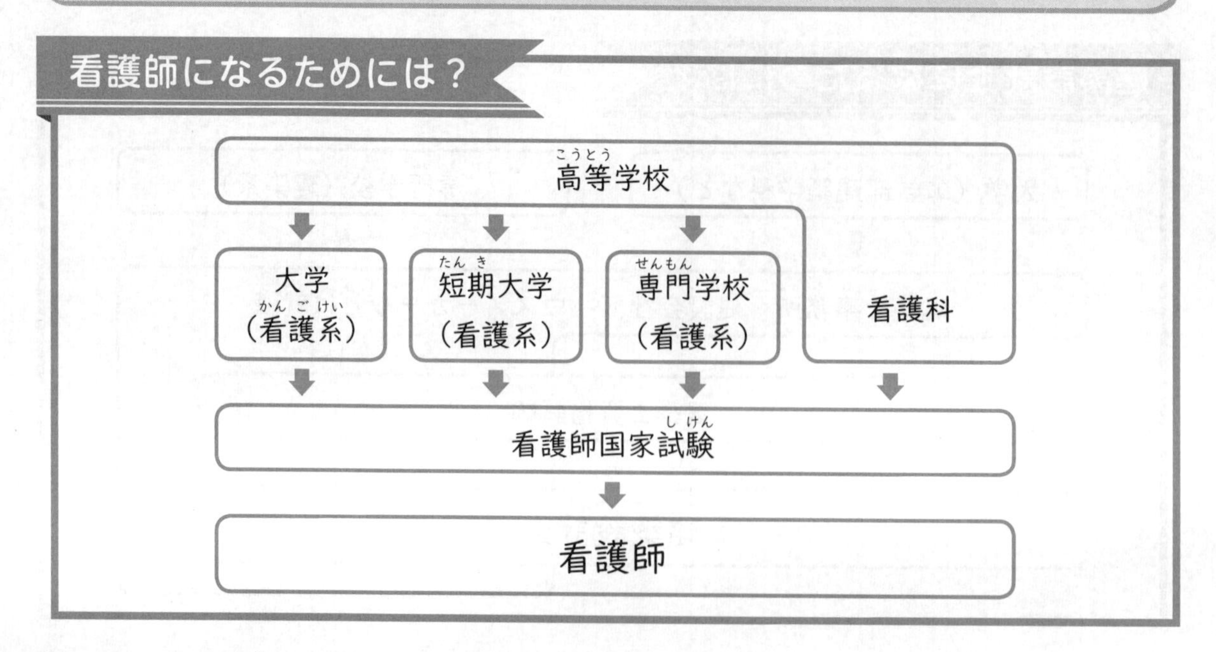

ワンステップ

あなたがであったことのある看護師で、心にのこっている人はいますか。そのときどんなことをしてもらい、どんなことを話したのか、思い出してみましょう。

④ 教師（小学校教員）

給料(年平均)：739.7万円（2022年）

働く場所：小学校など

就業者数：421,160人（2020年）

お仕事内容

小学校教員は小学校で子どもたちに国語、算数、英語、生活、音楽、図工、体育などを教えるお仕事です。

どのように学習をすすめていくか１年間の計画をたて、それをもとに１時間ごとの授業を考えます。そして黒板に書く内容を決め、プリントなどを用意します。

ほかにも、クラスの活動や学校の行事をすすめたり、ふだんの生活で身につけてほしいマナーを教えたりします。また子どもたちの健康状態や、いじめや不登校の防止にも心をくばっています。

小学生という、子どもたちの心と体がもっとも大きく成長する大切な時期をともにし、ひとりひとりのすこやかでゆたかな育ちをみまもるお仕事です。

教員になるためには？

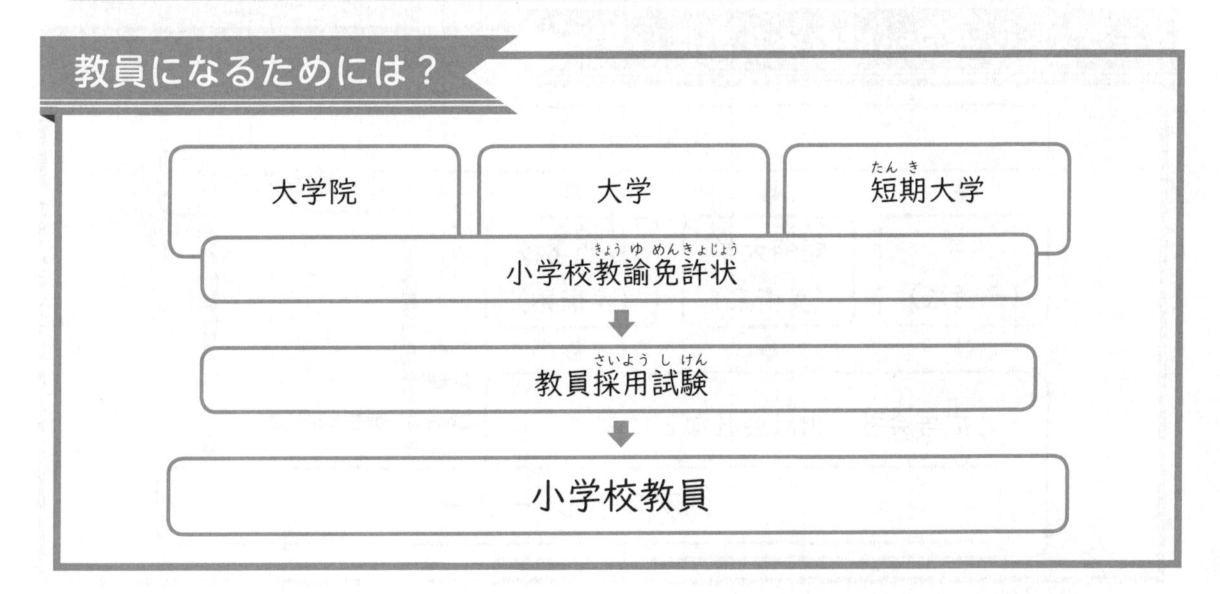

ワンステップ

あなたの小学校には、ほかにどんな先生がいますか。またどんなことをしていますか。先生のお仕事を、よく観察してみましょう。

⑤ イラストレーター

給料(年平均)：466.7万円(2022年)

働く場所：広告会社や出版会社など

就業者数：47,320人(2020年)

お仕事内容

イラストレーターは、お客さんの希望に合わせてイラストをかくお仕事です。

イラストをかくときは、紙と筆記用具、色えんぴつ、ペン、絵の具など、さまざまな道具を使います。お客さんの希望に合わせ、人やキャラクター、風景、動物や植物、自動車など、自分が得意なイラストをかきます。最近では、パソコンやタブレットを使ってデジタルイラストをかくこともあります。

イラストレーターは個性をもとめられますが、イラストが広告やポスターなどに使われることもあるので、ときには多くの人に好まれるイラストであることも大切です。

自分らしさをいかすことで、日々のくらしに彩りをそえることができるお仕事です。

イラストレーターになるためには？

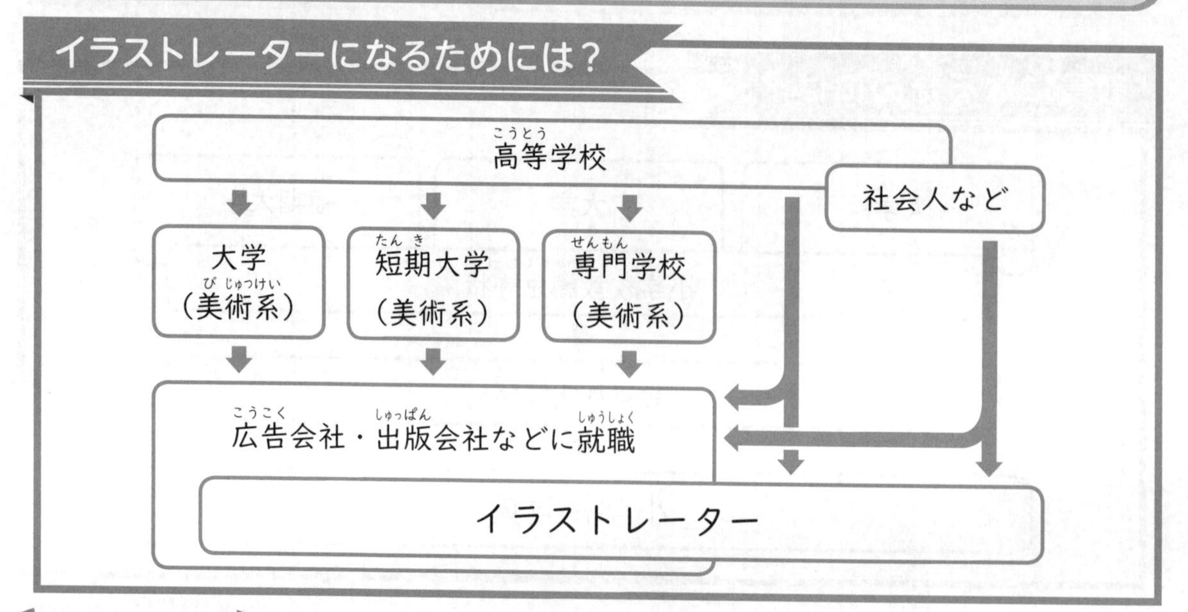

ワンステップ

あなたが好きなキャラクターは、どんな人がかいているのでしょうか。キャラクターをつくっている会社をしらべてみましょう。

⑥ パティシエ

給料（年平均）：344.8万円（2022年）

働く場所：洋菓子店やレストランなど

就業者数：1,227,480人（2020年）

お仕事内容

パティシエは洋菓子店やレストランなどで、洋菓子をつくるお仕事です。

パティシエがつくる洋菓子は、焼いたスポンジを生クリームなどでかざるケーキのような生菓子、なまのフルーツと焼いた生地を組み合わせるタルトのような半生菓子、クッキーのような焼き菓子、チョコレート、アイスクリームなど、さまざまです。つくる洋菓子に合わせて材料を用意し、ミキサーやオーブンなどの機械を使ってつくります。しかし、さいごのかざりつけは機械ではできないので、手作業でしあげるため、パティシエには技術とセンスがもとめられます。

ものづくりのアイデアとセンスをいかしてお菓子をつくれるお仕事です。

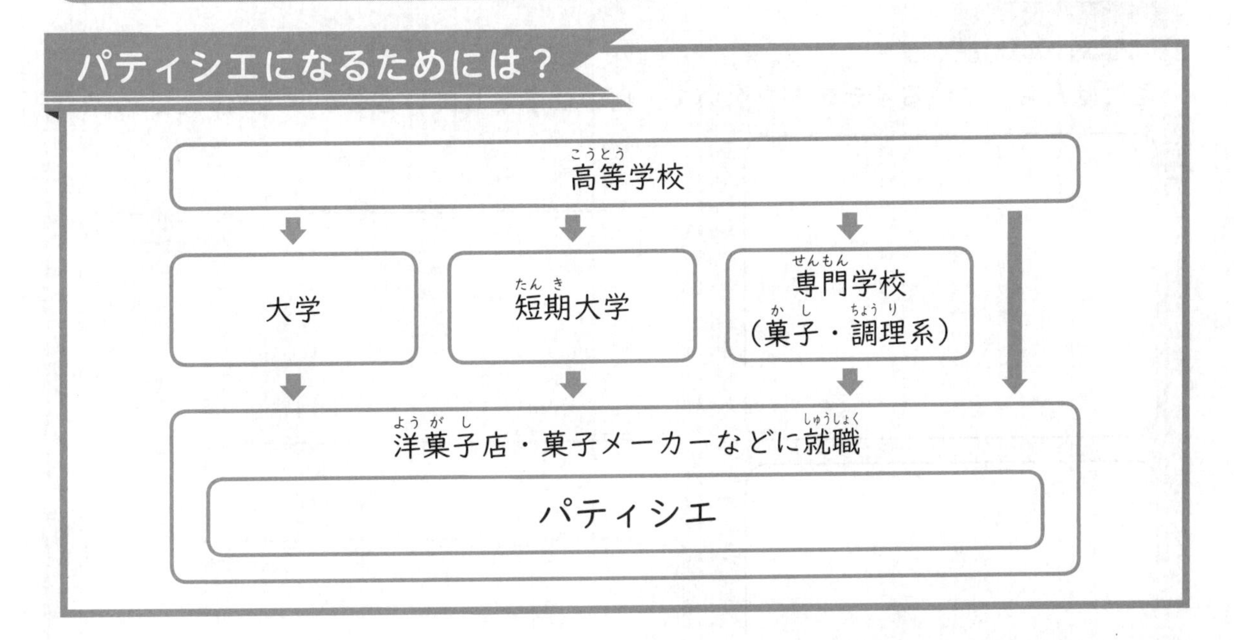

ワンステップ

あなたのまちにケーキ屋さんはありますか。あなたならどんなケーキ屋さんにしたいか、またどんなお菓子をつくってみたいか、絵にかいてみましょう。

⑦お仕事調査①

やってみよう！

- 自分のつきたいお仕事や、気になるお仕事について調べてみよう。

お仕事のイラストをかいてみよう

給料(平均)：

働く場所：

就業者数：

このお仕事でランキングを作ってみよう！

ランキングのタイトル：

第1位

第2位

第3位

お仕事内容

左にはたらいているイラストをかいて、何の仕事をしているのかせつめいしよう。

○○になるためには？

そのお仕事につくまでの流れを調べて書いてみよう。

このお仕事のおもしろそうなところを書いてみよう。

この仕事はどんな人に向いているか考えてみよう。

⑧ お仕事調査②

やってみよう！

- 自分のつきたいお仕事や、気になるお仕事について調べてみよう。

お仕事のイラストをかいてみよう

給料(平均)：

働く場所：

就業者数：

このお仕事でランキングを作ってみよう！

ランキングのタイトル：

第1位

第2位

第3位

お仕事内容

左にはたらいているイラストをかいて、何の仕事をしているのかせつめいしよう。

○○になるためには？

そのお仕事につくまでの流れを調べて書いてみよう。

このお仕事のおもしろそうなところを書いてみよう。

この仕事はどんな人に向いているか考えてみよう。

⑨ お仕事調査③

やってみよう！

- 自分のつきたいお仕事や、気になるお仕事について調べてみよう。

お仕事のイラストをかいてみよう

給料(平均)：

働く場所：

就業者数：

このお仕事でランキングを作ってみよう！

ランキングのタイトル：

第1位

第2位

第3位

お仕事内容

左にはたらいているイラストをかいて、何の仕事をしているのかせつめいしよう。

○○になるためには？

そのお仕事につくまでの流れを調べて書いてみよう。

このお仕事のおもしろそうなところを書いてみよう。

この仕事はどんな人に向いているか考えてみよう。

⑩ お仕事調査④

やってみよう！

- 自分のつきたいお仕事や、気になるお仕事について調べてみよう。

お仕事のイラストをかいてみよう

給料(平均)：

働く場所：

就業者数：

このお仕事でランキングを作ってみよう！

ランキングのタイトル：

第1位

第2位

第3位

お仕事内容

左にはたらいているイラストをかいて、何の仕事をしているのかせつめいしよう。

○○になるためには？

そのお仕事につくまでの流れを調べて書いてみよう。

このお仕事のおもしろそうなところを書いてみよう。

この仕事はどんな人に向いているか考えてみよう。

おもな参考文献

- 職業情報提供サイト(日本版O-NET).jobtag.
(https://shigoto.mhlw.go.jp/User).

- 画像提供
PIXTA/イラストセンター

教科書ぴったりトレーニング

丸つけラクラクかいとう

この「丸つけラクラクかいとう」はとりはずしてお使いください。

東京書籍版 社会3年

「丸つけラクラクかいとう」では問題と同じ紙面に、赤字で答えを書いています。

①問題がとけたら、まずは答え合わせをしましょう。

②まちがえた問題やわからなかった問題は、てびきを読んだり、教科書を読み返したりしてもう一度見直しましょう。

おうちのかたへ では、次のようなものを示しています。

- 学習のねらいやポイント
- 他の学年や他の単元の学習内容とのつながり
- まちがいやすいことやつまずきやすいところ

お子様への説明や、学習内容の把握などにご活用ください。

ぴったり1 じゅんび　1. わたしのまち みんなのまち　学校のまわり①　2ページ

めあて　学校のまわりの様子の調べ方や、絵地図や方位について理かいしよう。

教科書 6～14ページ　答え 2ページ

次の（　）に入る言葉を、下からえらびましょう。

1 わたしたちのお気に入りの場所／高いところから見た学校のまわりの様子　学校のまわりのたんけん／たんけんしたことを白地図に書きこもう①　教科書 8～14ページ

学校のまわりの様子

- 家のまわりや学校のまわりの様子を人につたえるには、（① 文章 ）でせつ明するより、（② 方位 ）や目じるし、道の様子などを絵で表した絵地図のほうがわかりやすい。
- 右の絵地図を見ると、学校のまわりには、急な坂道を上がった先にある、大きな（③ 神社 ）や、マンションなどの大きな（④ たて物 ）があることがわかる。
- 学校のまわりの様子を、高いところから方位ごとに（⑤ かんさつ ）して、気づいたことを話し合ってみるとよい。

絵地図

ワンポイント　方位じしんと地図の方位

- （⑥ 東西 ）南北の方位を調べるには**方位じしん**を使う。
- 方位じしんは色のついている方が（⑦ 北 ）をさす。
- 地図はふつう、北を（⑧ 上 ）にして表す。

方位じしん　地図の方位

右の地図の方位の図のように、矢じるしがさしている方向が北になる。

地いきの様子

- たて物や田などの土地の使われ方や、高いところやひくいところなど、（⑨ 土地の様子 ）をかんさつする。
- 交通や公共しせつの様子などをかんさつする。

公共しせつ　学校や市役所、消防しょ、交番、公園など、みんなのためにつくられたたて物や場所。

えらんだ言葉に✓　かんさつ　たて物　東西　方位　土地の様子　文章　神社　上　北

2

ぴったり2 練習　3ページ

ぴたトリビア　昼の12時に太陽がある方向が南です。両手を広げて太陽にせなかを向けて立つと、顔の方が北、右手の方が東、左手の方が西、せなかの方が南です。

教科書 6～14ページ　答え 2ページ

1 次の絵や絵地図を見て、答えましょう。

(1) 方位を調べるために使う、右の絵の道具を何といいますか。（ 方位じしん ）

(2) 右の絵の中の①～④にあてはまる方位をそれぞれ書きましょう。①（ 北 ）②（ 東 ）③（ 南 ）④（ 西 ）

(3) 次の①～⑤のせつ明は学校のまわりの様子です。それぞれのせつ明にあう場所を、右の絵地図の中の㋐～㋔からえらびましょう。

① 公民館の東がわには大きな通りがあり、その通りには自転車が通るための道もある。（ ㋒ ）

② 急な坂道を上がっていくと、大きな神社がある。（ ㋑ ）

③ 地下鉄の駅の北がわには、にぎやかな商店がいがある。（ ㋓ ）

④ わたしたちの学校の近くには、古いお寺がたくさんならんでいる。（ ㋐ ）

⑤ 公園の北がわの大きな通りには、大きなたて物や店がならんでいる。（ ㋔ ）

(4) 公共しせつにあてはまるものに○をつけましょう。

①（ ）スーパー　②（ ○ ）学校　③（ ○ ）公園　④（ ○ ）市役所　⑤（ ）工場　⑥（ ）マンション

ヒント　1 (2) はりに色がついている方に注目しましょう。(3) せつ明にある方位にも注意しましょう。

3

できたかな？

□方位じしんで、色のついている方の方位を言ってみよう。

□公共しせつはどのような場所か、せつ明してみよう。

おうちのかたへ

東西南北の方位については、東と西がおぼえにくいので注意してください。また、地図を見る際、「学校は駅の上にあるね」など「上下左右」を使わず、「学校は駅の北にあるね」など「東西南北」を使うとよいでしょう。

練習　3ページ

1 (2)方位じしんは、色がついている方が北をさします。また、北、南、東、西の4つの方位を四方位といいます。

(3)①は公民館と自転車が通るための道、②は急な坂道と大きな神社、③は地下鉄の駅と商店がい、④はわたしたちの学校の近くの古いお寺、⑤は公園と大きなたて物や店をヒントにして、絵地図をよく見ましょう。

(4)公共しせつは、国や都道府県、市区町村がみんなのためにつくったしせつのことです。みんなから集めたお金でつくられているという特ちょうがあります。公共しせつのれいとして、学校、市役所、けいさつしょ、消防しょ、公民館、じどう館、公園などがあります。スーパーや工場、マンションは、国や都道府県、市区町村がつくるものではなく会社がつくるものなので、公共しせつにはあてはまりません。

見やすい答え

おうちのかたへ

くわしいてびき

※紙面はイメージです。

ぴったり1 じゅんび

1. わたしのまち　みんなのまち

学校のまわり①

学習日　**2ページ**

めあて　学校のまわりの様子の調べ方や、絵地図や方位についてりかいしよう。

教科書　6〜14ページ　答え　2ページ

次の（　）に入る言葉を、下からえらびましょう。

1 わたしたちのお気に入りの場所／高いところから見た学校のまわりの様子　学校のまわりのたんけん／たんけんしたことを白地図に書きこもう①　教科書　8〜14ページ

学校のまわりの様子

- 家のまわりや学校のまわりの様子を人につたえるには、（① 文章 ）でせつ明するより、（② 方位 ）や目じるし、道の様子などを絵で表した絵地図のほうがわかりやすい。
- 右の絵地図を見ると、学校のまわりには、急な坂道を上がった先にある、大きな（③ 神社 ）や、マンションなどの大きな（④ たて物 ）があることがわかる。
- 学校のまわりの様子を、高いところから方位ごとに（⑤ かんさつ ）して、気づいたことを話し合ってみるとよい。

絵地図

ワンポイント　方位じしんと地図の方位

- （⑥ 東西 ）南北の方位を調べるには**方位じしん**を使う。
- 方位じしんは色のついている方が（⑦ 北 ）をさす。
- 地図はふつう、北を（⑧ 上 ）にして表す。

方位じしん 　地図の方位

右の地図の方位の図のように、矢じるしがさしている方向が北になる。

地いきの様子

- たて物や田などの土地の使われ方や、高いところやひくいところなど、（⑨ 土地の様子 ）をかんさつする。
- 交通や公共しせつの様子などをかんさつする。

公共しせつ　学校や市役所、消防しょ、交番、公園など、みんなのためにつくられたたて物や場所。

えらんだ言葉に✓　□かんさつ　□文章　□たて物　□神社　□東西　□上　□方位　□北　□土地の様子

ぴったり2 練習

学習日　**3ページ**

ぴたトリビア　昼の12時に太陽がある方向が南です。両手を広げて太陽にせなかを向けて立つと、顔の方が北、右手の方が東、左手の方が西、せなかの方が南です。

教科書　6〜14ページ　答え　2ページ

1 次の絵や絵地図を見て、答えましょう。

(1) 方位を調べるために使う、右の絵の道具を何といいますか。（ 方位じしん ）

(2) 右の絵の中の①〜④にあてはまる方位をそれぞれ書きましょう。
①（ 北 ）②（ 東 ）③（ 南 ）④（ 西 ）

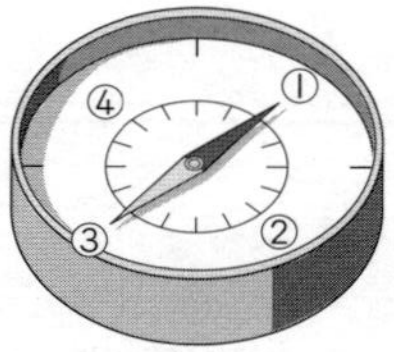

(3) 次の①〜⑤のせつ明は学校のまわりの様子です。それぞれのせつ明にあう場所を、右の絵地図の中の㋐〜㋔からえらびましょう。

① 公民館の東がわには大きな通りがあり、その通りには自転車が通るための道もある。（ ㋒ ）

② 急な坂道を上がっていくと、大きな神社がある。（ ㋑ ）

③ 地下鉄の駅の北がわには、にぎやかな商店がいがある。（ ㋓ ）

④ わたしたちの学校の近くには、古いお寺がたくさんならんでいる。（ ㋐ ）

⑤ 公園の北がわの大きな通りには、大きなたて物や店がならんでいる。（ ㋔ ）

(4) 公共しせつにあてはまるものに〇をつけましょう。
①（　）スーパー　②（ 〇 ）学校　③（ 〇 ）公園　④（ 〇 ）市役所　⑤（　）工場　⑥（　）マンション

ヒント　1 (2) はりに色がついている方に注意しましょう。(3) せつ明にある方位にも注意しましょう。

できたかな？

□方位じしんで、色のついている方の方位を言ってみよう。
□公共しせつはどのような場所か、せつ明してみよう。

おうちのかたへ

東西南北の方位については、東と西がおぼえにくいので注意してください。また、地図を見る際、「学校は駅の上にあるね」など「上下左右」を使わず、「学校は駅の北にあるね」など「東西南北」を使うとよいでしょう。

練習　3ページ

1 (2)方位じしんは、色がついている方が北をさします。また、北、南、東、西の４つの方位を四方位といいます。

(3)①は公民館と自転車が通るための道、②は急な坂道と大きな神社、③は地下鉄の駅と商店がい、④はわたしたちの学校の近くの古いお寺、⑤は公園と大きなたて物や店をヒントにして、絵地図をよく見ましょう。

(4)公共しせつは、国や都道府県、市区町村がみんなのためにつくったしせつのことです。みんなから集めたお金でつくられているという特ちょうがあります。公共しせつのれいとして、学校、市役所、けいさつしょ、消防しょ、公民館、じどう館、公園などがあります。スーパーや工場、マンションは、国や都道府県、市区町村がつくるものではなく会社がつくるものなので、公共しせつにはあてはまりません。

ぴったり1 じゅんび

1. わたしのまち　みんなのまち

学校のまわり②

◎めあて
地図の読み取り方や、地図記号についてりかいしよう。

教科書 15〜19ページ　答え 3ページ

次の（　　）に入る言葉を、下からえらびましょう。

1 たんけんしたことを白地図に書きこもう②
学校のまわりの様子をまとめよう　教科書 15〜17ページ

ワンポイント　地図の読み取り

- 東、西、南、北の四つの（① 方位 ）を、地図のはしにある記号を見てたしかめる。
- 地図では、学校や病院、ゆうびん局、寺などのたて物は、絵ではなく**地図記号**を使ってかかれている。この地図記号をもとにして、たて物や土地の様子を読み取る。
- 地図のはしには、（② きより ）がわかるように、ものさしのようなものが入っている。

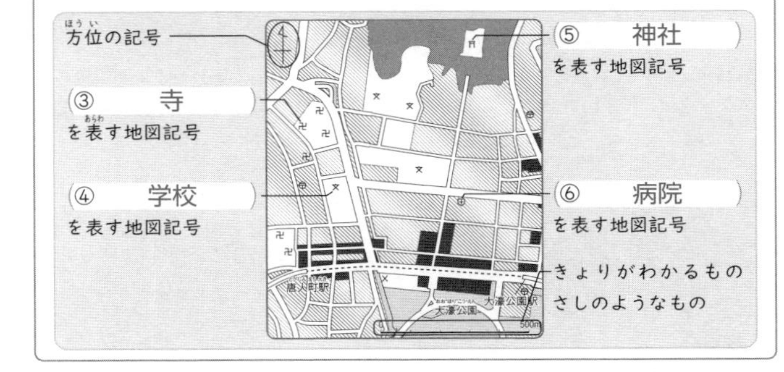

2 いろいろな地図記号　ひろげる　教科書 18〜19ページ

地図記号のもとになった形

- （⑦ かじゅ園 ）…くだものの実の形をもとにした。
- （⑧ 発電所 ）…歯車と電線をもとにした。
- （⑨ 田 ）…いねのかり取り後の様子をもとにした。
- （⑩ 畑 ）…植物のふたばをもとにした。

えらんだ言葉に☑　□かじゅ園　□病院　□きょり　□発電所　□方位　□神社　□学校　□畑　□田　□寺

ぴったり2 練習

ぴたトリビア
地図にある方位の記号では、矢じるしの向いている方が北になります。
方位の記号がついていない地図では、地図の上の方が北になります。

教科書 15〜19ページ　答え 3ページ

1 次の地図を見て、答えましょう。

(1) ★のところから見て、神社はどの方位にあるでしょうか。東西南北で答えましょう。（ 北 ）

(2) ①・②のような、地図上でたて物などを表すために使われるものを何といいますか。（ 地図記号 ）

(3) ①・②が表しているものを、［　］からそれぞれえらびましょう。
①（ ゆうびん局 ）
②（ 交番 ）

病院　ゆうびん局　交番　学校　橋

(4) 次の①〜④の話にあう場所を、地図の中の㋐〜㋓からえらびましょう。

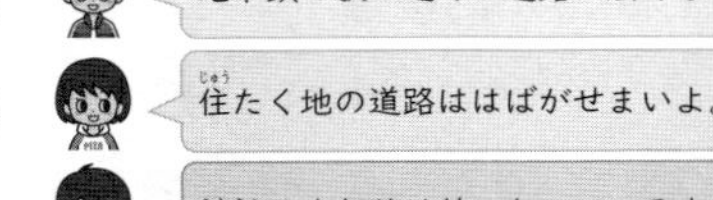

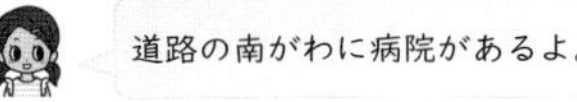

①（ ㋒ ）地下鉄の駅の近くの道路は広くなっているよ。
②（ ㋓ ）住たく地の道路ははばがせまいよ。
③（ ㋐ ）神社のまわりは林になっているよ。
④（ ㋑ ）道路の南がわに病院があるよ。

2 次の①〜③の文にあてはまるものを、㋐〜㋓からえらびましょう。

① けいぼう２本を丸でかこんだ形をもとにした記号。（ ㋑ ）
② 「えいせいたい」で使われていたしるしをもとにした記号。（ ㋓ ）
③ たて物とつえの形をもとにした記号。（ ㋐ ）

㋐ 　㋑　㋒　㋓ 

ヒント　1 (1) 地図の左上にある方位の記号に注意しましょう。
(3)① 「ていしんしょう」の頭文字の「テ」をもとにした形です。

できたかな？
□学校や家のまわりにあるものを、地図記号で表してみよう。

おうちのかたへ
地図記号は教科書に掲載されているもの以外にも、多くの種類があります。国土地理院のキッズページでは地図記号の一覧や由来などを見ることができますので、お子さんと一緒に確認してみるとよいでしょう。

練習　5ページ

1 (1)地図はふつう北を上にしています。また、方位の記号にも注意しましょう。問題の地図では、左上に方位の記号が入っています。方位の記号の矢じるしが向いている方が北です。

(3)①昔ゆうびんをあつかっていた「ていしんしょう」の頭文字の「テ」を丸でかこんだ形です。②けいさつかんが持っているけいぼうを２本組み合わせた形です。

(4)①地下鉄の駅の近く、②住たく地、③神社の地図記号、④病院の地図記号をヒントに、地図の中からさがしてみましょう。

2 ①けいぼうは、けいさつかんが使う道具のことです。②「えいせいたい」は、昔のぐんたいでけがや病気のちりょうをしていました。③お年よりが使うつえがえがかれています。老人ホームの地図記号は、日本にお年よりがふえ、老人ホームがたくさんたてられるようになったため、2006年に新しくつくられました。

1. わたしのまち　みんなのまち

学校のまわり

6ページ

/100　ごうかく80点

教科書　6～19ページ　答え　4ページ

1 次の地図を見て、答えましょう。　1つ5点（50点）

(1) よく出る 目じるしや道の様子などを絵で表した地図を何といいますか。
（　絵地図　）

(2) よく出る 地図にあるマンションの屋上からまわりをかんさつしました。次の①～⑤のせつ明にあう場所は、マンションの屋上から見てそれぞれどの方位にありますか。東西南北で答えましょう。　技能

① お寺がならんでいる。（　西　）
② 急な坂道と大きな神社がある。（　北　）
③ 自転車が走るための道がある、大きな通りがある。（　南　）
④ 大きくて広い大濠公園がある。（　南　）
⑤ 大きな通りに、大きなたて物や店がならんでいる。（　南　）

(3) 次の①～④の文について、地図から読み取れるものには○を、読み取れないものには×をつけましょう。　思考・判断・表現

①（　○　）わたしたちの学校のすぐ南がわの道路を東に進むとマンションなどの大きなたて物がある。
②（　○　）大きな神社の急な坂道をおりて、道路をまっすぐ南に進むと、大濠公園に行ける。
③（　×　）マンションなどの大きなたて物がある場所の北がわの道路をまっすぐ東に進むと、お寺がたくさんならんでいる。
④（　○　）公民館の西がわの道路を南に進むと、唐人町商店がいがある。

7ページ

学習日

2 次の地図を見て、答えましょう。　1つ5点（50点）

(1) 作図 次の①～⑤を表す地図記号を、地図の中から見つけて□に書きましょう。　技能

① 学校　文
② 寺　卍
③ 神社　⛩
④ 交番　✕
⑤ ゆうびん局　〒

唐人町駅　大濠公園　大濠公園駅　500m

記述 (2) てきたらスゴイ！ 地下鉄の駅の近くの道路が広くなっているのはなぜでしょうか。かんたんに書きましょう。　思考・判断・表現
（（れい）駅のまわりはべんりなので人が多く集まり、車もたくさん走るから。）

(3) 次の文の①～③に入る言葉を考えて書きましょう。　思考・判断・表現

春子さんは、神社に行くために地下鉄に乗って大濠公園駅でおりました。地下鉄の駅を出ると、駅のすぐ南がわに、（①）のたて物が見えました。広い道路を西へ少し歩いて、最初の角を北へまがり、まっすぐ進みました。大きな通りの角を、西の方にまがって少し歩くと、道路の南がわに（②）のたて物がありました。（②）の前を通って、最初の角を北の方へまがるとすぐ西がわに、（③）がありました。（③）の前を通って、まっすぐ歩いていくと、大きな神社につきました。

①（　ゆうびん局　）　②（　病院　）　③（　学校　）

(4) 病院から神社までのきょりはどれくらいですか。□からえらびましょう。　技能

100m　300m　500m　1000m　　およそ（　500m　）

ふりかえり　1(2)がわからないときは、2ページの1にもどってかくにんしてみよう。

記述問題のプラスワン

2 (2)地下鉄などの鉄道の駅は、通きんや通学などでりようする人が集まります。また、駅のまわりはお店や大きなしせつが多くべんりなため、人や車のりょうが多くなります。そのため、多くの人や車が安全に通れるよう、道を広くしているのです。この問題では「理由」を聞いているので、文の終わりは「～から」「～ため」としましょう。

たしかめのテスト　6～7ページ

1 (2)絵地図の左上にある方位の記号を見ると、矢じるしが上をさしているのがわかります。よって、上が北となります。また、地図はふつう上を北にして表します。

(3)③お寺がならんでいるのは、マンションの北がわの道路を西に進んだところです。

2 (1)①「文」の文字の形がもとになっています。②寺で見かける卍（まんじ）というしるしがもとになっています。③神社にあるとりいの形がもとになっています。④けいぼうを2本組み合わせた形です。⑤昔ゆうびんをあつかっていた「ていしんしょう」の頭文字の「て」をかたかなにして、丸でかこんで記号にしています。

(4)地図の右下にかかれているものさし（しゅくしゃく）の長さと見くらべて考えましょう。この地図のものさしは、ひとめもりが100mを表していて、病院から神社まではおよそ5めもりです。

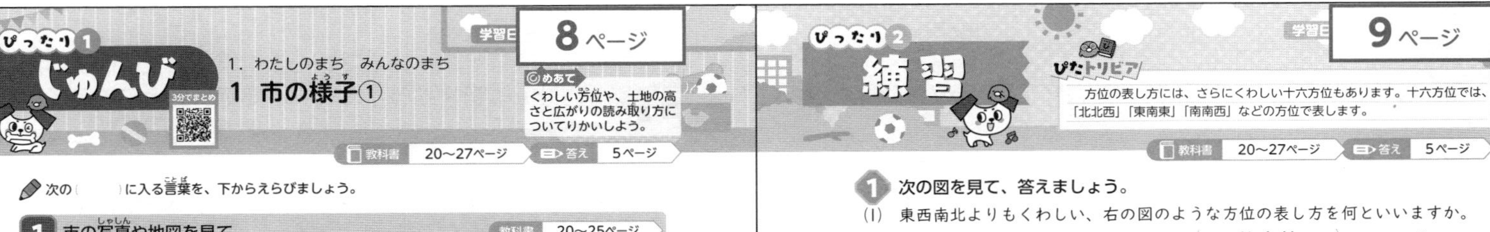

ぴったり1 じゅんび

1. わたしのまち　みんなのまち
1 市の様子①

8ページ

◎めあて くわしい方位や、土地の高さと広がりの読み取り方について理かいしよう。

教科書 20~27ページ　答え 5ページ

次の（　）に入る言葉を、下からえらびましょう。

1 市の写真や地図を見て　教科書 20~25ページ

地図帳のさくいんの読み取り
- 地図帳で福岡市の位置を調べるときには、さくいんを使う。さくいんには、福岡市ののっているページと、地図中の場所をしめすカタカナと（①　数字　）がのっている。
- カタカナと数字のぶつかったマスの中に福岡市がある。

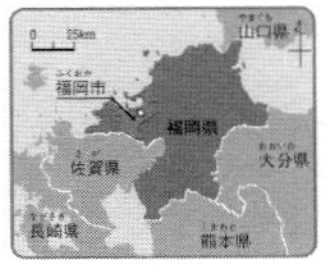

福岡市の位置
- 地図を見ると、福岡市は福岡県の（②　西　）がわにあることがわかる。

くわしい方位
- 右の図のような**八方位**で表すと、東西南北よりもくわしく方位を表すことができる。

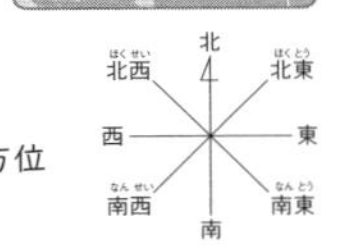

2 市の土地の高さや広がり　教科書 26~27ページ

ワンポイント 土地の高さ
- 市の様子を調べるときは、地図で**土地の高さ**をかくにんしてみるとよい。
- 土地は山から（③　海　）に向かってひくくなっていく。
- 川は（④　高い　）ところからひくいところに向かって流れていく。

福岡市の土地の様子
- 市の南がわは（⑤　山　）があって土地が高く、北がわは海に面していて土地が（⑥　ひくい　）。
- 土地がひくいところには家や店が（⑦　多い　）。
- 川は（⑧　南　）がわから北がわに向かって流れている。

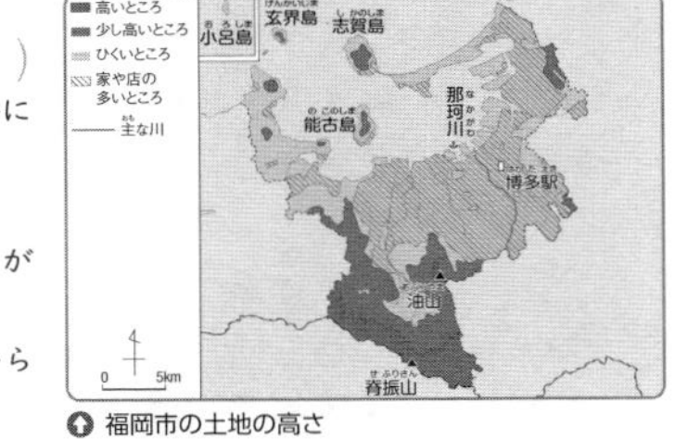

福岡市の土地の高さ

えらんだ言葉に ✓				
	□南	□多い	□海	□高い
	□西	□ひくい	□山	□数字

ぴったり2 練習

9ページ

ぴたトリビア 方位の表し方には、さらにくわしい十六方位もあります。十六方位では、「北北西」「東南東」「南南西」などの方位で表します。

教科書 20~27ページ　答え 5ページ

1 次の図を見て、答えましょう。

(1) 東西南北よりもくわしい、右の図のような方位の表し方を何といいますか。
（　八方位　）

(2) 右の図の①~④にあてはまる方位をそれぞれ書きましょう。
①（　北東　）　②（　南東　）
③（　南西　）　④（　北西　）

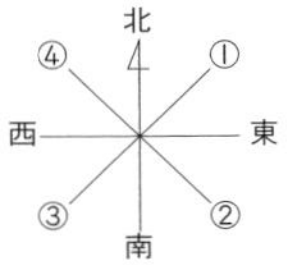

(3) 市の様子についての学習の進め方をしめした次の図の①~⑤にあてはまる言葉を、あとの□からえらびましょう。

<つかむ>	●気づいたことやぎもんを話し合い、(①)をつくる。 ●(①)について予想し、調べることをまとめる。
<調べる>	●(②)、かんさつ、体けんなど、じっさいに行って調べる。 ●手紙やメールで、ほかの学校や市役所の人などに(③)する。 ●図書館やインターネットなどをりようして(④)を集める。
<まとめる>	●調べたことを(⑤)やカード、表などにまとめる。

①（　学習問題　）　②（　見学　）　③（　しつ問　）
④（　しりょう　）　⑤（　ノート　）

しりょう　しつ問　ノート　見学　学習問題

2 地図を見て、①~④にあてはまるのは市の北がわか、南がわか、書きましょう。

① 海に面している。
（　北　）がわ

② 土地が高くなっている。
（　南　）がわ

③ 家や店が多い。
（　北　）がわ

④ 土地がひくい。
（　北　）がわ

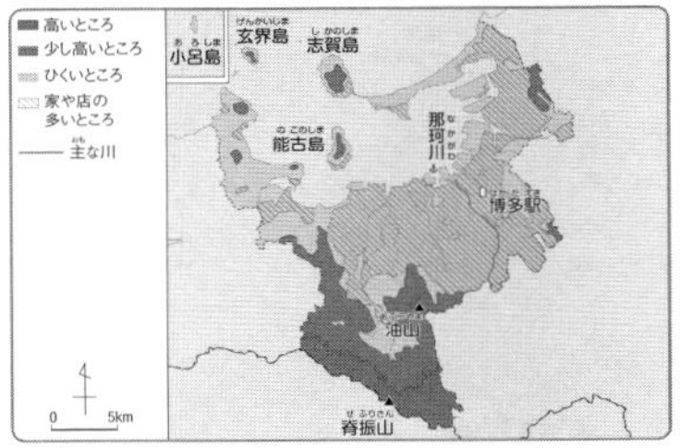

ヒント ❶(2) 矢じるしの方位に注意しましょう。①は北と東の間、②は東と南の間ということから考えましょう。

できたかな?
□八方位を北から時計まわりに言ってみよう。

おうちのかたへ
この単元では、対象となる地域が学校のまわりから市へと広がります。地図の読み取りも、方位と地図記号だけでなく、凡例を見ながら土地の高低や使われ方、交通機関や公共施設の分布など、いくつかの要素を関連させて読み取ることを学習します。

練習　9ページ

1 (1)(2)北、南、東、西の４つの方位を四方位といいます。北と東の間を北東、北と西の間を北西、南と東の間を南東、南と西の間を南西といい、四方位と合わせ、８つの方位を八方位といいます。
(3)じっさいに行って調べる方法には、見学、かんさつ、体けんのほかに、人に会って話を聞き取るインタビューもあります。

2 地図はふつう北を上にしてつくられています。①地図の上の方には島があるので海とわかります。海があるのは地図の上の方なので、北がわになります。②地図の色分けから、脊振山のある市の南がわに行くほど、土地が高くなっていることがわかります。③「家や店の多いところ」の色分けは、南がわの土地が「少し高いところ」や「高いところ」にはほとんどなく、市の北がわに広がっています。④土地が「ひくいところ」の色分けは、海に面した北がわを中心に広がっています。

次の（　　）に入る言葉を、下からえらびましょう。

1 市の土地の使われ方

教科書 28~29ページ

福岡市の土地の様子

- 写真や地図で土地の使われ方を調べる。
- 西鉄福岡(天神)駅のあたりは高いたて物が目立ち、（① 店 ）や会社が多い。
- 海に近いところには、工場がたくさんある。

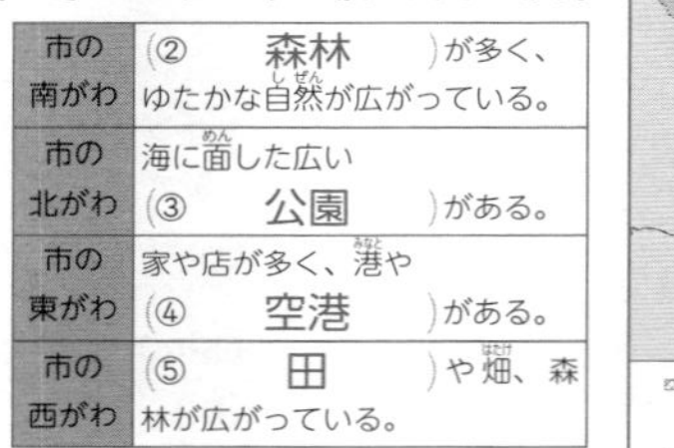

市の南がわ	（② 森林 ）が多く、ゆたかな自然が広がっている。
市の北がわ	海に面した広い（③ 公園 ）がある。
市の東がわ	家や店が多く、港や（④ 空港 ）がある。
市の西がわ	（⑤ 田 ）や畑、森林が広がっている。

福岡市の土地の使われ方

2 市の交通の様子

教科書 30~31ページ

ワンポイント 交通

- 交通…人や物などが行き来すること。道路や空港、港、（⑥ 鉄道 ）など交通の様子に注目する。

福岡市の交通きかん

- （⑦ 高速道路 ）や鉄道が海の近くを通っている。
- 市の東がわには博多駅があり（⑧ 新かん線 ）が通る。

福岡市の交通の広がり

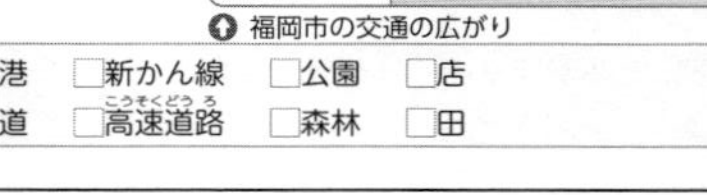

ぴったり2
練習

ぴたトリビア
九州新かん線は博多から鹿児島までをむすびます。博多から東は山陽新かん線・東海道新かん線によって東京までむすばれています。

教科書 28~31ページ　答え 6ページ

1 次の①~④にあてはまる場所を、地図の中の㋐~㋓からえらびましょう。

①（ ㋒ ）川が流れており、田や畑が多く見られる。
②（ ㋑ ）船をとめやすいように、海岸線がまっすぐになっており、工場やそう庫が集まっている。
③（ ㋓ ）森林が多くゆたかな自然が広がっており、ぼくじょうも見られる。
④（ ㋐ ）海に面していて、広い公園がある。

2 次の地図を見て、答えましょう。

(1) 人や物などが行き来することを何といいますか。
（ 交通 ）

(2) 次の①~③の文について、地図から読み取れるものには○を、読み取れないものには×をつけましょう。

①（ ○ ）博多駅には、新かん線や鉄道、地下鉄などの路線がたくさん集まっている。
②（ ○ ）港からは外国に行く船が出入りしている。
③（ × ）地下鉄や鉄道は、福岡市の南のはしからのびて、市の南北をつなぐ役わりをはたしている。

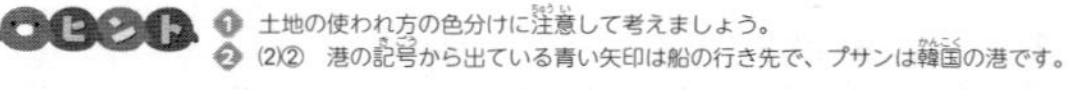

できたかな？
□交通きかんにはどのようなものがあるか、れいをあげてみよう。

おうちのかたへ
お子さんと一緒に鉄道やバスなどの交通機関を利用したときに、まわりに何があるかを確認しながら、交通機関と土地の使われ方との関係について話し合ってみるとよいでしょう。

練習　11ページ

1 ①地図の色分けを見ると、㋒は「田や畑の多いところ」が多く、川が流れていることがわかります。②海に面している㋐、㋑、㋒のうち、海岸線がまっすぐになっているのは㋑で、「工場やそう庫など」の色分けになっています。③「森林、森」の色分けが広がっており、ぼくじょうがあるのは㋓です。④㋐は海に面しており、ほとんどが「主な公園」の色分けになっています。

2 (1)人や車のりょう、道路や鉄道が通っているところなど、交通の様子を調べることで、その場所の人や物の動きがわかります。
(2)①地図を見ると、博多駅には新かん線、そのほかの鉄道、地下鉄の路線が通っていることがわかります。②地図には、博多港国際ターミナルから、韓国のプサンへ行く船のけい路がかかれています。③地下鉄や鉄道の路線は、主に東と西をつないでおり、市の南がわには路線がのびていません。

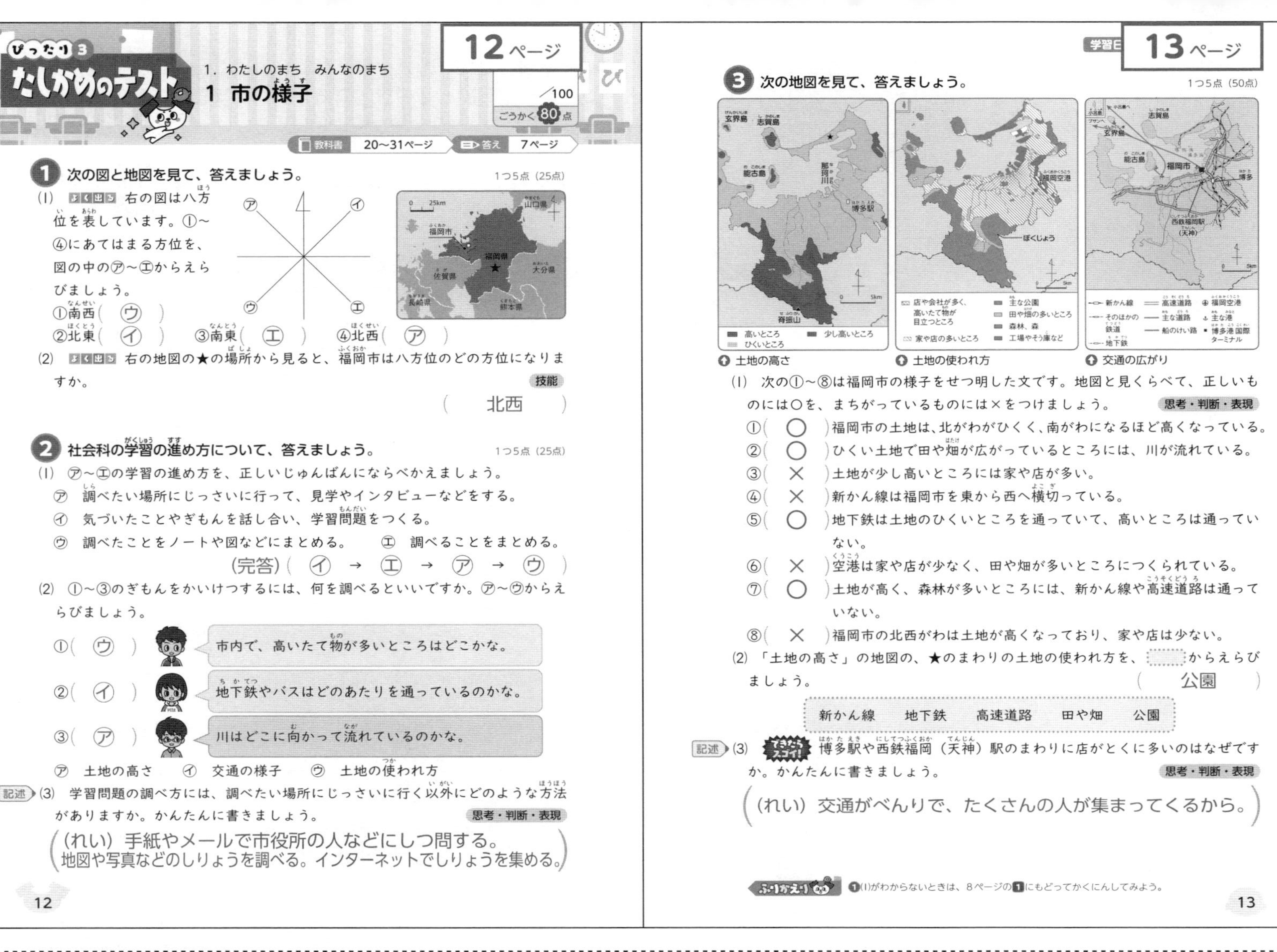

ぴったり3 たしかめのテスト

1. わたしのまち　みんなのまち

1 市の様子

12ページ

/100　ごうかく80点

教科書 20〜31ページ　答え 7ページ

1 次の図と地図を見て、答えましょう。　1つ5点（25点）

(1) よく出る 右の図は八方位を表しています。①〜④にあてはまる方位を、図の中の㋐〜㋓からえらびましょう。

①南西（ ㋒ ）

②北東（ ㋑ ）　③南東（ ㋓ ）　④北西（ ㋐ ）

(2) よく出る 右の地図の★の場所から見ると、福岡市は八方位のどの方位になりますか。　技能

（ 北西 ）

2 社会科の学習の進め方について、答えましょう。　1つ5点（25点）

(1) ㋐〜㋓の学習の進め方を、正しいじゅんばんにならべかえましょう。

㋐ 調べたい場所にじっさいに行って、見学やインタビューなどをする。

㋑ 気づいたことやぎもんを話し合い、学習問題をつくる。

㋒ 調べたことをノートや図などにまとめる。　㋓ 調べることをまとめる。

(完答)（ ㋑ → ㋓ → ㋐ → ㋒ ）

(2) ①〜③のぎもんをかいけつするには、何を調べるといいですか。㋐〜㋒からえらびましょう。

①（ ㋒ ）市内で、高いたて物が多いところはどこかな。

②（ ㋑ ）地下鉄やバスはどのあたりを通っているのかな。

③（ ㋐ ）川はどこに向かって流れているのかな。

㋐ 土地の高さ　㋑ 交通の様子　㋒ 土地の使われ方

記述 (3) 学習問題の調べ方には、調べたい場所にじっさいに行く以外にどのような方法がありますか。かんたんに書きましょう。　思考・判断・表現

（（れい）手紙やメールで市役所の人などにしつ問する。地図や写真などのしりょうを調べる。インターネットでしりょうを集める。）

12

13ページ

3 次の地図を見て、答えましょう。　1つ5点（50点）

土地の高さ　土地の使われ方　交通の広がり

(1) 次の①〜⑧は福岡市の様子をせつ明した文です。地図と見くらべて、正しいものには○を、まちがっているものには×をつけましょう。　思考・判断・表現

①（ ○ ）福岡市の土地は、北がわがひくく、南がわになるほど高くなっている。

②（ ○ ）ひくい土地で田や畑が広がっているところには、川が流れている。

③（ × ）土地が少し高いところには家や店が多い。

④（ × ）新かん線は福岡市を東から西へ横切っている。

⑤（ ○ ）地下鉄は土地のひくいところを通っていて、高いところは通っていない。

⑥（ × ）空港は家や店が少なく、田や畑が多いところにつくられている。

⑦（ ○ ）土地が高く、森林が多いところには、新かん線や高速道路は通っていない。

⑧（ × ）福岡市の北西がわは土地が高くなっており、家や店は少ない。

(2) 「土地の高さ」の地図の、★のまわりの土地の使われ方を、［　］からえらびましょう。

（ 公園 ）

新かん線　地下鉄　高速道路　田や畑　公園

記述 (3) てきたらスゴイ！ 博多駅や西鉄福岡（天神）駅のまわりに店がとくに多いのはなぜですか。かんたんに書きましょう。　思考・判断・表現

（（れい）交通がべんりで、たくさんの人が集まってくるから。）

ふりかえり ❶(1)がわからないときは、8ページの❶にもどってかくにんしてみよう。

13

記述問題のプラスワン

❸ (3)交通の広がりの地図を見ると、博多駅や西鉄福岡（天神）駅にはいろいろな路線が通っており、交通のべんがよいところだということがわかります。交通がべんりだと人が集まりやすいため、店も多くなります。この問題では「理由」を聞いているので、文の終わりは「〜から」「〜ため」としましょう。

たしかめのテスト　12〜13ページ

❶ (1)方位を表す記号では、矢じるしの向いている方が北になります。㋐は北と西の間で北西、㋑は北と東の間で北東、㋒は南と西の間で南西、㋓は南と東の間で南東となります。

❷ (2)③川は土地の高いところからひくいところに向かって流れていくため、土地の高さを調べるとわかります。

❸ (1)②土地の高さの地図と、土地の使われ方の地図の両方を見て考えます。土地の使われ方の地図を見ると、市の西がわに田や畑が広がっていることがわかります。また、土地の高さの地図を見ると、この地いきに川が流れていることがわかります。③「家や店の多いところ」の色分けは、土地がひくいところに広がっています。④交通の広がりの地図を見ると、新かん線は北東から南へたてにのびていることがわかります。⑥空港がある場所は家や店が多いところの近くで、まわりに田や畑はありません。⑧北西がわは家や店は少ないですが、海に面した地いきで、ひくい土地が広がっています。

めあて　公共しせつのはたらきや、れきしあるたて物がのこる場所について考えてみよう。

教科書 32〜35ページ　答え 8ページ

次の(　　)に入る言葉を、下からえらびましょう。

1 市の公共しせつ

教科書 32〜33ページ

福岡市の主な公共しせつ

(①けいさつしょ)

区役所

(②　市役所　)

公園

(③　はくぶつ館　)

動物園

(④　図書館　)

(⑤　消防しょ　)

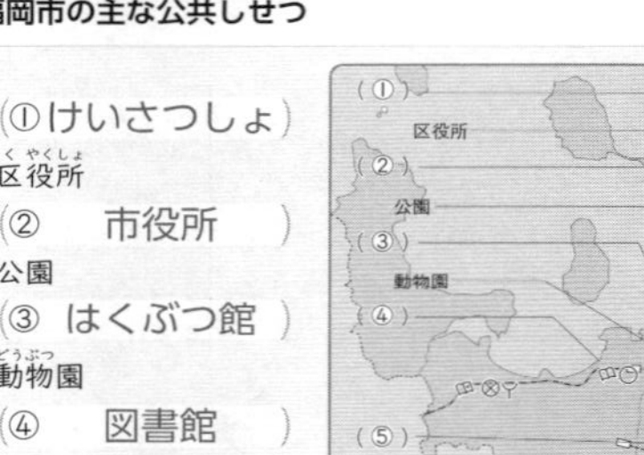

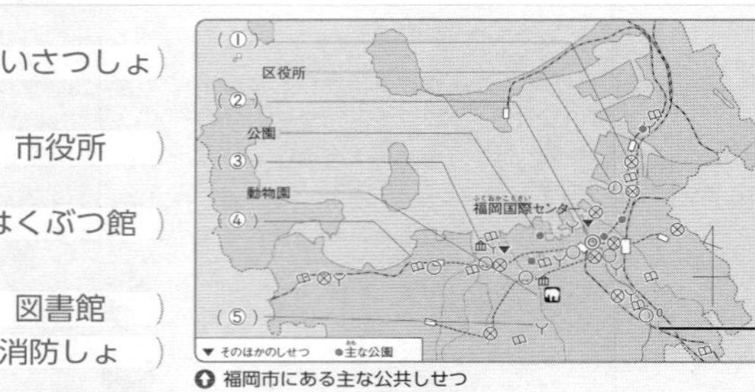

福岡市にある主な公共しせつ

ワンポイント 市役所の仕事

- 市役所は(⑥　市民　)のくらしにかかわる仕事をしている。子育て、かんこう、産業、災害時の対応などの仕事があり、相談まどロもある。

2 市に古くからのこるたて物

教科書 34〜35ページ

福岡市に古くからのこるたて物

- 地図を見ると、(⑦　博多区　)に神社や寺が多いことがわかる。
- 100年以上前にたてられた赤れんが文化館は(⑧　中央区　)にある。
- **いわれ**（ものごとのはじまりや理由）を調べると、たて物のことがわかる。

100年以上たっているたて物がいくつもあるよ。

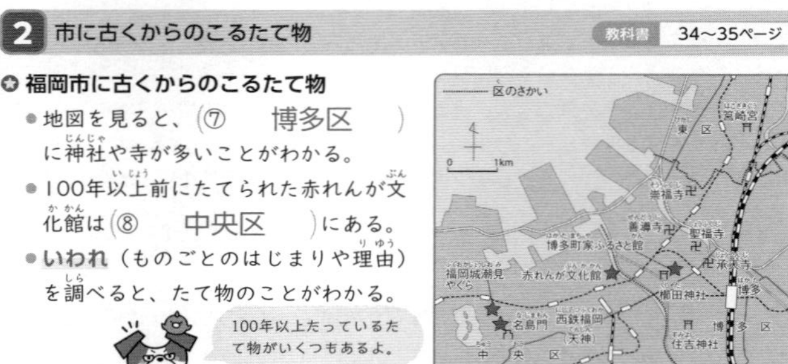

福岡市の古くからのこるたて物

えらんだ言葉に☑
□図書館　□市役所　□市民　□けいさつしょ
□博多区　□中央区　□消防しょ　□はくぶつ館

ぴたトリビア　公共しせつは、みんなから集められたお金でつくられています。デパートや映画館、神社や寺などは公共しせつではありません。

教科書 32〜35ページ　答え 8ページ

1 次の地図を見て、答えましょう。

(1) 公共しせつの一つで、けんこうや子育てなど、市民のくらしにかかわる仕事をしているところを何といいますか。（　市役所　）

(2) 公共しせつはどのようなところに多くありますか。次の㋐〜㋓から2つえらびましょう。（順不同）（　㋐　）（　㋒　）

- ㋐ 鉄道や道路の近くで交通がべんりなところ。
- ㋑ 田や畑、森林が多く、しずかなところ。
- ㋒ 家や店が多く、人がたくさん集まるところ。
- ㋓ 家や店が少なく、広い土地が使えるところ。

(3) 下の地図からは読み取れない公共しせつを、あとの[　　]から3つえらびましょう。（順不同）（　病院　）（　学校　）（　ゆうびん局　）

病院　市役所
学校　消防しょ
けいさつしょ
ゆうびん局

2 福岡市に古くからのこるたて物の地図を見て、答えましょう。

(1) 博多駅からもっとも近い寺を、地図からえらびましょう。（　承天寺　）

(2) 博多区には神社と寺のどちらが多いですか。（　寺　）

ヒント　1 (3) 地図記号をよく見て、考えましょう。

できたかな？

□市役所ではどのような仕事をしているのか、せつ明してみよう。

おうちのかたへ

みんなが利用する場所なのに、なぜデパートや映画館、スーパーマーケットやコンビニエンスストアは公共施設ではないのかということが、なかなか理解できないかもしれません。会社や個人が経営していること、税金が使われていないことが公共施設との違いとなります。

練習　15ページ

1 (1)けんこうや子育て以外にも、かんこうや産業、災害時の対応など、市民のくらしにかかわるさまざまな仕事を行っています。

(2)地図を見ると、地下鉄やそのほかの鉄道、道路に近いところに公共しせつが集まっていることがわかります。交通がべんりなところは家や店が多く、人がたくさん集まります。

(3)けいさつしょは、けいぼうを2本組み合わせた形を丸でかこんだ記号、消防しょは、昔使われていた「さすまた」という消防の道具の形をもとにした記号、市役所は二重丸の記号で、いずれも地図中でかくにんできます。

2 (1)寺の地図記号は卍（まんじ）というしるしがもとになっています。博多駅の北西に4つの寺があり、その中で博多駅にもっとも近い寺は承天寺です。

(2)とりいの形をしたものが神社の地図記号です。博多区に神社の地図記号は2つ、寺の地図記号は4つあるので、寺の方が多いです。

ぴったり1 じゅんび 16ページ

1. わたしのまち　みんなのまち
1 市の様子④

◎めあて 調べたことのまとめ方や、せんでんポスターのつくり方をかくにんしよう。

教科書 36〜39ページ　答え 9ページ

次の（　）に入る言葉を、下からえらびましょう。

1 市の様子をまとめよう　教科書 36〜37ページ

学習問題のまとめ方

- 調べたことをもとに、市の（① とく色 ）やよさについて話し合う。
- 話し合ったことを**白地図**にまとめる。

福岡市の様子

2 市をせんでんしよう　教科書 38〜39ページ

ワンポイント せんでんポスターのつくり方

- せんでん文で何をつたえるのかを考える。市のよいところを、できるだけ（⑥ 具体てき ）に書く。
- せんでん文や、せんでんしたい場所の（⑦ 写真 ）などを地図にはる。
- 写真の場所を（⑧ シール ）などで地図中にしめす。
- 市の（⑨ 広ほうし ）やガイドマップなどもさんこうにするとよい。

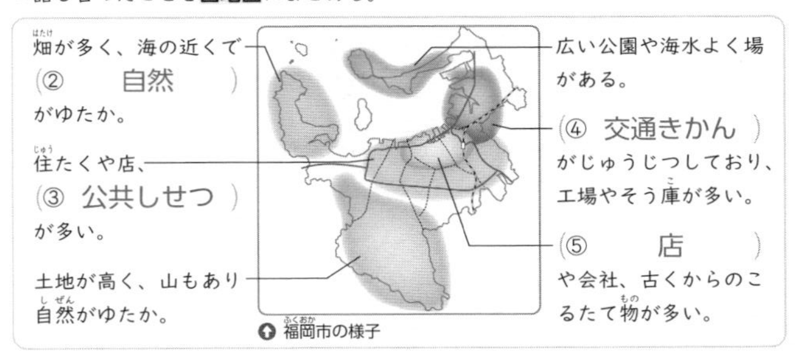

福岡市の広ほうしとガイドブック

えらんだ言葉に✓　□交通きかん　□とく色　□広ほうし　□店　□自然　□公共しせつ　□シール　□具体てき　□写真

ぴったり2 練習 17ページ

ぴたトリビア 白地図は地形のりんかくだけをかいた地図で、土地の様子を表すものは何も書かれていません。自分で調べたことなどを書きこむことができます。

教科書 36〜39ページ　答え 9ページ

1 次の地図を見て、①、②にあてはまる言葉を、［　］からえらびましょう。

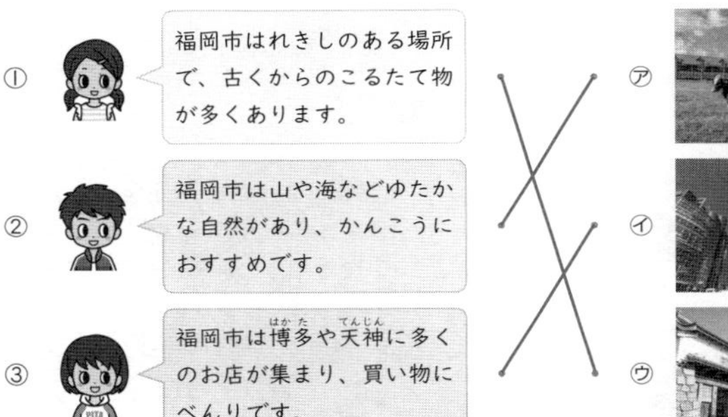

①（ 自然 ）　②（ 住たく ）

［住たく　自然］

2 ①〜③の福岡市のせんでん文に合う写真を、㋐〜㋒からえらんで線でむすびましょう。

① 福岡市はれきしのある場所で、古くからのこるたて物が多くあります。
② 福岡市は山や海などゆたかな自然があり、かんこうにおすすめです。
③ 福岡市は博多や天神に多くのお店が集まり、買い物にべんりです。

㋐　㋑　㋒

ヒント 1 畑、海、山、公共しせつという言葉をヒントにして考えましょう。

できたかな？
□住んでいる市区町村のよいところをつたえる、せんでん文を書いてみよう。

おうちのかたへ
お子さんと一緒に住んでいる市区町村の広報誌やガイドマップなどを見て、どのような特色があるのか話し合ってみるとよいでしょう。広報誌やガイドマップは、市役所や公民館などに置いてあることが多いです。市区町村のホームページではバックナンバーが閲覧できることもあるので、確認してみましょう。

練習 17ページ

1 ①土地が高く、山があるというせつ明から、「自然の多いところ」ということがわかります。この地いきには脊振山や油山があり、ぼくじょうもあります。②公共しせつが多く、電車やバスもたくさん通っているというせつ明から、人が多く住む「住たくや店の多いところ」ということがわかります。公共しせつはみんながりようしやすいよう、交通のべんがいいところにつくられることが多いです。

2 ①「れきし」「古くからのこるたて物」という部分から、福岡城のあとの㋒があてはまることがわかります。②「ゆたかな自然」「かんこう」というキーワードにあてはまるのは、㋐のぼくじょうの写真です。③「多くのお店」や「買い物」というキーワードにあてはまるのは、高いたて物がならんでいる㋑の写真です。

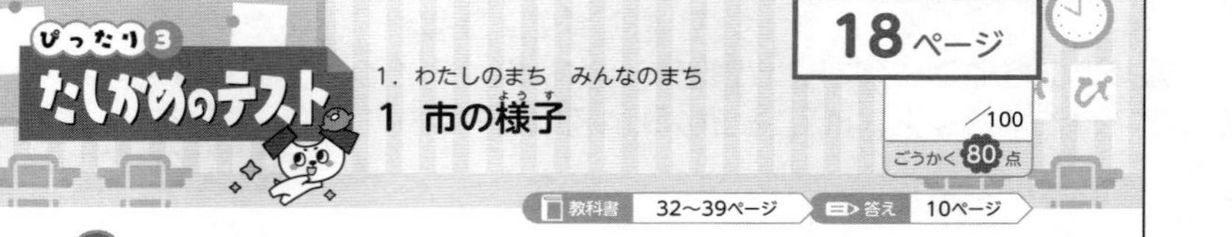

1. わたしのまち　みんなのまち

1 市の様子

/100　ごうかく80点

教科書 32〜39ページ　答え 10ページ

1 次の地図を見て、答えましょう。 1つ5点（40点）

(1) 市役所から見て、動物園は八方位のどの方位にありますか。 技能

（ 南西 ）

(2) よく出る 次の①〜⑤のせつ明について、正しいものには○を、まちがっているものには×をつけましょう。

①（ ○ ）市役所は中央区にある。

②（ × ）はくぶつ館は西区にある。

③（ × ）東区には2つの図書館がある。

④（ × ）南区には消防しょがない。

⑤（ × ）博多区には2つのけいさつしょがある。

記述 (3) 公共しせつが多いのはどのようなところでしょうか。地図をヒントにしてかんたんに書きましょう。 思考・判断・表現

（（れい）地下鉄や道路の近くで交通がべんりなところ。）

(4) 市役所についてのせつ明としてまちがっているものを、㋐〜㋓からえらびましょう。

（ ㋒ ）

㋐ 市民のくらしにかかわるさまざまな仕事をしている。
㋑ 市の子育てやかんこう、産業など、市全体にかかわるさまざまなことをあつかっている。
㋒ 市民が相談できるまど口はない。
㋓ 災害のときのひなん場所を知らせる。

2 次の地図を見て、答えましょう。 1つ5点（40点）

(1) よく出る 次の①〜⑥のせつ明について、正しいものには○を、まちがっているものには×をつけましょう。 技能

①（ ○ ）博多駅の西がわには古くからのこるたて物が多く見られる。

②（ × ）櫛田神社は、博多駅の東がわにある。

③（ × ）赤れんが文化館は、川の東がわにある。

④（ ○ ）神社や寺は、博多区にたくさんある。

⑤（ ○ ）中央区には、福岡城潮見やぐらがある。

⑥（ × ）筥崎宮は、西鉄福岡（天神）駅の北西にある。

(2) 赤れんが文化館にいちばん近い駅を、㋐〜㋒からえらびましょう。（ ㋐ ）

㋐ 地下鉄の駅　㋑ 博多駅　㋒ 西鉄福岡（天神）駅

(3) 博多駅から住吉神社までのきょりはおよそ何kmでしょうか。㋐〜㋓からえらびましょう。 技能

㋐ 1km　㋑ 5km　㋒ 10km　㋓ 20km　（ ㋐ ）

3 次の①〜④にあてはまる地いきを、地図の中の㋐〜㋓からそれぞれえらびましょう。 1つ5点（20点）

① 田畑が多く、市の西がわでは米ややさいなどをつくっている。（ ㋐ ）

② 高いたて物が目立ち、店や会社が集まっている。（ ㋒ ）

③ 自然がゆたかで、けしきがきれいなところもたくさんある。（ ㋓ ）

④ 大きな船がやってくる港があって、交通きかんがじゅうじつしている。（ ㋑ ）

ふりかえり ❶(4)がわからないときは、14ページの❶にもどってかくにんしてみよう。

たしかめのテスト　18〜19ページ

1 (2)①市役所の地図記号は二重丸です。一重丸の区役所とまちがえないようにしましょう。②はくぶつ館があるのは、早良区と中央区です。③東区には3つの図書館があります。④南区の東がわにある新かん線の線路の近くに、消防しょの地図記号があります。⑤博多区には、3つのけいさつしょがあります。

(4)市役所には、市民が相談できるまど口があります。

2 (1)②櫛田神社があるのは博多駅の西がわです。③赤れんが文化館は、博多区と中央区のさかいになっている川の西がわにあります。④⑤区のさかいを表している線に注意しましょう。⑥筥崎宮は西鉄福岡（天神）駅の北東にあります。

(3)博多駅から住吉神社までは、地図の左上にある、きょりを表すものさしの長さとほぼ同じです。

3 ①は西がわで田畑が多い㋐、②は駅の近くで店や会社の多い㋒、③は緑が多い㋓、④は海の近くの㋑となります。

記述問題のプラスワン

1 (3)地図を見ると、公共しせつの地図記号は、地下鉄や鉄道、道路の近くに集まっていることがわかります。公共しせつは多くの人がりようしやすいよう、交通がべんりなところにあることが多いです。この問題では、どのようなところかを聞いているので、文の終わりは「〜ところ」としましょう。

20ページ

2. はたらく人とわたしたちのくらし
1 農家の仕事①

めあて まちではたらく人の仕事や、市でつくられている作物についてりかいしよう。

教科書 40~43ページ　答え 11ページ

次の（　）に入る言葉を、下からえらびましょう。

1 まちの人たちの仕事　教科書 40~41ページ

はたらく人たちと仕事

- まちにはいろいろな（① 仕事 ）をしている人がいる。
- （② 農家 ）の仕事
- （③ 工場 ）の仕事
- （④ お店 ）の仕事

2 市でつくられるやさいやくだもの　教科書 42~43ページ

福岡市でつくられる作物

- **作物**…田や畑でつくられるものをさす。
- 福岡市では、いちごやだいこん、トマト、しゅんぎく、キャベツなど、いろいろな作物がつくられている。
- 市の（⑤ 東 ）がわでは、こまつなが多くつくられている。
- 市の北がわや（⑥ 西 ）がわでは、いちごが多くつくられている。
- 市でつくられる主なやさいやくだもののうち、右のグラフの中でいちばん生産額が多いのは（⑦ いちご ）で、いちばん生産額が少ないのは（⑧ かんきつ ）である。

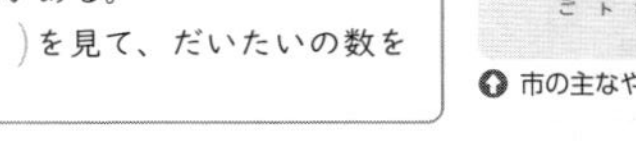

市でつくられる主なやさいやくだもの

市の主なやさいやくだものの生産額

ワンポイント ぼうグラフの読み取り方

- グラフの（⑨ タイトル ）とこうもくを見て、何の数を表しているのか読み取る。
- 数字のたんいをたしかめる。
- （⑩ 目もり ）を見て、だいたいの数を読み取る。

えらんだ言葉に☑　□かんきつ　□目もり　□工場　□仕事　□西　□タイトル　□いちご　□お店　□東　□農家

21ページ

ぴたトリビア　ぼうグラフは、ぼうの長さで数りょうをくらべるグラフです。ぼうがいちばん長いものや短いもの、長さのじゅんばんに注意しましょう。

教科書 40~43ページ　答え 11ページ

1 ①~③のまちではたらく人たちのイラストにあてはまる仕事を、㋐~㋒からえらんで線でむすびましょう。

①　②　③

㋐工場の仕事　㋑農家の仕事　㋒お店の仕事

2 次の問いに、答えましょう。

(1) 田や畑でつくられるものを、何といいますか。（ 作物 ）

(2) 右の地図を見て、次の①~④の文のうち、正しいものには○を、まちがっているものには×をつけましょう。

① 志賀島では、こまつなやキャベツがつくられている。（ × ）

② 博多駅の東がわでは、かぶはつくられていない。（ ○ ）

③ 博多駅の北がわでは、だいこんがつくられている。（ × ）

④ 能古島では、かんきつがつくられている。（ ○ ）

(3) 右のグラフの中で、いちばん生産額が多いものをえらびましょう。（ いちご ）

(4) しゅんぎくのおよその生産額を、㋐~㋒からえらびましょう。（ ㋒ ）

㋐ 2億円　㋑ 3億円　㋒ 4億円

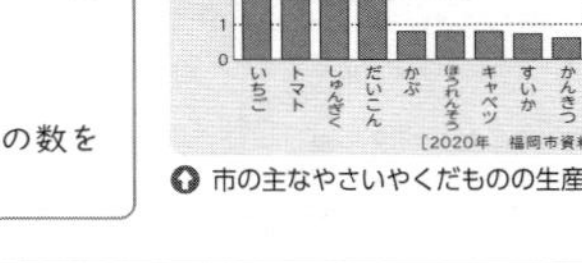

市の主なやさいやくだものの生産額

ヒント ❷(2) 地図の絵をよく見て考えましょう。

できたかな？

□ぼうグラフを見て、だいたいの数を読み取ってみよう。

おうちのかたへ

この単元では、棒グラフの読み取りを学びます。ここでは野菜や果物の生産額の読み取りと、それぞれの生産額の順位の比較ができるようになることが目標です。算数の「棒グラフの読み取り方」「数の位と表し方」と関連しています。また、地図では農作物の分布の読み取り方も学びます。

練習 21ページ

1 ①品物をならべている様子を表したイラストから、㋒のお店の仕事となります。②きかいをあつかっている様子を表したイラストから、㋐の工場の仕事であることがわかります。③作物をしゅうかくしている様子を表しているので、㋑の農家の仕事となります。

2 (2)①志賀島でつくられているのは、いちごやかんきつです。②③博多駅の東がわや北がわでつくられているのは、しゅんぎくやこまつなです。

④能古島は博多湾にある島で、あたたかい気こうを生かしたかんきつづくりが行われています。

(3)たてじくで生産額がしめされているので、ぼうグラフの長さがいちばん長いものをえらびます。

(4)ぼうグラフの長さが、どの目もりの線に近いのかをかくにんしましょう。4億円の目もりのすぐ下までぼうグラフがのびているので、およそ4億円となります。

やんたく 2. はたらく人とわたしたちのくらし

1 農家の仕事②

めあて 農家の仕事の調べ方や、見学のしかたについてりかいしよう。

教科書 44〜47ページ　答え 12ページ

次の（　）に入る言葉を、下からえらびましょう。

1 特産品のあまおう　教科書 44〜45ページ

福岡の特産品

- 福岡市ではあまおうといういちごが多くつくられている。
- 農家は**特産品**のあまおうをつくるため、さまざまなくふうをしている。

特産品 その地いきでつくられていることが、よく知られているもののこと。

農家の見学で調べること

- はたらく人や、畑・ビニールハウスの（① 様子 ）。使っている道具。
- ビニールハウスを使う（② 理由 ）。
- あまおうをつくるために気をつけていること。

2 あまおうづくりの1年間　教科書 46〜47ページ

1年間の仕事

6月	7月	8月	9月	10月	11月	12月	次の年 1月	2月	3月	4月	5月
●なえを育てる ●土づくり ●畑のしょうどく		●なえをひやす	●なえを植える	●花がさく ●みつばちを入れる	●電しょうをする ●だんぼうをつける ＊電しょう…明かりでてらすこと ●しゅうかく ●次の年に植えるなえを育てる						

あまおうづくりのカレンダー

見学のしかた

- 畑の様子や、農家の人の作業をよく（③ かんさつ ）する。
- かんさつしてぎもんに思ったことを農家の人に（④ しつもん ）する。
- 農家の人に聞いて、作物や土などにふれてよければ、じっさいにふれてみる。
- わかったことは写真やメモにのこして（⑤ きろく ）する。
- 見学のさいごに農家の人に（⑥ お礼 ）を言い、帰ったら手紙を書く。

見学してわかったこと

- あまおうづくりは、（⑦ きせつ ）によって作業がちがう。
- （⑧ 計画 ）をしっかり立てて、作業を進めている。

えらんだ言葉に✓　□しつもん　□様子　□きろく　□計画　□かんさつ　□理由　□きせつ　□お礼

ぴたトリビア いちごは昼が長くなる春に花をつけるので、あまおうづくりのビニールハウスでは、秋から冬の夜には電気で明るくし、春になったとかんちがいさせます。

教科書 44〜47ページ　答え 12ページ

1 次の問いに、答えましょう。

(1) あまおうのように、決まった地いきでつくられていることが、よく知られているものを何といいますか。（ 特産品 ）

(2) 農家で調べることのうち、見て調べることには㋐を、聞いて調べることには㋑を書きましょう。

①（ ㋑ ）ビニールハウスを使うのはなぜかな。
②（ ㋐ ）どのような道具を使って仕事をしているのかな。
③（ ㋑ ）あまおうをつくるために気をつけていることは何かな。

2 あまおうづくりのカレンダーを見て、答えましょう。

6月	7月	8月	9月	10月	11月	12月	次の年 1月	2月	3月	4月	5月
●なえを育てる ●土づくり ●畑のしょうどく		●なえをひやす	●なえを植える	●花がさく ●みつばちを入れる	●電しょうをする ●だんぼうをつける ＊電しょう…明かりでてらすこと ●しゅうかく ●次の年に植えるなえを育てる						

(1) 次の作業はいつから始めますか。㋐〜㋒からえらびましょう。
① なえを植える（ ㋒ ）　② 畑のしょうどく（ ㋐ ）
③ なえをひやす（ ㋑ ）
㋐ 6月　㋑ 8月　㋒ 9月

(2) なえを育てる期間は何か月ですか。㋐〜㋓からえらびましょう。（ ㋒ ）
㋐ 3か月　㋑ 6か月　㋒ 9か月　㋓ 12か月

(3) 農家の見学のしかたについて、正しいものには○を、まちがっているものには×をつけましょう。
①（ ○ ）畑の様子や、農家の人の作業をよくかんさつする。
②（ × ）農家の人はいそがしいので、しつもんはしないで自分で調べる。
③（ ○ ）わかったことやぎもんに思ったことを、メモにとっておく。
④（ ○ ）作物や土などにふれてよければ、じっさいにふれてみる。

ヒント ❷(1)・(2) カレンダーと見くらべて、いつごろ行う作業かたしかめましょう。

できたかな？
□特産品とはどのようなものか、せつ明してみよう。
□農家を見学するときのポイントについて、れいをあげてみよう。

おうちのかたへ
各都道府県には様々な特産品があります。地域で作られている特産品の種類、作られている場所や生産額などをお子さんと一緒に調べてみるとよいでしょう。

練習 23ページ

❶ (2)ビニールハウスを使う理由や、あまおうづくりで気をつけていること、くふうなどは、見ただけではわからないことなので、農家の人に聞いて調べます。

❷ (1)あまおうづくりカレンダーで、それぞれの作業を始める時期を表す■が何月に入っているかをかくにんします。

(2)カレンダーを見ると、「次の年に植えるなえを育てる」期間を表す線は11月から始まって、次の年の7月まで続いています。よって、期間は11月から次の年の7月までの9か月です。

(3)①かんさつしてぎもんに思ったことは、なぜそうなっているか考えてみましょう。②見ただけでわからないことは、しつもんして教えてもらいましょう。何をどのように聞くかを考えてからしつもんするようにします。③学校にもどってからまとめ直すときに、メモを活用します。④農家の人に聞いてふれてよければ、じっさいにふれてたしかめてみます。

ぴったり1 じゅんび

せんたく　2. はたらく人とわたしたちのくらし

1 農家の仕事③

◎めあて 作物がつくられるまでのくふうや努力についてりかいしよう。

教科書 48〜53ページ　答え 13ページ

次の（　）に入る言葉を、下からえらびましょう。

1 くふうがつまったあまおうづくり　教科書 48〜49ページ

ワンポイント ビニールハウスのとくちょう

- ビニールハウス…まわりにビニールをはった温室。
- 空気の（① 温度 ）調整がしやすい。
- 電しょうせつびで、夜も明るくできる。
- だんぼうせつびで、あたたかくできる。
  →春に実をつけるいちごが冬でもしゅうかくできる。たくさん売れる（② 冬 ）に合わせてつくることができる。

ビニールハウスの中

なえを育てるくふう

- 畑で育てたなえを8月にれいぞうこでひやすと、冬と同じかんきょうになり、花をさかせるじゅんびをする。
- よぶんな葉をとる「（③ 葉かぎ ）」をすると、実にえいようが集まり、大きくおいしいいちごになる。

生き物の力をかりるくふう

- 10月に花がさいたら、ビニールハウスの中に（④ みつばち ）を入れてとび回らせる。すると、自然と花に花ふんがついて実がなる。
- がい虫をふせいでくれる（⑤ び生物 ）を使うなどしている。

2 いよいよしゅうかく／あまおうのキャッチコピーを考える　教科書 50〜53ページ

しゅうかくと送り先

- 早朝に一つずつ手でとる。食べるときにいちばんあまくなるうれぐあいのものをえらぶ。パックづめも（⑥ 手作業 ）で、一つずつていねいに行う。
- 市の中央卸売市場に送られ、各地の店やほかの県、海外にも送られる。

キャッチコピーのつくり方

- 作物がつくられるまでの（⑦ くふう ）や努力についてまとめ、いちばんつたえたいことを短い（⑧ 言葉 ）にする。

えらんだ言葉に✓　□手作業　□くふう　□言葉　□温度　□みつばち　□び生物　□葉かぎ　□冬

ぴったり2 練習

ぴたトリビア　あまおうの名前は、「あかい」「まるい」「おおきい」「うまい」の頭文字をとってつけられました。

教科書 48〜53ページ　答え 13ページ

1 次の問いに、答えましょう。

(1) 作物を育てるときなどに使う、右の写真のような温室を何といいますか。
（ ビニールハウス ）

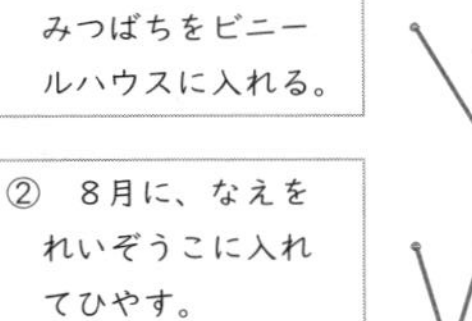

(2) 次のあまおうづくりのくふうとそのもくてきを、㋐〜㋓からえらんで線でむすびましょう。

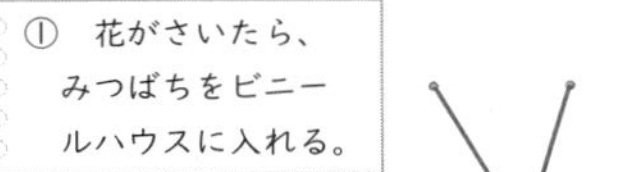

① 花がさいたら、みつばちをビニールハウスに入れる。
② 8月に、なえをれいぞうこに入れてひやす。
③ あまおうを、ビニールハウスの中で育てている。
④ よぶんな葉をとりのぞく「葉かぎ」をする。

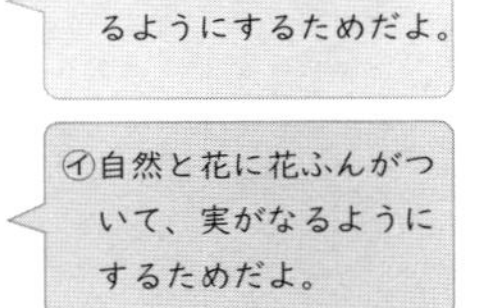
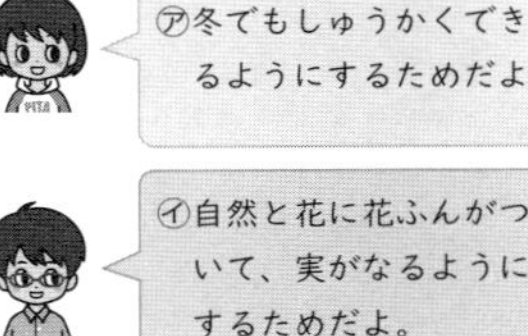
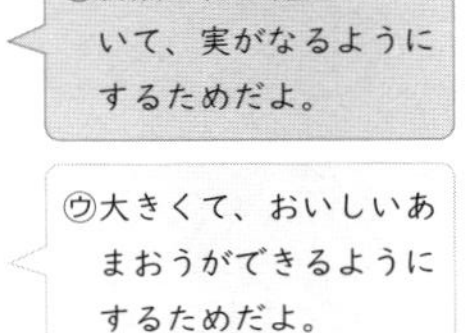
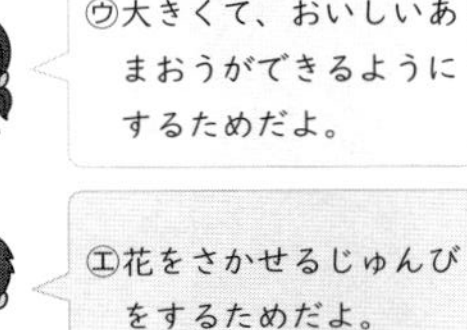

㋐冬でもしゅうかくできるようにするためだよ。
㋑自然と花に花ふんがついて、実がなるようにするためだよ。
㋒大きくて、おいしいあまおうができるようにするためだよ。
㋓花をさかせるじゅんびをするためだよ。

2 あまおうのしゅうかくについて、正しいものには○を、まちがっているものには×をつけましょう。

①（ × ）日光がよくあたる昼ごろにしゅうかくする。
②（ ○ ）買った人が食べるときに、いちばんあまくなるうれぐあいのものをえらんでしゅうかくする。
③（ × ）新せんなうちに運べるよう、きかいを使ってパックにつめている。
④（ ○ ）パックにつめたあまおうは、市の中央卸売市場に送る。
⑤（ ○ ）しゅうかくされたあまおうは、海外にも送られる。

ヒント　1 (2)④「葉かぎ」をすると、実にえいようが集まります。

できたかな？

□ビニールハウスのとくちょうを、せつ明してみよう。
□あまおうづくりのくふうにはどのようなものがあるか、れいをあげてみよう。

おうちのかたへ

農家の人たちのさまざまな工夫や努力により、作物が作られていることを学びます。住んでいる市区町村では、どのような作物が作られているか、ホームページなどを確認してみましょう。また、お子さんと一緒に地域の直売所などに行ってみるのもよいでしょう。

練習　25ページ

1 (1)ビニールハウスはまわりにビニールをはった温室で、外の天気のえいきょうを受けにくくしながら、日光を取り入れることができます。

(2)①みつばちはビニールハウスの中をとび回り、花のみつや花ふんを集めます。②れいぞうこでなえをひやすと、冬と同じかんきょうになり、なえが花をさかせるじゅんびをします。③ビニールハウスは、だんぼうせつびであたたかくできるので、冬でもいちごがしゅうかくできます。④よぶんな葉をとる「葉かぎ」をすると、実にえいようが集まるため、大きくておいしいいちごができます。

2 ①毎朝早くに、一つずつ手でしゅうかくしていきます。③いちごはいたみやすいので、手作業でひとつひとつていねいにパックにつめます。④中央卸売市場に送られたあまおうは、新せんなうちに各地のスーパーマーケットなどへトラックで運ばれます。⑤あまおうは、ほかの県や市だけでなく、ホンコンなどの海外に送られることもあります。

やんたく
2. はたらく人とわたしたちのくらし
1 農家の仕事

/100
ごうかく 80 点

教科書 40〜53ページ　答え 14ページ

1 次のグラフを見て、答えましょう。　1つ5点（25点）

(1) よく出る 右のグラフからわかることを㋐〜㋓から2つえらびましょう。（㋐）（㋓）（順不同）

㋐ やさいやくだものの生産額のちがい
㋑ やさいやくだものが生産されている時期
㋒ やさいやくだものの送り先
㋓ 市で生産されているやさいやくだもののしゅるい

(2) よく出る 右のグラフの中から、いちばん生産額の多いものをえらびましょう。（いちご）

(3) しゅんぎくの生産額はどのくらいですか。数字を書きましょう。　技能
およそ（4）億円

(4) しゅんぎくの生産額は、かぶの生産額のおよそ何倍ですか。　技能
およそ（4）倍

億円 7 6 5 4 3 2 1 0
いちご トマト しゅんぎく だいこん かぶ ほうれんそう キャベツ すいか かんきつ
［2020年 福岡市資料］
福岡市の主なやさいやくだものの生産額

2 あまおう農家の見学のしかたについて、次の文の①〜⑥にあてはまるものを、それぞれ㋐〜㋕からえらびましょう。　1つ5点（30点）

まず、見学で調べることを、みんなで話し合って（① ㋔）をつくったよ。見学に行ったら、畑がどんな（② ㋑）なのか、農家の人がどんな（③ ㋒）を使っているのか、見たいな。

おいしいあまおうをたくさんつくるために、農家の人はどんな（④ ㋐）をしているのかな。農家の人に聞きたいことを（⑤ ㋓）してもだいじょうぶかな。見学が終わったら（①）をもとにして、（⑥ ㋕）を考えるよ。

㋐ くふう　㋑ 様子　㋒ 道具
㋓ しつもん　㋔ 見学カード　㋕ キャッチコピー

3 次のカレンダーのうち、ビニールハウスを使う場合のあまおうのしゅうかく期間は㋐、㋑のどちらですか。　（5点）
（㋐）

	6月	7月	8月	9月	10月	11月	12月	次の年 1月	2月	3月	4月	5月
㋐						しゅうかく（11月〜5月）						
㋑											しゅうかく（4月〜5月）	

4 次の問いに、答えましょう。　1つ5点（30点）

あまおうづくりのカレンダー
- 6月：①なえを育てる／土づくり・畑のしょうどく
- 8月：②なえをひやす
- 9月：なえを植える
- 10月：花がさく・③みつばちを入れる
- 11月：④電しょうをする・だんぼうをつける（＊電しょう…明かりでてらすこと）・しゅうかく・次の年に植えるなえを育てる
- 次の年 1月〜5月

(1) 下線部①について、植える前のなえはどこで育てますか。育てる場所を㋐〜㋓からえらびましょう。（㋑）
㋐ 田　㋑ 畑　㋒ 庭　㋓ 家の中

(2) 下線部②について、なえをひやす理由を㋐〜㋓からえらびましょう。（㋓）
㋐ なえが早く育ちすぎないようにするため。
㋑ 葉が大きく育つようにするため。　㋒ 実をつけるじゅんびをさせるため。
㋓ 花をさかせるじゅんびをさせるため。

記述 (3) てきたらスゴイ！ 下線部③について、みつばちを入れる理由を、かんたんに書きましょう。　思考・判断・表現
（（れい）みつばちがとび回ると、花に花ふんがついて、実がなるから。）

(4) 下線部④について、電しょうをしたり、だんぼうをつけたりする理由を、㋐〜㋓からえらびましょう。（㋑）
㋐ 雨をふせぐため。　㋑ 冬でも花をさかせて実をつけさせるため。
㋒ 実を大きくするため。　㋓ 夜の農作業をやりやすくするため。

(5) いちごはもともといつごろ実をつけますか。きせつを書きましょう。（春）

(6) いちごがたくさん売れるのはいつごろですか。きせつを書きましょう。（冬）

5 次の問いに、答えましょう。　1つ5点（10点）

(1) 1日のうちのいつ、あまおうをしゅうかくしますか。㋐〜㋓からえらびましょう。（㋐）
㋐ 朝早く　㋑ 昼ごろ　㋒ 夕方　㋓ 夜おそく

(2) 農家ではまず、しゅうかくしたあまおうをどこに送りますか。㋐〜㋓からえらびましょう。（㋑）
㋐ 各地のスーパーマーケット　㋑ 市の中央卸売市場
㋒ ほかの市や県の市場　㋓ 海外の市場

ふりかえり ④(3)がわからないときは、24ページの1にもどってかくにんしてみよう。

この本の終わりにある「夏のチャレンジテスト」をやってみよう！

たしかめのテスト　26〜27ページ

1 (1)グラフからは、いろいろな作物の生産額やそのちがいがわかります。また、グラフの下にあるこうもくには、「いちご」「トマト」など、やさいやくだもののしゅるいも書かれています。
(3)(4)しゅんぎくはおよそ4億円、かぶはおよそ1億円なので、生産額はおよそ4倍です。

2 キャッチコピーとは、商品などをせんでんするために短くまとめた言葉のことです。

3 ビニールハウスを使うと、春にしかしゅうかくできなかったいちごを、冬でもしゅうかくできるようになります。

4 (2)なえをれいぞうこでひやすと、冬と同じかんきょうになり、なえが花をさかせるじゅんびをします。
(5)(6)いちごが実をつけるきせつは春ですが、クリスマスなどでいちごがたくさん売れる冬でもしゅうかくできるようにしています。

5 (2)市の中央卸売市場に集められてから、各地のスーパーマーケットや、ほかの県や市、海外などへ送られます。

記述問題のプラスワン

4 (3)みつばちをビニールハウスの中に入れると、みつを集めるためにとび回るので、自然と花に花ふんがついて実がなるのです。「みつばちが花ふんをつけるので実がなる」ということが書けていればよいです。この問題では「理由」を聞いているので、文の終わりは「〜から」「〜ため」としましょう。

ぴったり1 じゅんび　せんたく
2. はたらく人とわたしたちのくらし
1 工場の仕事①

◎めあて 身近な地いきでつくられているものと、工場見学の計画について考えてみよう。

教科書 54~57ページ　答え 15ページ

次の(　)に入る言葉を、下からえらびましょう。

1 福岡市のおみやげ／まちで人気の明太子　教科書 54~57ページ

工場が多いところ

- 工場…(① きかい)やきぐがあり、ものをつくったり加工したりするところ。きかいを使うことで、たくさんのせい品をつくることができる。
- 福岡市の(② 東区)や博多区には工場が多い。
- 城南区や(③ 早良区)には工場が少ない。
- (④ 中央区)には16の工場がある。

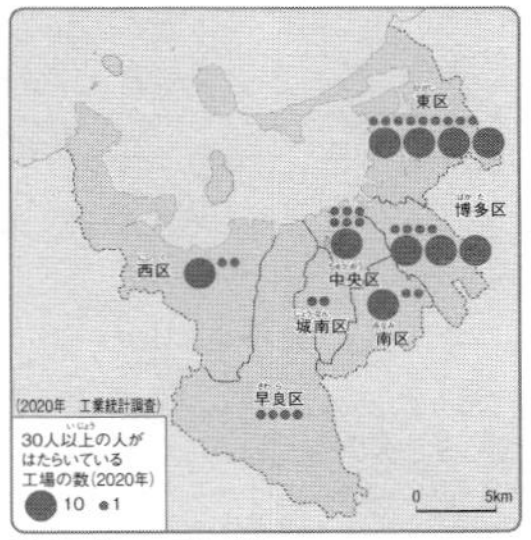

区ごとの工場の数

工場のしゅるい

- 福岡市は(⑤ 食べ物)や飲み物をつくる工場がいちばん多く、その数は60以上である。

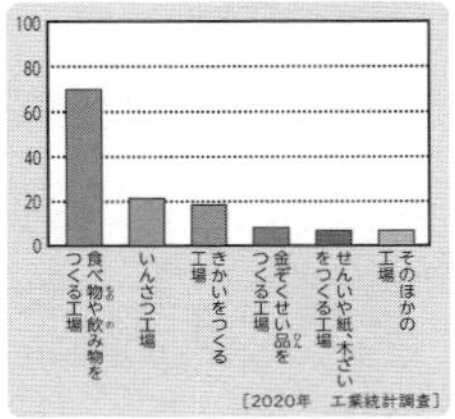

市で30人以上の人がはたらいている工場の数

工場見学の計画

ワンポイント　見学カードのつくり方

- 調べたいことをカードに書き出す。
- まわりの人と同じようなものは一つにまとめる。
- 見てくること、聞いてくることに分ける。
- とくに聞きたいことには(⑥ しるし)をつける。

明太子工場の見学カード

<見てくること>
- 明太子の原料　● 明太子ができる(⑦ じゅんじょ)　● 使っているきかい
- はたらいている人の仕事の様子や(⑧ 服そう)

<聞いてくること>
- はたらいている人の数　● 1日につくるりょう　● おいしい明太子のつくり方

えらんだ言葉に✓　□じゅんじょ　□中央区　□しるし　□きかい　□食べ物　□早良区　□服そう　□東区

ぴったり2 練習

ぴたトリビア　工場の数や生産額などをしめす円や絵などがかかれている地図では、円や絵の大きさや数、かかれている地いきに注意しましょう。

教科書 54~57ページ　答え 15ページ

1 次の地図とグラフを見て、答えましょう。

(1) きかいやきぐをそなえて、ものを加工したり、つくったりするところを何といいますか。(工場)

(2) 地図を見て、次の①~③の文のうち、正しいものには○を、まちがっているものには×をつけましょう。

① (×) いちばん工場の数が多いのは、博多区である。
② (○) いちばん工場の数が少ないのは、城南区である。
③ (○) 東区には49の工場がある。

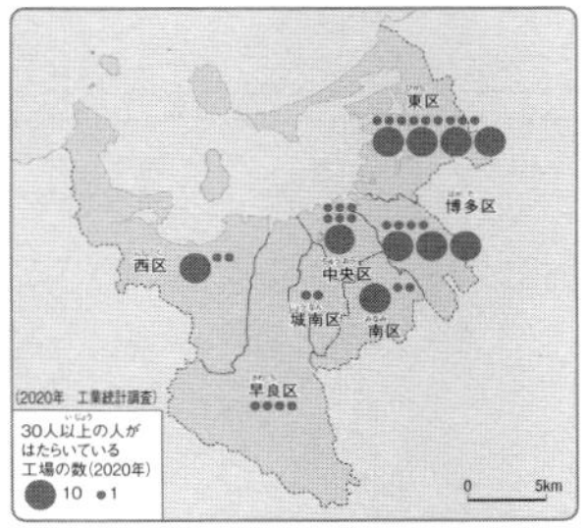

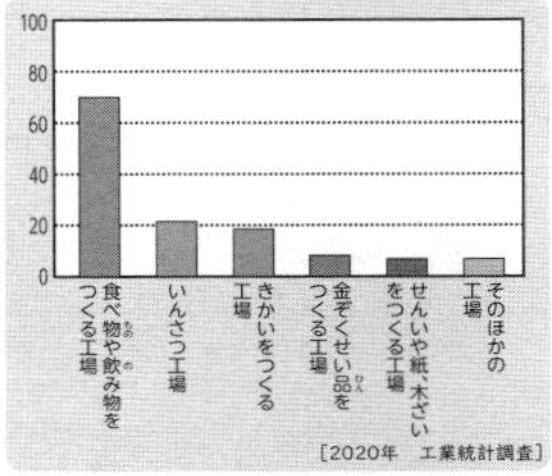

市で30人以上の人がはたらいている工場の数

(3) 福岡市でいちばん数が多い工場を、㋐~㋓からえらびましょう。(㋐)

㋐ 食べ物や飲み物をつくる工場
㋑ いんさつ工場
㋒ きかいをつくる工場
㋓ 金ぞくせい品をつくる工場

(4) いんさつ工場の数はどのくらいですか。㋐~㋓からえらびましょう。(㋑)

㋐ 10　㋑ 20　㋒ 30　㋓ 40

(5) 明太子工場の見学で調べることのうち、見てくることには㋐を、聞いてくることには㋑を書きましょう。

① (㋐) どんなきかいを使って明太子をつくっているのかな？
② (㋑) 1日につくる明太子のりょうはどのくらいかな？
③ (㋐) はたらいている人の服そうや仕事の様子はどうかな？
④ (㋑) おいしくつくるためにどんなくふうをしているのかな？

ヒント 1 (2) 地図の中の円の大きさと数を見て考えましょう。大きな円は一つが10、小さな円は一つが1を表しています。

できたかな？
□ぼうグラフを見て、だいたいの数を読み取ってみよう。

おうちのかたへ
この単元では、棒グラフの読み取りを学びます。ここでは工場数の読み取りと、工場の種類ごとの順位の比較ができるようになることが目標です。算数の「棒グラフの読み取り方」と関連しています。また、地図では工場の分布と数の見方も学びます。

練習　29ページ

1 (1)工場では、きかいを使うことによって、数多くのせい品をつくることができます。

(2)①地図の大きな円は10を、小さな円は1を表しています。この円を数えると、博多区の工場の数は34ですが、東区は49なので、いちばん工場の数が多いのは東区です。②大きな円がないのが城南区と早良区で、そのうち、小さな円が2つの城南区がいちばん工場の数が少ないです。

(3)グラフのたてじくで、工場の数がしめされています。ぼうグラフの目もりを読み取ると、食べ物や飲み物をつくる工場がおよそ70で、いちばん多くなっています。

(4)いんさつ工場のぼうグラフを見ると、20の目もりとほぼ同じ長さになっていることがわかります。

(5)使っている道具やきかい、はたらいている人の服そうや様子は見てわかることです。1日につくるりょうやくふうなどは、聞かなければわからないことです。

ぴったり1 じゅんび

せんたく 2. はたらく人とわたしたちのくらし

1 工場の仕事②

めあて せい品をつくるくふうや、工場ではたらく人が気をつけていることをりかいしよう。

教科書 58~61ページ　答え 16ページ

次の（　）に入る言葉を、下からえらびましょう。

1 明太子ができるまで　教科書 58~59ページ

ワンポイント 原料
- 原料…あるものをつくるとき、そのもととなる材料のことをさす。
- 明太子の原料はすけとうだらのたまご。主にロシアと（① アメリカ ）でとれたものを使用している。

明太子づくりのじゅんじょ

1 たれづくり…とうがらしなどの（② 調味料 ）をまぜて、たれをつくる。せんべつ…原料となるたらこの、きず、やわらかさ、色などをチェックする。

2 たれをかける…たらこの大きさや（③ じょうたい ）に合わせて、たれのりょうをかえる。

3 じゅくせい…0度でほかんし、たれをしみこませる。

4 計りょう…1本1本（④ 重さ ）のちがう明太子を、決められた重さになるように組み合わせてパックにつめる。

5 みっぷう…きかいでようきにフィルムをはり、ふたをする。

人の手でしかできない仕事もあるんだね。

見学してわかったこと
- いろいろな（⑤ 作業 ）があり、それぞれたん当する人が決まっている。
- みっぷう後、箱につめて出荷されるまで（⑥ ライン ）がつづいていた。

2 はたらく人が気をつけていること　教科書 60~61ページ

つくりかたのくふう
- 自動で重さをはかりパックにつめる（⑦ きかい ）ができて、少人数で早く正かくにつめられるようになった。
- 新せんさを守るため、明太子の温度が10度をこえないように、タイマーで作業時間をかんりしている。
- 食べ物をあつかう工場なので、（⑧ えいせい ）に気をつけている。
- はたらく人の服そう…ぼうし、クリーン服、長ぐつ、手ぶくろ
- エアシャワーで服のちりやほこりを落とし、長ぐつのそこを消どくする。

自動の計りょうき

えらんだ言葉に✓　□えいせい □じょうたい □ライン □作業 □アメリカ □きかい □調味料 □重さ

ぴったり2 練習

ぴたトリビア すけとうだらのたまごをしおづけにしたものを「たらこ」といいます。たらこを調味料につけこんで味つけしたものが明太子です。

教科書 58~61ページ　答え 16ページ

1 次の問いに、答えましょう。

(1) あるものをつくるとき、そのもととなる材料のことを何といいますか。　（ 原料 ）

(2) 明太子づくりの作業㋐~㋔を、正しいじゅんばんにならべかえましょう。
㋐ たれをかける　㋑ みっぷう　㋒ たれづくりとせんべつ　㋓ じゅくせい　㋔ 計りょう
（ ㋒ → ㋐ → ㋓ → ㋔ → ㋑ ）

(3) 次の①~⑤の文のうち、正しいものには○を、まちがっているものには×をつけましょう。
①（ × ）明太子は、日本でとれたすけとうだらのたまごだけを使ってつくられている。
②（ × ）味にばらつきがでないよう、決まったりょうのたれをかけている。
③（ ○ ）じゅくせいするときの温度は0度である。
④（ × ）一つ一つ手作業でようきにフィルムをはり、ふたをしている。
⑤（ ○ ）1本1本重さのちがう明太子を組み合わせてパックづめしている。

2 明太子工場ではたらく人のくふうのうち、早く正かくな作業のためのくふうには㋐を、新せんさを守るためのくふうには㋑を、えいせい面のくふうには㋒を書きましょう。

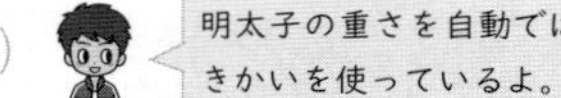
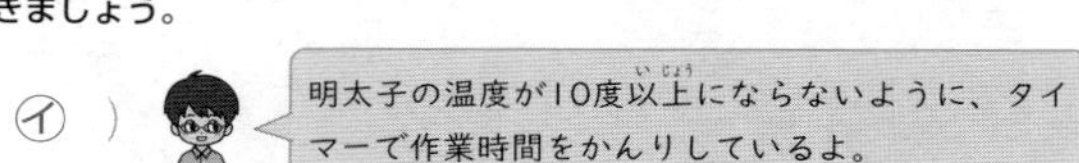

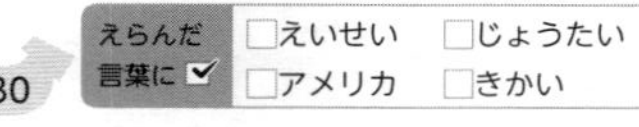

①（ ㋑ ）明太子の温度が10度以上にならないように、タイマーで作業時間をかんりしているよ。
②（ ㋒ ）エアシャワーで、服のちりやほこりを落としてから工場に入るよ。
③（ ㋐ ）明太子の重さを自動ではかって、パックにつめるきかいを使っているよ。
④（ ㋒ ）長ぐつのそこを消どくしてから作業を始めるよ。

ヒント 1 (3)② 明太子の大きさが1本1本ちがうことから考えましょう。

できたかな？
□原料とはどのようなものか、せつ明してみよう。
□明太子工場で行われているくふうにはどのようなものがあるか、れいをあげてみよう。

おうちのかたへ
食料品の工場は、実際に見るとさまざまな発見があります。服装や機械の様子、生産スピードなど、学習した知識をさらに深めることができます。企業のホームページから見学を申し込める工場もありますので、お子さんと一緒に見学してみるとよいでしょう。

練習 31ページ

1 (1)工場では、原料に手をくわえて、さまざまなものをつくっています。
(3)①明太子の原料となるすけとうだらのたまごは、主にロシアとアメリカでとれたものが使われています。②たらこの大きさやじょうたいに合わせて、たれのりょうをかえています。④手作業ではなく、きかいでフィルムをはり、ふたをしています。⑤決められた重さになるよう、1本1本計りょうしてパックにつめていきます。

2 ①明太子は生ものなので、新せんさを守るために温度に気をつけています。②④食べ物をあつかっているため、工場の中にばいきんやよごれが入らないよう、工場に入る前に身のまわりの消どくなどをていねいに行い、えいせいに気をつけています。③きかいを使うと、むずかしい作業が早く、正かくにできるようになります。明太子の重さを自動ではかってパックにつめるきかいを使うことで、多くの明太子を少ない人数でパックにつめられるようになりました。

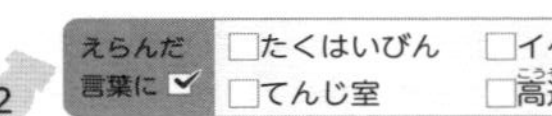

ぴったり1 じゅんび　せんたく

2. はたらく人とわたしたちのくらし

1 工場の仕事③

◎めあて　明太子と地いきのかかわりや、明太子を広めるくふうについてりかいしよう。

教科書 62〜65ページ　答え 17ページ

次の(　　)に入る言葉を、下からえらびましょう。

1 明太子はどこへ　教科書 62〜63ページ

明太子のはん売

- 工場でつくられた明太子は、店に運ばれてはん売される。
- 明太子を売る店は、ほとんどが(① 福岡県)内にあり、(② 高速道路)の近くにつくられていることが多い。
- 電話や(③ アプリ)でも注文することができ、(④ たくはいびん)で送られるため、遠くに住む人でも買うことができる。

工場でつくられる明太子が売られている店(直営店)

ワンポイント　多くの人に広めるためのくふう

- 明太子のたれを使ったツナかんづめなど、新しい商品を(⑤ 開発)している。
- 工場のちゅう車場で(⑥ イベント)を開くなど、市民が楽しめるようくふうしている。
- 工場の中に(⑦ てんじ室)をつくり、かんこう客などに市の文化やでんとうこうげい品をしょうかいしている。

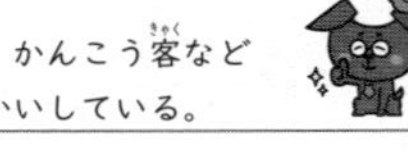

2 明太子のキャッチコピーを考える　教科書 64〜65ページ

工場ではたらく人の様子をふり返る

- 工場ではたらく人について、とくに心にのこった人の(⑧ 仕事)の様子をふり返る。
- 仕事の様子や(⑨ くふう)、わたしたちの生活とつながっているところを考えてみる。
- 学習問題について自分なりに考え、みんなで話し合う。

えらんだ言葉に☑　□たくはいびん　□イベント　□アプリ　□福岡県　□開発　□てんじ室　□高速道路　□くふう　□仕事

ぴったり2 練習

ぴたトリビア　明太子をつくるとちゅうで形がくずれてしまったり、つぶだけになってしまったりしたものでも、調理用にするなど、くふうしてはん売されています。

教科書 62〜65ページ　答え 17ページ

1 次の地図を見て、答えましょう。

(1) 次の①〜④の文について、地図から読み取れるものには○を、読み取れないものには×をつけましょう。

①(○)明太子を売る店がいちばん多いのは、福岡市である。
②(×)明太子を売る店は、福岡県以外にも5店ある。
③(○)明太子を売る店は、高速道路の近くに集まっている。
④(×)福岡県には、明太子を売る店が35店ある。

工場でつくられる明太子が売られている店(直営店)

(2) 明太子をたくさんの人に知ってもらうためのくふうを、㋐〜㋒からえらびましょう。　(㋑)

㋐ 工場の中の温度をきびしくかんりしている。
㋑ 明太子を使った新商品を開発している。
㋒ 工場の中をいつもせいけつにしている。

2 次の問いに、答えましょう。

(1) 工場ではたらく人の様子をふり返り、話し合いを行います。次の㋐〜㋒を、話し合いを行うじゅんばんにならべかえましょう。

㋐ 学習問題について自分なりに考え、みんなで話し合う。
㋑ 工場ではたらく人について、とくに心にのこった人の仕事の様子をふり返る。
㋒ 調べたことから、仕事の様子やくふう、わたしたちの生活とつながっているところを考える。

(㋑ → ㋒ → ㋐)

(2) 次のせんでん文に合うキャッチコピーを、㋐〜㋒からえらびましょう。

①(㋒)明太子は地元の人々がほとんど手作業でていねいにつくっています。
②(㋐)明太子は70年以上も前にはじめてつくられ、味の研究を重ねてげんざいの明太子ができあがりました。

㋐ 福岡のでんとうをつたえる　㋑ 全国で親しまれる明太子
㋒ あいじょうたっぷり明太子

ヒント　1 (1) 地図中の記号や線が何を表しているのかをかくにんして読み取りましょう。

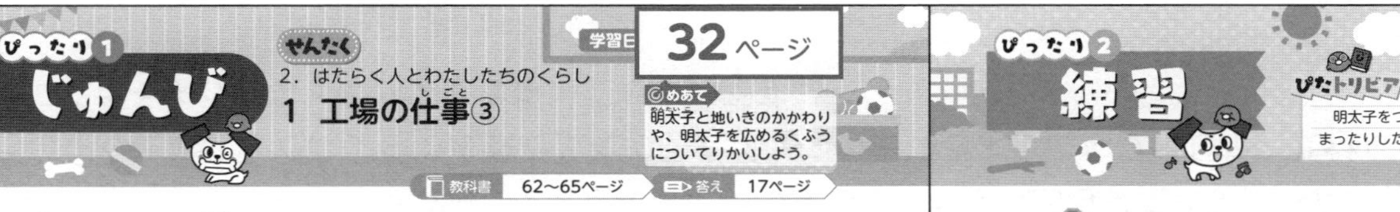

できたかな?

□できあがった明太子はどこで売られているか、せつ明してみよう。
□明太子を広めるためのくふうにはどのようなものがあるか、れいをあげてみよう。

おうちのかたへ

各地域には、おみやげとして売られている名物が数多くあります。住んでいる地域で売られている名物にはどのようなものがあるのか、また、どこでつくられているのかなどを調べてみるとよいでしょう。

練習　33ページ

1 (1)①地図を見ると、店がある場所をしめす赤丸がいちばん多いのが福岡市です。②福岡県以外では、東京都に2店、大阪府に1店あるので、合計3店です。③地図を見ると、主な高速道路をしめす線の近くに店が集まっていることがわかります。④福岡県内の店の数は32店です。

(2)㋑多くの人にふだんから明太子を食べてもらえるよう、明太子のたれを使ったツナかんづめなどの新しい商品が開発されています。㋐は生ものである明太子の新せんさを守るため、㋒は食べ物をあつかっているため、工場の中にばいきんやよごれが入らないようにするためのくふうです。

2 (2)①手作業でていねいにつくっているという部分から、あいじょうがこめられている商品であることがつたわります。②70年以上も前につくられ、味の研究が重ねられてきたという部分から、でんとうのある商品であることがつたわります。

せんたく 2. はたらく人とわたしたちのくらし

1 工場の仕事

34ページ

/100 ごうかく80点

教科書 54〜65ページ　答え 18ページ

1 次の地図とグラフを見て、答えましょう。 1つ5点（30点）

(1) よく出る 工場がいちばん多い区を地図からえらびましょう。（ 東区 ）

(2) 工場がいちばん少ない区を地図からえらびましょう。（ 城南区 ）

(3) 博多区には工場がいくつあるか、数字を書きましょう。（ 34 ）

(4) 地図から読み取れることを、㋐〜㋒からえらびましょう。（ ㋑ ）

㋐ 工場は市の西がわに集まっている。
㋑ 工場は交通きかんに近く、海に面した区に多い。
㋒ 工場は海に面していない区に多い。

(5) 明太子工場はグラフの中のどのしゅるいの工場ですか。
（ 食べ物や飲み物 ）をつくる工場

(6) 作図 福岡市の「いんさつ工場」の数は21です。右のグラフにぼうをかきいれて、グラフを完成させましょう。 技能

市で30人以上の人がはたらいている工場の数

2 明太子工場の見学でわかったことのうち、見てわかったことを、㋐〜㋕から3つえらびましょう。 1つ5点（15点）

（順不同）（ ㋑ ）（ ㋒ ）（ ㋔ ）

㋐ 工場では、1日にやく3トンの明太子をつくることができる。
㋑ 明太子づくりは、作業ごとにたん当する人が決まっている。
㋒ できあがった明太子をみっぷうした後、箱につめて出荷されるまでラインがつづいている。
㋓ 工場ではたらく人たちは、市内のいろいろな場所から集まってきている。
㋔ 工場ではたらく人たちは、ぼうしをかぶり、クリーン服を着ている。
㋕ 明太子の原料は、主にロシアとアメリカでとれたものを使用している。

35ページ

3 次の地図を見て、答えましょう。 1つ5点（30点）

(1) 次の文中の①〜⑤にあてはまるものを、㋐〜㋖からえらびましょう。

明太子を売る店が（① ㋔ ）の近くに集まっているのは、（② ㋑ ）を使って工場から店まで運ばれているからだと考えられる。
また、福岡市には（③ ㋓ ）の駅や空港があるため、全国から多くの人が仕事や（④ ㋕ ）などでおとずれる。明太子を（⑤ ㋒ ）として買う人が多いため、店が集まっていると考えられる。

工場でつくられる明太子が売られている店（直営店）

㋐ 船　㋑ トラック　㋒ おみやげ　㋓ 新かん線
㋔ 高速道路　㋕ かんこう　㋖ バス

記述 (2) 全国の人が福岡県をおとずれなくても明太子を買うことができるよう、どのようなくふうがされていますか。かんたんに書きましょう。 思考・判断・表現

（れい）電話やアプリでも注文できるようにし、たくはいびんで送っている。

4 次の問いに、答えましょう。 1つ5点（25点）

(1) よく出る 次の①〜④の作業は何のために行われていますか。㋐〜㋓からえらびましょう。

①（ ㋑ ）エアシャワーで服のほこりを落とし、長ぐつのそこを消どくする。
②（ ㋒ ）ほかんれいぞう庫からたらこを出すときは、タイマーをセットする。
③（ ㋐ ）たらこにかけるたれのりょうをかえる。
④（ ㋓ ）できあがった明太子を1本1本計りょうする。

㋐ たらこの大きさやじょうたいに合わせるため。
㋑ 工場の中にばいきんやよごれが入らないようにするため。
㋒ 明太子は生ものなので、温度が高くならないよう作業時間をかんりするため。
㋓ 決められた重さにそろえてパックに入れるため。

記述 (2) てきたらスゴイ！ 明太子の重さを自動ではかり、パックにつめるきかいができたことで、作業はどのようにかわりましたか。かんたんに書きましょう。 思考・判断・表現

（れい）多くの明太子を、少ない人数でパックにつめられるようになった。

ふりかえり ③(2)がわからないときは、32ページの1にもどってかくにんしてみよう。

この本の終わりにある「夏のチャレンジテスト」をやってみよう！

たしかめのテスト 34〜35ページ

1 (1)東区には大きな円が4つと小さな円が9つで49の工場があり、いちばん工場が多い区であることがわかります。

(2)いちばん工場が少ない区は、小さい円が2つの城南区です。

(3)博多区には大きな円が3つ、小さな円が4つあるので34です。

(4)工場が多い東区や博多区、中央区は、博多港、博多駅、福岡空港などの交通きかんに近く、海に面しているというとくちょうがあります。

(6)20の目もりが入っているので、それを少しこえた長さのぼうを書きます。

3 (2)店のほとんどが福岡県にあるため、電話やアプリからも注文できるようにし、店をおとずれなくても買えるようにしています。電話やアプリのほかに、インターネットと書いてもよいです。

4 (1)①食べ物をあつかう工場なので、えいせいに気をつけています。②作業がおくれて、明太子の温度が10度より高くならないようにしています。④明太子は1本1本重さがちがうため、決められた重さになるよう計りょうしています。

記述問題のプラスワン

4 (2)計りょうはやわらかい明太子をしん重にあつかわなければならないため、大へんな作業です。しかし、自動計りょうきができたことで、少ない人数で多くの明太子をつめられるようになりました。「計りょうとパックづめが早く、正かくにできるようになった」などと書いてもよいです。

ぴったり1 じゅんび

2. はたらく人とわたしたちのくらし

2 店ではたらく人①

学習日

36ページ

◎めあて 地いきにある店のしゅるいや、店をえらぶ理由について考えてみよう。

教科書 66~69ページ　答え 19ページ

次の(　)に入る言葉を、下からえらびましょう。

1 よく買い物に行く店／買い物調べ

教科書 66~69ページ

いろいろなしゅるいの店

- **商店がい**…店が集まっているところや、通りのこと。さまざまな店がある。
- みんなが行く店には、(① スーパーマーケット)、八百屋や肉屋、コンビニエンスストアなどがある。その店に行くわけを家の人にしつもんしてみる。

ワンポイント しつもんカードのつくり方

- はじめに自こしょうかいをして、しつもんの(② もくてき)を書く。
- 何をどのように調べたいのか(③ 整理)してからしつもんをつくる。
- しつもんをつくるときに(④ まとめ方)も考えておく。
- さいごにお礼の言葉を書く。

しつもんカードの集計

- (⑤ 白地図)とグラフにまとめ、気づいたことを話し合う。
- 商店がいは、(⑥ 駅)の近くにある。
- 家からはなれたスーパーマーケットには、大きな(⑦ ちゅう車場)がある。

家の人がよく行く店

はなれたところにある大きなスーパーマーケット	近くのスーパーマーケット①	近くのスーパーマーケット②	八百屋さん	お肉屋さん	コンビニエンスストア	通信はん売

しつもんカードの集計けっか

大きなスーパーマーケットに行くわけ

- ちゅう車場が広いので(⑧ 車)で行ける。
- いろいろな品物を一度に買える。

駅や家の近くの商店がいに行くわけ

- 仕事の帰りに買い物ができる。
- 近いので、ひつようなときにすぐに行ける。

通信はん売で買うわけ

- 重い品物を家までとどけてもらえる。
- いつでも、どこでも(⑨ 注文)ができる。

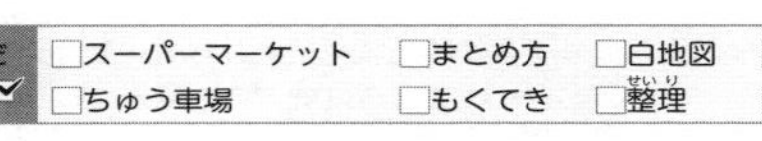

えらんだ言葉に✓　□スーパーマーケット　□ちゅう車場　□まとめ方　□もくてき　□白地図　□整理　□注文　□駅　□車

ぴったり2 練習

学習日

37ページ

ぴたトリビア 英語でコンビニエンスは「べんりな」、ストアは「店」という意味です。コンビニエンスストアは「べんりな店」という意味になります。

教科書 66~69ページ　答え 19ページ

1 次の地図を見て、答えましょう。

(1) 次の①~④の文のうち、正しいものには○を、まちがっているものには×をつけましょう。

① 行く人がいちばん多い店は、学校の南がわにある。(○)

② 行く人がいちばん多い店は、遠くにある大きなコンビニエンスストアである。(×)

③ 地図の中ではコンビニエンスストアの数がいちばん多く、4けんある。(×)

④ コンビニエンスストアに行く人の合計はスーパーマーケットに行く人の合計よりも多い。(×)

家の人がよく行く店
＊家の人が行く店にしるしをつけた。

(2) 店が集まっているところや通りのことを何といいますか。
(商店がい)

(3) 次の店で買い物をするわけを、㋐~㋓からえらんで線でむすびましょう。

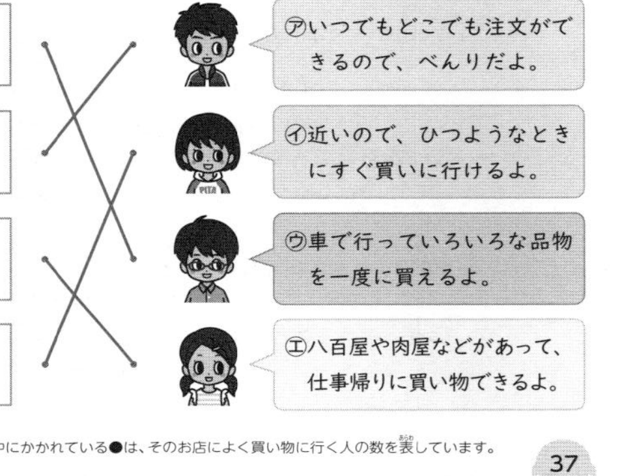

ヒント 1 (1) 地図の中にかかれている●は、そのお店によく買い物に行く人の数を表しています。

できたかな?
□家の人がどのような店で買い物をしているのか、れいをあげてみよう。
□商店がいとはどのようなところか、せつ明してみよう。

おうちのかたへ
お子さんと一緒に買い物に出かけた際に、それぞれの店の特徴など、気づいたことを話し合ってみてください。

練習 37ページ

1 (1)①②●がいちばん多いのは、学校の南がわのはなれたところにある大きなスーパーマーケットで、●の数は15です。③地図の中にかかれているコンビニエンスストアは3けんです。④コンビニエンスストアに行く人の合計は1+1+1で3人、スーパーマーケットに行く人の合計は10+12+15で37人です。

(3)①大きなスーパーマーケットは、ちゅう車場が広く、さまざまなしゅるいの品物が売られていることがとくちょうです。②通信はん売は、いつでもどこでも注文することができ、重い品物も家までとどけてもらえるというとくちょうがあります。③商店がいは、さまざまなしゅるいの店が集まっています。駅の近くにあると、仕事帰りなど、電車で帰ってきたあとにりようしやすいです。④近くのお店へは自転車や歩いて行くことができるため、ひつようなときにすぐに買い物をすることができます。

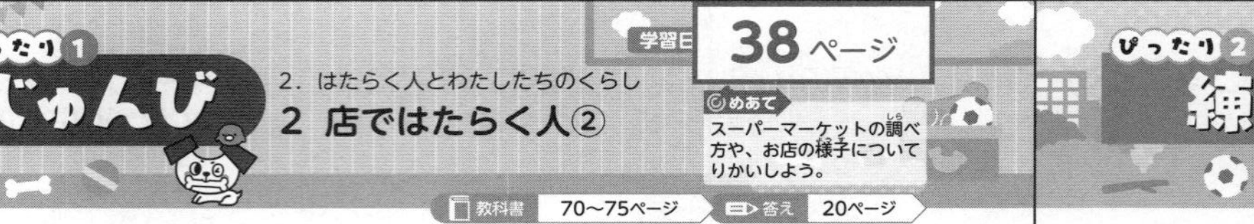

ぴったり1 じゅんび

2. はたらく人とわたしたちのくらし

2 店ではたらく人②

学習日 38ページ

めあて スーパーマーケットの調べ方や、お店の様子についてりかいしよう。

教科書 70〜75ページ　答え 20ページ

次の(　)に入る言葉を、下からえらびましょう。

1 スーパーマーケットについて話し合う

教科書 70〜71ページ

調べること

- 売っている品物としゅるい。品物がどこから来ているか。
- はたらいている人の数や仕事の内容。お客さんに来てもらうためのくふう。

調べ方

- はたらいている人やお客さんに(① インタビュー)する。
- 店長さんに(② 売り方)のくふうを教えてもらう。

2 スーパーマーケットの様子

教科書 72〜75ページ

ワンポイント 見学のときに気をつけること

- 店の人の仕事や、(③ お客さん)のじゃまにならないようにする。
- (④ 品物)には手をふれないようにする。
- 話を聞くときは(⑤ あいさつ)をして、終わったらお礼を言う。

見学してわかったこと

- 売り場には(⑥ かんばん)がついている。
- 通路が広く、品物がきれいにならべられている。
- 売り場の品物は、(⑦ しゅるい)ごとにまとめて売られている。
- (⑧ やさい)がいろいろな大きさに切って売られている。
- 魚や肉を切って売ったり、調理したそうざいを売ったりしている。
- ほかの市や県、外国から来たものが売られている。
- お店の人が品物をならべていた。
- 売り場の(⑨ 外)ではたらく人がいる。

品物を売るためのいろいろなくふうがありそうだね。

売り場のかんばん

いろいろな大きさに切られたやさい

えらんだ言葉に✓　□インタビュー　□かんばん　□あいさつ　□売り方　□外　□しゅるい　□お客さん　□やさい　□品物

ぴったり2 練習

学習日 39ページ

ぴたトリビア 「そうざい」はごはんといっしょに食べるおかずのことで、スーパーマーケットではコロッケやからあげなど、さまざまなそうざいが売られています。

教科書 70〜75ページ　答え 20ページ

1 次の学習問題についてのメモの①〜④にあてはまる言葉を、㋐〜㋓からえらびましょう。

学習問題「スーパーマーケットではたらく人は、たくさんのお客さんに来てもらうために、どのようなくふうをしているのでしょうか。」

●調べること

- 売っている(① ㋒)のしゅるい。
- たくさんの品物は、どこから来ているのか。
- 品物を見つけやすくするために、どのようなことをしているか。
- はたらいている人の数や仕事の内容。
- たくさんの(② ㋐)に来てもらうためにどのようなくふうをしているか。

●調べ方

- じっさいにスーパーマーケットに見学に行って調べる。
- スーパーマーケットで(③ ㋓)やお客さんにインタビューする。
- 見学してわかったことをノートやメモに書いておく。
- 店長さんに売り方の(④ ㋑)を教えてもらう。

㋐ お客さん　㋑ くふう　㋒ 品物　㋓ はたらいている人

2 次の①〜③の様子にあてはまるものを、スーパーマーケットの絵の中の㋐〜㋔からえらびましょう。

① 売り場の外ではたらいている人がいる。
② 売り場には、品物のしゅるいごとにかんばんがついている。
③ お店の人が売り場で品物をならべている。

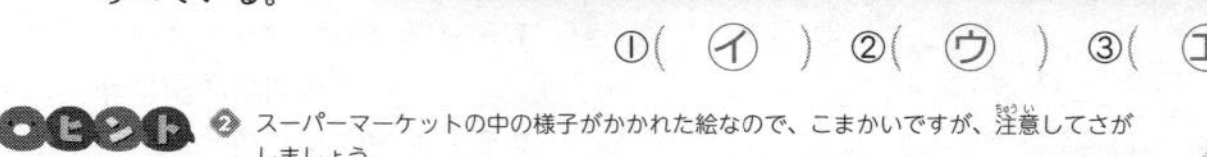

①(㋑)　②(㋒)　③(㋓)

ヒント 2 スーパーマーケットの中の様子がかかれた絵なので、こまかいですが、注意してさがしましょう。

できたかな?

□スーパーマーケットの売り場を見て、気づいたことをあげてみよう。

おうちのかたへ

買い物をするときに、お子さんと一緒にスーパーマーケットへ行き、店の様子を実際に見せると理解が深まります。買う品物を探す手伝いをしてもらったり、一緒に品物を選んだりしてみてください。

練習 39ページ

1 ①②スーパーマーケットはいろいろな品物を売っています。買いたい品物が見つけやすく、また、よい品物が売られていれば、お客さんもたくさん買いに来ます。③インタビューとは、調べたり記事にしたりするために、人に会って話を聞くことです。

2 ①㋑は魚売り場のうしろにある、売り場の外の部屋で魚をさばいている様子です。それぞれの売り場のうしろにある部屋では、その売り場にならべる品物のじゅんびをしています。②㋒は品物のしゅるいが書かれたかんばんです。③㋓はお店の人が品物をならべている様子です。ほかにも、パソコンを使って仕事をする人や、品物をカートにのせて売り場に出す人、レジではたらく人、サービスカウンターでお客さんの対応をする人などがいることがわかります。

ぴったり1 じゅんび

2. はたらく人とわたしたちのくらし

2 店ではたらく人③

学習日 40ページ

めあて 産地の調べ方や、商品の売り方のくふうについてりかいしよう。

教科書 76〜79ページ　答え 21ページ

次の（　）に入る言葉を、下からえらびましょう。

1 品物はどこから　教科書 76〜77ページ

ワンポイント 品物の産地

- 産地…やさいやくだもの、肉や魚などの、つくられた場所やとれた場所のこと。
- 産地がわかるものには、（① ねふだ （①・②は順不同））、パッケージのシール、やさいやくだものなどに直せつはってあるシール、（② だんボール （①・②は順不同））などがある。
- 台湾バナナのように、品物の（③ 名前 ）に産地のヒントがあることもある。

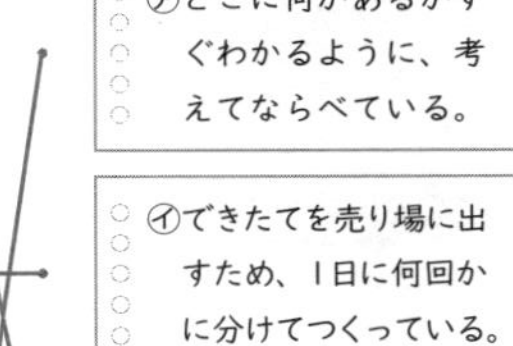

産地がわかるだんボール

産地のかくにん

- 産地やその国の国旗を（④ 地図帳 ）でたしかめてみる。
- （⑤ 国旗 ）…国を表すめじるし。ねがいや気持ちがこめられている。

2 店ではたらく人　教科書 78〜79ページ

売り方のくふう

- お客さんが品物をさがしやすいよう、しゅるいごとにかんばんをつける。
- 品しつ…おいしさや新せんさなど、品物のよしあしのこと。品しつのよい品物を売ることで、お客さんに（⑥ 信用 ）されるようになる。

お客さんのねがいをかなえるくふう

- お客さんが（⑦ ひつよう ）なりょうを買えるように、やさいや魚をいろいろな大きさに切って売り場に出す。
- おいしく食べてもらうために、1日に何回かに分けてそうざいをつくる。
- （⑧ コンピューター ）で売れぐあいを調べながら品物を注文する。
- どこに何があるかすぐわかるように考えてならべる。

やさいを切る人

天ぷらをつくる人

じむしょではたらく人

やさいをならべる人

えらんだ言葉に☑　□コンピューター　□ひつよう　□地図帳　□信用　□だんボール　□ねふだ　□国旗　□名前

ぴったり2 練習

学習日 41ページ

ぴたトリビア スーパーマーケットでは、お店のご意見箱やホームページなどによせられたお客さんの声を、お店づくりに生かしています。

教科書 76〜79ページ　答え 21ページ

1 次の地図を見て、答えましょう。

(1) 次の品物は、どこから運ばれてきますか。地図の中からえらびましょう。

① にんじん　（ 北海道 ）

② もも　（ 福島県 ）

③ 牛肉　（ アメリカ ）

④ たまねぎ　（ 北海道 ）

⑤ キウイフルーツ　（ ニュージーランド ）

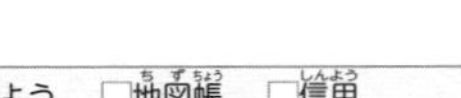

(2) やさいやくだもの、肉や魚などの、つくられた場所やとれた場所のことを何といいますか。　（ 産地 ）

2 買う人のねがいに合わせたくふうを、㋐〜㋓からえらんで線でむすびましょう。

① ほしい品物が買えるように品切れがないようにしてほしいな。

② 調理に手間のかからないお肉やお魚がほしいな。

③ それぞれの家族がほしい分だけ買えるようにしてほしいな。

④ 品物が見やすいようにならべてほしいな。

㋐どこに何があるかすぐわかるように、考えてならべている。

㋑できたてを売り場に出すため、1日に何回かに分けてつくっている。

㋒コンピューターで売れぐあいを調べて、注文する数を決める。

㋓ひつようなりょうを買えるように、いろいろな大きさに切っている。

ヒント 1 それぞれの品物が、地図中のどこにしめされているのか、さがしてみましょう。

できたかな？

□品物の産地を調べるにはどこを見ればいいか、れいをあげてみよう。

□スーパーマーケットがお客さんに来てもらうために行っているくふうにはどのようなものがあるか、れいをあげてみよう。

おうちのかたへ

お子さんと一緒にスーパーマーケットへ行き、品物の産地がどこに書かれているか探してみてください。

練習　41ページ

1 (1)スーパーマーケットで売られている品物は、日本の各都道府県や外国など、さまざまな場所から運ばれてきます。

(2)産地はねふだやパッケージのシール、だんボールなどに書かれています。また、品物の名前からわかることもあります。

2 ①スーパーマーケットのじむしょでは、コンピューターで売れぐあいを調べながら、ひつような品物を注文しています。②スーパーマーケットでは、コロッケやからあげ、天ぷらなど、調理されたさまざまなしゅるいのそうざいが売られています。お客さんがおいしく食べられるよう、1日に何回かに分けてつくり、できたてを売り場に出せるようにくふうしています。③家族の人数によってひつようなりょうがちがうため、大きなやさいなどは、半分や4分の1など、さまざまな大きさに切って売り場に出しています。④お客さんが買い物をしやすいように、品物のならべ方をくふうしています。

2. はたらく人とわたしたちのくらし
2 店ではたらく人

42ページ

/100　ごうかく80点

教科書 66~79ページ　答え 22ページ

1 次の地図と図を見て、答えましょう。　1つ5点（25点）

(1) 次のせつ明にあてはまるお店を、地図の中の㋐~㋒からえらびましょう。

①（ ㋑ ）八百屋や肉屋など、いろいろなお店がたくさん集まっている。

②（ ㋒ ）いろいろな品物を一度に買える。また、ちゅう車場が広いので、車で行くこともできる。

(2) 近くのスーパーマーケット①によく買い物に行く人は何人ですか。数字を書きましょう。

（ 12 ）人

(3) スーパーマーケットとコンビニエンスストアでは、どちらに買い物に行く人が多いですか。多いほうを書きましょう。　技能

（ スーパーマーケット ）

記述 (4) 通信はん売でよく買い物をする人は、どのような理由で通信はん売をえらんでいると考えられますか。かんたんに書きましょう。　思考・判断・表現

（(れい) 重い品物を家までとどけてもらえるから。時間があるときに、いつでもどこでも注文ができるから。）

家の人がよく行く店の集計けっか

2 スーパーマーケットの見学についてせつ明した次の文のうち、正しいものには○を、まちがっているものには×をつけましょう。　1つ5点（30点）

①（ × ）いろいろな人に話を聞くため、売り場がこんでいて、いちばんいそがしいときに見学に行く。

②（ × ）売り場にならんでいる品物は、さわってたしかめてみる。

③（ ○ ）売り場を歩いて、品物のしゅるいや売り方をかんさつする。

④（ ○ ）見学してわかったことをメモに書きこむ。

⑤（ ○ ）店の人や、お客さんのじゃまにならないようにする。

⑥（ ○ ）話を聞くときはあいさつをして、終わったらお礼を言う。

42

43ページ

3 次の問いに、答えましょう。　1つ5点（25点）

(1) よく出る 次の絵はスーパーマーケットではたらく人の様子です。絵にあてはまる仕事を、㋐~㋓からえらびましょう。

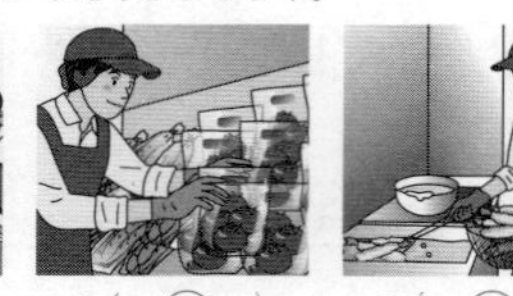

①（ ㋓ ）　②（ ㋑ ）　③（ ㋐ ）　④（ ㋒ ）

㋐ できたてのものを売り場に出せるように、1日に何回かに分けてつくる。

㋑ どこに何があるのかがすぐわかるように、やさいやくだものをならべる。

㋒ お客さんがひつようなりょうを買えるように、いろいろな大きさに切って売り場に出す。

㋓ コンピューターで売れぐあいを調べながら、ひつような品物を注文する。

記述 (2) てきたらスゴイ！ 売り場で買いたい品物がすぐに見つかる理由を、右の絵を見てかんたんに書きましょう。　思考・判断・表現

（(れい) 上のほうの大きなかんばんに、品物がある場所が書いてあるから。）

4 次の問いに、答えましょう。　1つ5点（20点）

(1) よく出る 右の絵を見てわかることは何ですか。㋐~㋓からえらびましょう。　（ ㋐ ）

㋐ 品物の産地　㋑ 品物のねだん

㋒ 品物の数りょう　㋓ 品物の品しつ

(2) 次の文の①~③にあてはまる言葉を、あとの□からえらびましょう。

> 品物の産地は、売り場に表示される（①）に、ねだんといっしょに書かれている。また、品物のパッケージにはってある（②）や、やさいやくだものなどにはってある（②）にも産地が書かれている。台湾バナナや熊本みかんなどのように、品物の（③）を見ると産地がわかるものもある。

①（ ねふだ ）　②（ シール ）　③（ 名前 ）

シール　かんばん　名前　品しつ　しゅるい　ねふだ　バーコード

ふりかえり 4(2)がわからないときは、40ページの1にもどってかくにんしてみよう。

43

たしかめのテスト 42~43ページ

1 (1)①商店がいは、肉屋、魚屋、八百屋など、生活にひつような品物を売っている店が集まっているので、いくつかの店を回って買い物をするのにべんりです。

(2)図の●は集計した人数を表しています。「近くのスーパーマーケット①」のらんには●が12あります。

(3)「はなれたところにある大きなスーパーマーケット」と「近くのスーパーマーケット①、②」の●の合計は37、「コンビニエンスストア」の●の合計は3なので、スーパーマーケットの方が多いです。

2 ①売り場がこんでいていそがしいときはさけ、すいているときに見学に行きます。②品物はかってにさわらないようにします。

3 (2)絵のかんばんには品物のしゅるいが大きく書かれています。「かんばんで品物の売り場がわかる」といったことが書けていればよいです。

4 (1)だんボールの箱には、やさいの名前とそれぞれの産地が書かれています。

記述問題のプラスワン

1 (4)通信はん売は、店に行かなくても家や外出先などからも商品を注文することができるのでべんりです。また、たくはいびんでとどけてもらえるので、重い品物を自分で運ぶひつようがありません。「いそがしくて買い物に行く時間がないから」「仕事をしていて、店があいている時間に買い物に行けないから」などと書いてもよいです。この問題では「理由」を聞いているので、文の終わりは「~から」「~ため」としましょう。

ぴったり1 じゅんび

2. はたらく人とわたしたちのくらし

2 店ではたらく人④

◎めあて お客さんのねがいをかなえるためのくふうや、新聞のつくり方をりかいしよう。

教科書 80～83ページ　答え 23ページ

次の（　）に入る言葉を、下からえらびましょう。

1 お客さんのねがいをかなえるために　教科書 80～81ページ

✪ べんりに買い物をしてもらうためのくふう

- 大きな（① ちゅう車場 ）があると、となりの町からでも車で買い物に来ることができる。
- スマートフォンの（② アプリ ）を使うと、安い品物がわかったり、ポイントがたまったりして、おとくに買い物ができる。

❶ スマートフォンのアプリ

✪ 安心して買い物をしてもらうためのくふう

- 品物の新せんさだけではなく、（③ 消ひ期げん ）やつくった人がだれかわかるようにしている。
- （④ 車いす ）のかし出しや、手つだいがひつような人には、店の人が買い物の手つだいをしている。
- お年よりが休める休けいスペースをつくったり、小さな子どものいる家庭向けに、（⑤ わり引き ）サービスをしたりしている。

❶ 品物をつくった人がわかる売り場

ワンポイント 地いきこうけん

- 地いきこうけん…品物を売るだけではなく、地いきの人々の役に立つようにすること。
- スーパーマーケットではリサイクルコーナーをせっちし、（⑥ ごみ ）をへらすための取り組みを行っている。

❶ リサイクルコーナー

2 調べたことを話し合い、新聞にまとめる　教科書 82～83ページ

✪ 新聞のまとめ方

- 調べたことをもとに、スーパーマーケットではたらく人のくふうをまとめる。
- 記事には、調べてわかった（⑦ 事実 ）だけを書く。
- さいごに、事実を知って自分自身が考えた（⑧ 感想 ）を書く。
- 記事に（⑨ 写真 ）や絵をくわえると、わかりやすくなる。

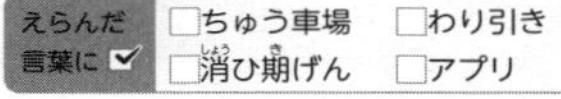
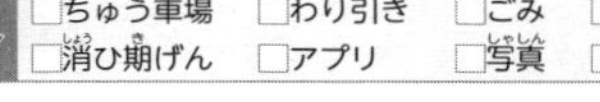

えらんだ言葉に✔　□ちゅう車場　□わり引き　□ごみ　□感想　□車いす　□消ひ期げん　□アプリ　□写真　□事実

ぴったり2 練習

ぴたトリビア リサイクルされた牛にゅうパックは紙の原料に、食品トレーはプラスチックせい品の原料になります。

教科書 80～83ページ　答え 23ページ

1 スーパーマーケットが、お客さんのねがいをかなえるために行っているくふうについて、答えましょう。

(1) 次の絵はスーパーマーケットで行われているくふうを表しています。それぞれの絵にあてはまる文を、㋐～㋓からえらびましょう。

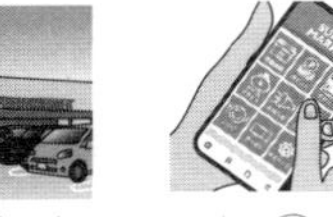

①（ ㋓ ）　②（ ㋒ ）　③（ ㋐ ）　④（ ㋑ ）

㋐ お客さんに安い品物を知らせたり、ポイントをつけたりして、おとくに買い物ができるようにしている。

㋑ つくった人がだれかわかるようにすることで、安心して買い物ができるようにしている。

㋒ 少しはなれたところに住んでいる人も、車で買い物に来ることができるように、広いちゅう車場をもうけている。

㋓ 手つだいがひつようなお客さんには、店ではたらく人がついて、買い物の手つだいをする。

(2) 品物を売るだけでなく、地いきの人々の役に立つようにすることを、何といいますか。（ 地いきこうけん ）

(3) 右の絵は何を表していますか。あてはまるものを、㋐～㋓からえらびましょう。（ ㋒ ）

㋐ 車いすかし出しコーナー
㋑ おかいどく品コーナー
㋒ リサイクルコーナー
㋓ レジぶくろを配るコーナー

2 新聞のまとめ方として正しいものには○を、まちがっているものには×をつけましょう。

①（ × ）新聞には、文しょうだけをのせるようにする。
②（ × ）記事には、調べてわかった事実以外にも、まだかくにんできていないこともくわえる。
③（ ○ ）さいごに、事実を知って自分自身が考えた感想を書く。

ヒント ❶(3) 絵の中のボックスに書かれている文字に注目しましょう。

できたかな？

□地いきこうけんとはどのようなことか、せつ明してみよう。
□スーパーマーケットがお客さんのねがいをかなえるために行っているくふうにはどのようなものがあるか、れいをあげてみよう。

おうちのかたへ

よく買い物に行くスーパーマーケットでは、お客さんのためにどのようなくふうがされているか、お子さんと一緒に行って探してみてください。

練習 45ページ

❶ (1)①は車いすがひつような人の買い物を、店の人が手つだっている様子です。車いすのかし出しを行っている店もあります。②はスーパーマーケットの広いちゅう車場の様子です。広いちゅう車場があると、近くに住んでいる人だけでなく、はなれたところからも車で買い物に行くことができます。③はスーパーマーケットのスマートフォンのアプリを表しています。スマートフォンでいつでも安い品物やポイントなどをかくにんすることができます。④はやさいをつくった人の写真がある売り場の様子です。だれがつくったかわかるようにすることで、お客さんが安心して買えるようにしています。

(3)「牛乳パック」「食品トレー」「回収」などの文字が書かれていることから、リサイクルコーナーであることがわかります。

❷ ①文しょうだけでなく、写真や絵をくわえることで、わかりやすくなります。②記事には、調べてわかった事実を書きます。

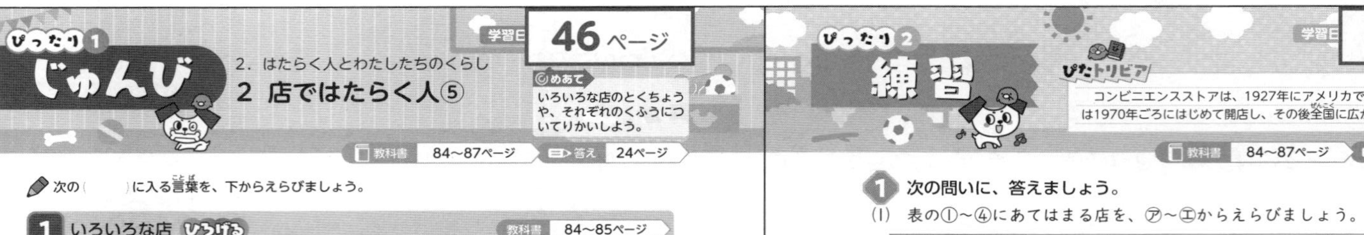

ぴったり1 じゅんび

2. はたらく人とわたしたちのくらし

2 店ではたらく人⑤

46ページ

めあて いろいろな店のとくちょうや、それぞれのくふうについてりかいしよう。

教科書 84〜87ページ　答え 24ページ

次の（　）に入る言葉を、下からえらびましょう。

1 いろいろな店 ひろげる　教科書 84〜85ページ

いろいろな店のとくちょう

近所の店	●（① 自転車 ）や歩いて買い物に行くのにべんり。 ●顔見知りなのでサービスしてくれることもある。
商店がい	●いろいろな店が集まっているのでべんり。 ●たくさんの店が（② 協力 ）し合い、お客さんをよぶくふうをしている。
大型せんもん店	●せんもんにしている品物のしゅるいがたくさんある。 ●品物にくわしい（③ 店員 ）さんがいる。
コンビニエンスストア	●朝早い時間や夜おそくでも開いているのでべんり。 ●食べ物や日用品など、品物のしゅるいが多い。
ショッピングセンター	●広いしき地に、せんもん店などが集まっている。 ●（④ 自動車 ）で行くのにべんりな場所にあり、大きなちゅう車場がある。

ワンポイント いどうする店

●いどうはん売車は、（⑤ トラック ）で日用品や食品を運び、はん売する。
●店が少ない地いきに住む人や、買い物に出かけにくい人も、家の近くでひつようなものを買うことができる。

2 はたらく人とわたしたちとのつながり　教科書 86〜87ページ

地いきの仕事とわたしたちの生活とのつながり

●（⑥ 農家 ）の人がつくるやさいやくだもの、（⑦ 工場 ）でつくられた商品をお店で売るので、農家と工場、お店の仕事はつながっている。
●つくる人も売る人も、よい（⑧ 品しつ ）のものを、たくさんの人に買って食べてもらいたいという（⑨ ねがい ）を持っている。

えらんだ言葉に✓　□トラック　□自動車　□ねがい　□協力　□店員　□品しつ　□自転車　□工場　□農家

46

ぴったり2 練習　47ページ

ぴたトリビア　コンビニエンスストアは、1927年にアメリカで生まれました。日本では1970年ごろにはじめて開店し、その後全国に広がりました。

教科書 84〜87ページ　答え 24ページ

1 次の問いに、答えましょう。

(1) 表の①〜④にあてはまる店を、㋐〜㋓からえらびましょう。

① ㋑	●自転車や歩いて買い物をするときにべんり。 ●顔見知りなのでサービスしてくれることもある。
② ㋓	●いろいろな店が集まっているのでべんり。 ●たくさんの店が協力し合って、お客さんをよぶくふうをしている。
③ ㋐	●せんもんにしている品物のしゅるいがたくさんある。 ●品物にくわしい店員さんがいる。
④ ㋒	●品物のしゅるいが多く、朝早い時間や夜おそくでも開いているのでべんり。 ●いろいろなところにあり、お金を引き出したり、コピーをしたりすることもできる。

㋐ 大型せんもん店　㋑ 近所の店
㋒ コンビニエンスストア　㋓ 商店がい

(2) 店が少ない地いきに住む人や、買い物に出かけにくい人が、家の近くでひつようなものを買えるよう、トラックで日用品や食品などを運び、はん売する店を何といいますか。
（ いどうはん売 ）車

2 次の地いきの仕事と、それにあてはまる仕事のくふうを、㋐〜㋒からえらんで線でむすびましょう。

① 農家の仕事
② 工場の仕事
③ お店の仕事

㋐品しつのよさや産地を考えて売り場にならべているよ。
㋑えいせいに気をつけて、ていねいにつくっているよ。
㋒きせつに合わせた育て方をしているよ。

ヒント 1 (1)② いろいろな店が集まっていることに注目しましょう。
③ インターネットを使ったはん売も行っています。

47

できたかな？
□スーパーマーケットのほかにはどのような店があるか、れいをあげてみよう。

おうちのかたへ
地域にはどのような店があるのか、また、それぞれの店の特徴や工夫について、お子さんと話し合ってみてください。

練習 47ページ

1 (1)②商店がいは、魚屋や肉屋、八百屋など、いろいろな店が集まっています。商店がいの店が同じサービスをしたり、イベントをしたりするなど、協力してお客さんをよぶくふうをしています。③たとえば、カメラや電気せい品などをせんもんに売っている大きな店では、品物についてくわしい店員さんがいて、いろいろせつ明をしてくれます。また、品物のしゅるいが多く、小さな店では売られていないものでも見つかることがあります。④いろいろなところにあり、生活にひつような食べ物や日用品が、ほどよくそろっているのでべんりです。
(2)週に一度や二度など、地いきごとに曜日を決めてはん売することが多いです。

2 ㋐売り場にならべるという部分から、お店の仕事であることがわかります。㋒きせつに合わせて育てるという部分から、農家の仕事であることがわかります。

2. はたらく人とわたしたちのくらし
2 店ではたらく人

48ページ

/100 ごうかく80点

教科書 80〜87ページ　答え 25ページ

1 次の問いに、答えましょう。 1つ5点（45点）

(1) よく出る スーパーマーケットのお客さんのねがいと、それにこたえた店のくふうを、㋐〜㋓からえらんで線でむすびましょう。

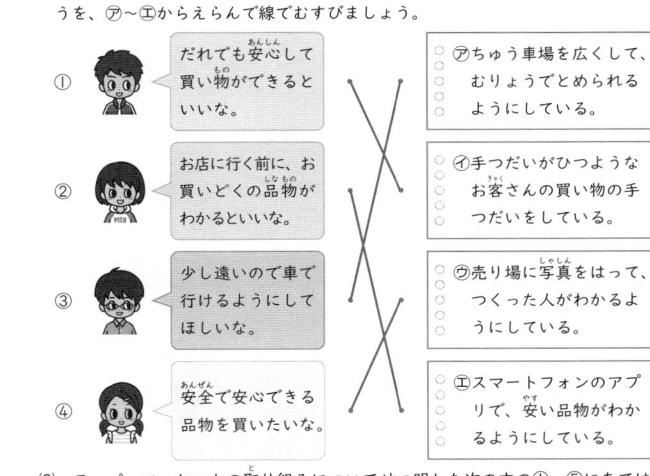

① だれでも安心して買い物ができるといいな。
② お店に行く前に、お買いどくの品物がわかるといいな。
③ 少し遠いので車で行けるようにしてほしいな。
④ 安全で安心できる品物を買いたいな。

㋐ちゅう車場を広くして、むりょうでとめられるようにしている。
㋑手つだいがひつようなお客さんの買い物の手つだいをしている。
㋒売り場に写真をはって、つくった人がわかるようにしている。
㋓スマートフォンのアプリで、安い品物がわかるようにしている。

(2) スーパーマーケットの取り組みについてせつ明した次の文の①〜⑤にあてはまるものを、それぞれ㋐〜㋘からえらびましょう。

スーパーマーケットでは、（① ㋔ ）をへらすための取り組みとして、牛にゅうパックや食品トレーなどのしげんを回しゅうするための（② ㋐ ）をせっちしています。このように、（③ ㋓ ）を売るだけではなく、地いきの人々の役に立つようにすることを（④ ㋒ ）といいます。（④）することで、店も地いきの人々から（⑤ ㋑ ）にされるようになります。

㋐ リサイクルコーナー	㋑ 大切	㋒ 地いきこうけん
㋓ 品物	㋔ ごみ	㋕ 食べのこし
㋖ ポイント	㋗ かんばん	㋘ 国さいこうけん

学習日

49ページ

2 次の問いに、答えましょう。 1つ5点（30点）

(1) 次の文は、スーパーマーケット新聞の記事です。それぞれの記事にあう絵を、㋐〜㋓からえらびましょう。

①（ ㋑ ）売り場には、品物の名前が書かれたかんばんが下がっていて、もくてきの売り場にすぐ行くことができます。
②（ ㋒ ）売られている品物の中には、外国からとどいた品物もあります。
③（ ㋐ ）肉売り場にやき肉のたれをおくのは、やき肉をするために肉を買うお客さんが、たれを買いわすれないように、おく場所をくふうしているからだそうです。

㋐ 
㋑ 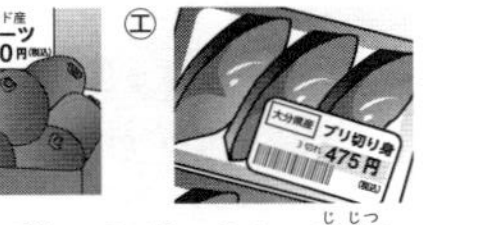
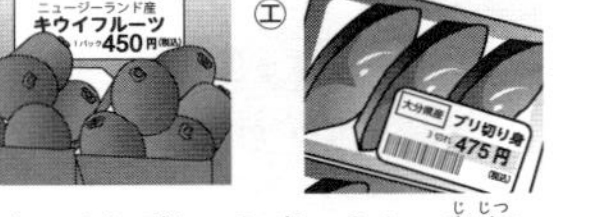
㋒ 

㋓ 

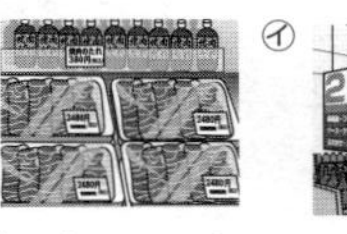

(2) 次の文はスーパーマーケット新聞の記事です。それぞれの記事のうち、事実にあたるものには㋐を、感想にあたるものには㋑を書きましょう。

①（ ㋐ ）通路が広くて、車いすでもゆっくり買い物ができます。
②（ ㋑ ）お店ではたらく人とお客さんのねがいはつながっているのだなと思いました。
③（ ㋐ ）お客さんは「ちゅう車場が広くて車で来やすいので、よく利用します」と話していました。

3 次の問いに、答えましょう。 1つ5点（25点）

(1) よく出る 次のようなときに行く店を、㋐〜㋓からえらびましょう。

①（ ㋑ ）夜おそくなってしまったが、お金を引き出しに行きたい。
②（ ㋐ ）デジタルカメラを買いたいが、どのカメラがよいかわからないので、カメラにくわしい店員さんに相談したい。
③（ ㋓ ）休みの日に車で出かけて、いろいろな品物を一度に買いたい。
④（ ㋒ ）ぶらぶらと歩きながら、肉屋や魚屋などいくつかのお店をまわって、いろいろなものを買いたい。

㋐ 大型せんもん店　㋑ コンビニエンスストア
㋒ 商店がい　㋓ ショッピングセンター

記述 (2) てきたらスゴイ！ いどうはん売車をりようする人は、どのような人だと考えられますか。かんたんに書きましょう。 思考・判断・表現

（れい） 店が少ない地いきに住む人や、買い物に出かけにくい人。

ふりかえり 3(2)がわからないときは、46ページの1にもどってかくにんしてみよう。

記述問題のプラスワン

3 (2)いどうはん売車は、トラックで日用品や食品を運んでさまざまな場所ではん売します。店が少ない地いきに住む人や、買い物に出かけにくい人でも、家の近くでひつようなものを買うことができるため、とてもべんりです。「どのような人だと考えられますか」と聞いているので、文の終わりは「〜人」「〜人だと考えられる」としましょう。

たしかめのテスト 48〜49ページ

1 (1)㋐広いちゅう車場があると、少し遠いところに住んでいる人も車で来やすくなります。㋑体が不自由な人でも買い物がしやすいよう、車いすをかし出したり、店の人が手つだったりしています。㋒つくっている人がわかれば、安心して買うことができます。㋓スマートフォンのアプリを使うことで、いつでもかんたんにお買いどくの品物を知ることができます。

2 (2)①はじっさいに売り場を見てわかったこと、③はお客さんに話を聞いてわかったことなので、どちらも事実にあたります。②は「思いました」と書かれているので、記事を書いた人の感想であることがわかります。

3 (1)①は朝早い時間や夜おそくでも開いており、お金を引き出すきかいのある㋑です。②はせんもんの品物が多く、くわしい店員がいる㋐です。③は広いしき地にせんもん店などが集まっており、大きなちゅう車場のある㋓です。④はいろいろなしゅるいの店が集まった㋒です。

次の(　　)に入る言葉や数字を、下からえらびましょう。

1 くらしの安全を考えよう／火事が起きたら　教科書 88〜91ページ

まちの安全を守る人たち

- (① 火事)や事故・事件が起きたり、起きたときにそなえて訓練したりするときに、多くの人がはたらいている。

火事の現場の様子

- (② 消防自動車)や救急車、パトロールカーがかけつける。
- (③ 消防士)は、ホースから水を出して火を消し、人を助ける。

ワンポイント 火事の現場での協力

- 火事のときは、消防しょだけでなく、(④ けいさつしょ)、役所、病院、電力会社、水道局などの関係するところが、はやく、安全に(⑤ 消火)や救助ができるように協力する。

2 市内の消防しょ　教科書 92〜93ページ

火事の原因

- 浜松市の2021年の火事の総数は171件である。
- 原因としていちばん多いのは(⑥ たばこ)で、2ばん目に多いのは配線器具である。

火事の原因べつの数（●火事の総数171件 2021(令和3)年　たばこ／配線器具／電とうなど の配線／放火／たき火　[浜松市消防局資料]）

消防自動車が出動するまで

- 消防しょに火事のれんらくが入ってからおよそ60秒後に消防自動車が出動する。

消防しょ見学の計画

調べること	調べ方
●消防しょや消防士の仕事 ●(⑦ 119)番のしくみ ●消防のためのしせつやせつび ●地いきの人の取り組み	●消防しょを見学し、しりょうをもらう。 ●学校やまわりを歩いて調べる。 ●図書館や(⑧ ホームページ)で調べ、地いきの人に話を聞く。

えらんだ言葉に☑　□けいさつしょ　□消防自動車　□消防士　□火事　□ホームページ　□たばこ　□119　□消火

1 火事が起きたときの様子についてせつ明した次の文の①〜③にあてはまる言葉を、　　からえらびましょう。

火事が起きたときは、消火活動をする消防士以外にも、けいさつしょや役所、病院、(① 電力会社)、ガス会社、水道局などが、はやく、安全な消火や(② 救助)のため(③ 協力)しています。

協力　救助　電力会社　学校

2 次の問いに、答えましょう。

(1) 右のグラフを見て、正しいものには○を、まちがっているものには×をつけましょう。

①(×)浜松市の2021年の火事の総数は、200件をこえている。

②(×)浜松市で2021年に起こった火事の原因でいちばん多いのは、放火である。

③(×)配線器具による火事は、15件をこえている。

火事の原因べつの数（●火事の総数171件 2021(令和3)年　[浜松市消防局資料]）

(2) 次の①〜③を調べるには、どのようにしたらよいですか。それぞれの調べ方を㋐〜㋒からえらび、線でむすびましょう。

① 119番の電話が入ると、どこにれんらくがいくのかな。

② わたしたちのまちには、どんな消防しせつがあるのかな。

③ 地いきでも、火事が起きたときの訓練をするのかな。

㋐じっさいにまちを歩いて調べる。

㋑地いきの人に話を聞いてみる。

㋒消防しょへ行って、見学したり話を聞いたりする。

ヒント **2** (1) ぼうグラフのこうもくや数字を読み取って考えてみましょう。

できたかな？

□火事が起きたときに、どのようなところが消防しょと協力しているか、れいをあげてみよう。

おうちのかたへ

この単元では、火事が起きたときに私たちの暮らしを守るためのしくみがあることを学び、多くの機関や人々のはたらきについての理解を深めます。

練習　51ページ

1 電力会社やガス会社は、感電事故やガスばく発をふせぐために、火事の現場近くの電気やガスを止めます。水道局は、消火せんから消火用の水がいきおいよく出るように、近くの水道の水圧を高めて消火に協力しています。

2 (1)①グラフの右上に火事の総数が書かれています。2021年の火事の総数は171件です。②たてじくに火事の件数がしめされているので、それぞれの原因のぼうグラフの長さをかくにんします。放火よりもたばこのぼうグラフの方が長いので、火事の原因でいちばん多いのはたばこということがわかります。③15件は、10件と20件の目もりのちょうど真ん中です。配線器具のぼうグラフは、真ん中よりも下なので、15件をこえていないことがわかります。

(2)②じっさいにまちを歩いて調べてみると、さまざまな消防しせつがあることがわかります。

ぴったり1 じゅんび

3. くらしを守る
1 火事からくらしを守る②

めあて 消防しょの取り組みや、通信指令室のはたらきについてりかいしよう。

教科書 94~97ページ　答え 27ページ

次の（　）に入る言葉や数字を、下からえらびましょう。

1 消防しょへ行こう

教科書 94~95ページ

ワンポイント 訓練・点検
- 消防の仕事は、はやく確実に、（① 安全 ）に行うことが大切。
- 消防士はふだんから（② 消火 ）や救助の訓練をしたり、消防自動車や器具などの点検をしたりして、火事にそなえている。

防火服・器具・消防自動車
- 防火服は（③ ねつ ）に強い生地でできており、じょうぶでやぶれにくい。やく10kgの重さがある。
- 消防自動車には、消火や救助のための（④ 器具 ）がつまれている。
- いろいろな消防自動車があり、火事の様子により、出動する消防自動車がちがう。

きんむ時間
- （⑤ 当番 ）の日は24時間はたらく。非番の日や休みの日もある。

2 通信指令室とさまざまな人々のはたらき

教科書 96~97ページ

通信指令室のはたらき
- （⑥ 119 ）番の電話は、消防本部の通信指令室につながる。
- 通信指令室は、火事なのか（⑦ 救急 ）なのか、場所はどこかなどをたしかめる。（⑧ 消防しょ ）に出動を指令し、関係するところにれんらくを入れる。

えらんだ言葉に✓　□消防しょ　□器具　□救急　□消火　□119　□ねつ　□当番　□安全

ぴったり2 練習

ぴたトリビア 119番に電話をすると、さいしょに「火事ですか、救急ですか」と聞かれます。消防自動車を出動させるか、救急車を出動させるか、決めるためです。

教科書 94~97ページ　答え 27ページ

1 次の問いに、答えましょう。

(1) 消防士の訓練について、次の文の①~④にあてはまる言葉を、㋐~㋓からえらびましょう。

消防士は、火事のとき、できるだけはやく火事の（①）にかけつけて消火活動ができるように、ふだんから訓練をしている。防火服、（②）、ボンベなど、じっさいの火事のときと同じそうびで（③）をのぼったり、走って（④）をのばしたりする訓練を行っている。

①（ ㋓ ）　②（ ㋐ ）　③（ ㋒ ）　④（ ㋑ ）

㋐ マスク　㋑ ホース　㋒ はしご　㋓ 現場

(2) 消防士のきんむ時間について、正しいものには○を、まちがっているものには×をつけましょう。

①（ ○ ）消防しょには24時間、消防士がいる。
②（ ○ ）毎日はたらくわけではなく、「非番」という日や休みの日もある。
③（ × ）朝から夕方まではたらく人と、夕方から朝まではたらく人がいて、12時間ごとに交代している。

2 次の図を見て、答えましょう。

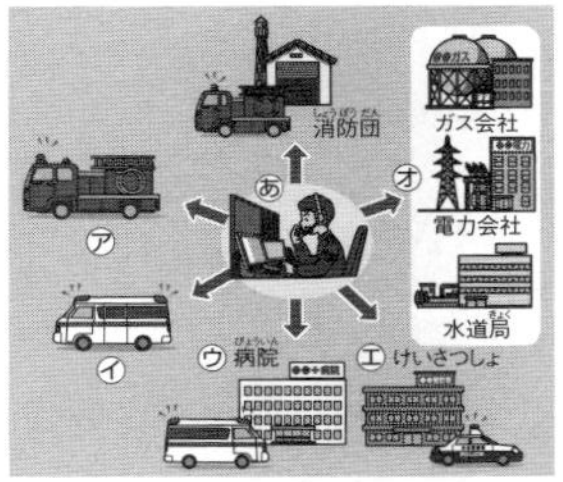

(1) 消防本部で119番の電話を受ける、図の中の㋐を何といいますか。
（ 通信指令室 ）

(2) 119番のれんらくを受けた㋐が、次のれんらくをするところを、図の中の㋐~㋔からえらびましょう。

① 交通じゅうたいをかい消するため車と人の整理をおねがいする。（ ㋓ ）
② 運ばれてくるけが人を受け入れるためのじゅんびをおねがいする。（ ㋒ ）
③ 出火した現場への出動をおねがいする。（ ㋐ ）
④ 感電事故をふせぐための協力をおねがいする。（ ㋔ ）
⑤ けが人の手あてをして、病院に運ぶようおねがいする。（ ㋑ ）

ヒント
1 (2) 火事は昼間だけでなく、夜中や朝早くに起きることもあります。
2 (2) れんらくする内ように注意して考えましょう。

できたかな？
□消防士は、火事にそなえてどのようなじゅんびをしているか、せつ明してみよう。
□119番の電話はどこにつながるか言ってみよう。

おうちのかたへ
119番の電話を受けた通信指令室が、どこにどのような連絡をしているのかを学びます。図を見て、関係機関が連携して対応していることを読み取ります。

練習 53ページ

1 (1)消防士は訓練のほかにも、消防自動車や、自分たちが使う器具の点検なども行い、火事にそなえています。
(2)①朝から次の日の朝まで、24時間はたらいているので、夜に火事が起きてもすぐにかけつけられます。③消防士は、朝から夕方、夕方から朝と、半日ごとに交代ではたらくのではなく、24時間ずつ交代ではたらいています。

2 (1)通信指令室では、火事なのか救急なのか、場所はどこなのかなどをたしかめて、消防しょに出動の指令をしたり、関係するところにれんらくを入れたりします。
(2)①交通じゅうたいが起きてこんざつすると、べつの交通事故が起きやすくなるため、けいさつかんが交通整理を行います。④電力会社やガス会社、水道局は、火事現場近くの電気やガスをとめたり、水道の水圧を高めたりして協力します。⑤けが人を病院に運ぶのは救急車です。

ぴったり3 たしかめのテスト

3. くらしを守る
1 火事からくらしを守る

54ページ

/100 ごうかく80点

教科書 88~97ページ　答え 28ページ

1 次の写真を見て、答えましょう。 1つ5点（20点）

(1) 次の①~③の写真にあてはまるせつ明を、㋐~㋒からえらびましょう。

①（ ㋐ ）　②（ ㋒ ）　③（ ㋑ ）

㋐ 火事によって高いところからおりられなくなった人を、助ける訓練をしている。
㋑ 山地や、高い場所の火事のときに出動することがある。
㋒ かんじゃを救急車で運ぶ間、医者の指示のもとに、救命しょちを行う。

記述 (2) 消防士が、ふだんから消火や救助の訓練を行っている理由を、かんたんに書きましょう。 思考・判断・表現

（（れい）できるだけはやく火事の現場にかけつけ、すばやく消火や救助活動ができるようにするため。）

2 次の問いに、答えましょう。 1つ5点（30点）

(1) 次の文のうち正しいものには○を、まちがっているものには×をつけましょう。

①（ × ）消防士は、いつ火事が起きても出動できるようにしているので、訓練は休みの日にしている。
②（ × ）消防士の防火服やボンベは、消火活動をしやすくするため、とても軽くできている。
③（ ○ ）消防士は、自分たちが消火活動で使う器具や消防自動車を、ふだんからしっかり点検している。
④（ × ）火事の大きさなどは現場に行かないとわからないので、火事が起きたときは、消防しょの消防自動車はすべて出動する。
⑤（ ○ ）消防自動車には、消火や救助のための器具が、たくさんつまれている。

(2) 消防士が出動するときのそうびではないものを、㋐~㋓からえらびましょう。（ ㋒ ）

㋐ ヘルメット　㋑ 防火服　㋒ サングラス　㋓ ボンベ

学習日　55ページ

3 次の図を見て、答えましょう。 1つ5点（25点）

(1) 消防士のきんむについて、次の文のうち正しいものには○を、まちがっているものには×をつけましょう。 技能

きんむ時間　8:50~次の日 9:00

	1日目	2日目	3日目	4日目	5日目	6日目	7日目	8日目
高田さん	当番	非番	当番	非番	当番	非番	休み	休み

消防士のきんむ表

①（ × ）当番の日が2日つづくこともある。
②（ × ）当番の日のきんむ時間は、朝8時30分から次の日の8時30分までである。
③（ ○ ）当番の次の日は非番になる。
④（ ○ ）8日間のうち、休みの日は2日ある。

記述 (2) できたらスゴイ！ 消防士が当番の日に24時間はたらく理由を、「すぐ」という言葉を使って、かんたんに書きましょう。 思考・判断・表現

（（れい）いつ火事が起きても、すぐ出動できるようにしているから。）

4 次の問いに、答えましょう。 1つ5点（25点）

(1) よく出る 119番にかけた電話は、どこにつながりますか。㋐~㋒からえらびましょう。（ ㋒ ）

㋐ 近くの消防しょの受付　㋑ 市役所の火事係　㋒ 通信指令室

(2) 119番の電話をかけたときに、さいしょに聞かれることを、㋐~㋓からえらびましょう。（ ㋒ ）

㋐ 火事の起きている場所　㋑ 電話をかけている人の名前
㋒ 火事なのか救急なのか　㋓ けがをしている人の数

(3) よく出る 119番の電話を受けた(1)が、次の①~③にもれんらくする理由を、㋐~㋒からえらびましょう。

①（ ㋑ ）電力会社やガス会社
②（ ㋐ ）けいさつしょ
③（ ㋒ ）病院

㋐火事の現場近くで交通整理などをしてもらうためだよ。
㋑感電やばく発事故が起きないよう、電気やガスを止めてもらうためだよ。
㋒けが人が運ばれてきたときのじゅんびをしてもらうためだよ。

ふりかえり 4(1)がわからないときは、52ページの2にもどってかくにんしてみよう。

記述問題のプラスワン

1 (2)消防の仕事は、はやく、確実に、安全に行うことが大切です。そのためには、ふだんから消火や救助の訓練を行い、火事にそなえておかなければなりません。「はやく、安全に消火や救助をするため」といったことが書かれていればよいです。この問題では「理由」を聞いているので、文の終わりは「~から」「~ため」としましょう。

たしかめのテスト 54~55ページ

1 (1)①は消防士の救助訓練の様子です。高いところからおりられなくなった人を助ける訓練のほかに、とびらを開ける訓練などもしています。②は救急救命士、③は消防ヘリコプターです。

2 (1)①訓練は当番の日にしています。②防火服はじょうぶにつくられており、やく10kgの重さがあります。防火服、マスク、ボンベなどのそうびをすると、とても重くなりますが、消防士の安全をだいじにしています。④通信指令室から火事の場所や大きさについてのれんらくがあるため、出動する消防自動車の数やしゅるいはそのときの火事の様子によってかわります。

3 (1)①当番の日は24時間はたらくので、当番の日が2日つづくことはありません。②きんむ表から、朝8:50から次の日の朝9:00までということがわかります。
(2)夜に火事が起きてもすぐにかけつけられるようにしています。

4 (2)119番は火事だけでなく救急の電話も入るため、まずは火事か救急かをかくにんします。

3．くらしを守る

1 火事からくらしを守る③

学習日

Ⓒめあて まちの消防しせつや、地いきの消防団の取り組みについてりかいしよう。

教科書 98〜103ページ　答え 29ページ

次の（　）に入る言葉を、下からえらびましょう。

1 まちの中にある消防しせつをさがそう

教科書 98〜99ページ

消火活動に使うもの

- まちの中には、（① 消火活動 ）にひつような**消防しせつ**が、場所、数、大きさなどをくふうしておかれている。
- 消火せん…消火活動にひつような水をとるためのしせつ。
- 防火水そう…消火用の水をためておくしせつ。

消火せん

人を守るためにひつようなもの

- 学校には（② 消火き ）や屋内消火せん、ほのおとけむりが広がるのをふせぐ（③ 防火とびら ）がそなえられている。
- 住たくには（④ 火災けいほうき ）がついている。
- 学校や（⑤ 公園 ）がひなん場所になっている。
- **消防について定めた国のきまり**により、学校や病院などは、消火活動や（⑥ ひなん ）などにひつようなせつびをおいておかなければならない。

防火水そう

住たく用火災けいほうき

2 地いきの消防団の取り組み 火事からくらしを守る人々のはたらき

教科書 100〜103ページ

ワンポイント 消防団

- 消防団は（⑦ 地いきの人 ）たちが活動する組織で、火事などの災害のときに消防しょと協力して活動する。
- 団員は、ふだんはそれぞれがべつの仕事をしている。
- 器具の点検や訓練、（⑧ 火災予防 ）のよびかけなどに取り組んでいる。
- 自分たちの地いきは、自分たちで守るという考え方にもとづいている。

人々の協力とつながり

- 消防しょ、けいさつしょ、病院、水道局、電力会社、ガス会社、消防団、地いきの人々などが協力して、火事からくらしを守っている。

えらんだ言葉に☑　□火災けいほうき　□防火とびら　□火災予防　□ひなん　□地いきの人　□消火活動　□消火き　□公園

ぴったり2

練習

学習日

ぴたトリビア 消火せんは、ふたを開けると水道管につながるせんがあり、消防ホースをつないで消火用の水をとります。火事のときは、水道局に水圧を上げてもらいます。

教科書 98〜103ページ　答え 29ページ

1 次の①〜④の消防しせつの絵と、それにあてはまるせつ明を、㋐〜㋓からえらんで線でむすびましょう。

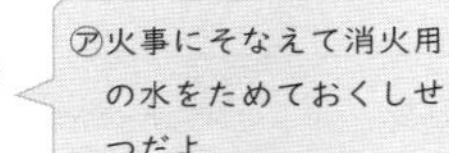

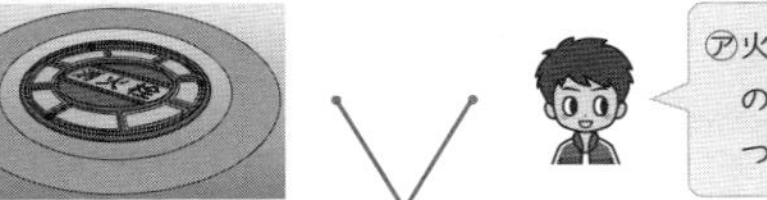
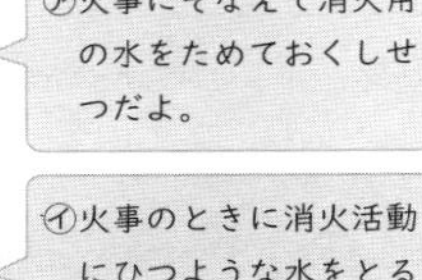
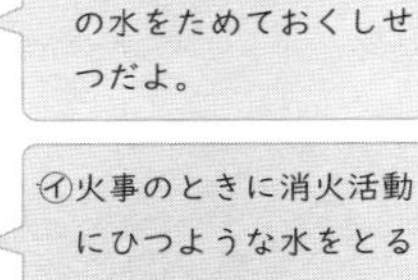
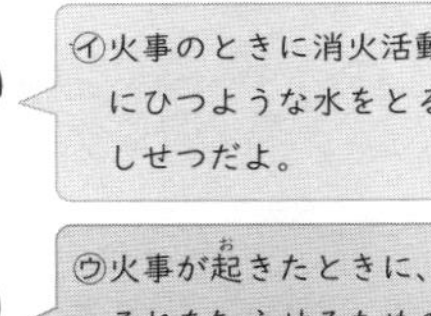
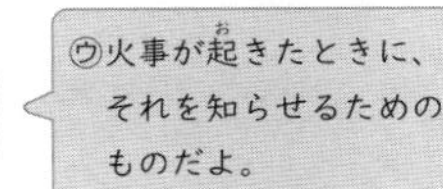
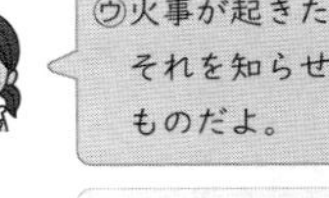
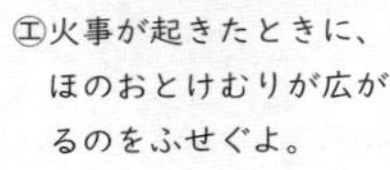

①　②　③　④

㋐火事にそなえて消火用の水をためておくしせつだよ。

㋑火事のときに消火活動にひつような水をとるしせつだよ。

㋒火事が起きたときに、それを知らせるためのものだよ。

㋓火事が起きたときに、ほのおとけむりが広がるのをふせぐよ。

2 次の問いに、答えましょう。

(1) 火事などの災害のときに消防しょと協力して活動する、地いきの人たちの組織を何といいますか。（ 消防団 ）

(2) (1)のせつ明として、正しいものには○を、まちがっているものには×をつけましょう。

①（ × ）火事が起きたときは活動するが、台風や地しんなどの災害のときは、火事にならないかぎり活動しない。

②（ ○ ）ふだんは会社やお店などで自分の仕事をしていて、火事が起きたときなどに団員として活動する。

③（ ○ ）きん急時にすばやく行動するために、器具の点検を行っている。

④（ × ）ふだんは自分の仕事があるので、消火の訓練は行っていない。

⑤（ ○ ）火災予防のよびかけや、おう急手当のしかたを学んでいる。

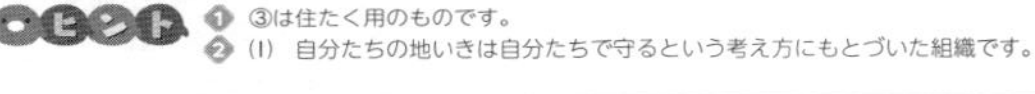

ヒント　1 ③は住たく用のものです。　2 (1) 自分たちの地いきは自分たちで守るという考え方にもとづいた組織です。

できたかな？

□まちの中にある消防しせつにはどのようなものがあるか、れいをあげてみよう。
□消防団とはどのような組織か、せつ明してみよう。

おうちのかたへ

消火栓は、道路のあちこちで見かけます。お子さんと一緒に買い物や散歩に出かけたときに、どこにあるのか、いくつあるのか、ゲーム感覚で歩きながら探してみるとよいでしょう。どこで火事が起きても、近くに消火栓があることが実感できます。

練習 57ページ

1 ①消火せんのふたです。ふたを開けて、水道管につながるホースをつなぎ、消火用の水をとります。消火せんの場所がすぐにわかるように、近くにかんばんをせっちしているところもあります。②防火水そうがある場所をしめすかんばんです。地下にある水そうに、消火用の水がためられています。③住たく用火災けいほうきです。火事の熱やけむりを感知して音で知らせます。④防火とびらです。火事が起きるととびらがしまり、ほのおとけむりが広がるのをふせぎます。

2 (1)消防団で活動しているのは、ふだんはべつの仕事をしている地いきの人たちです。地いきごとに訓練の内ようをくふうし、活動に取り組んでいます。

(2)①台風や地しんなどの大きな災害のときも、消防しょの人たちと協力して地いきのために活動します。④日を決めて集まって、訓練をしています。

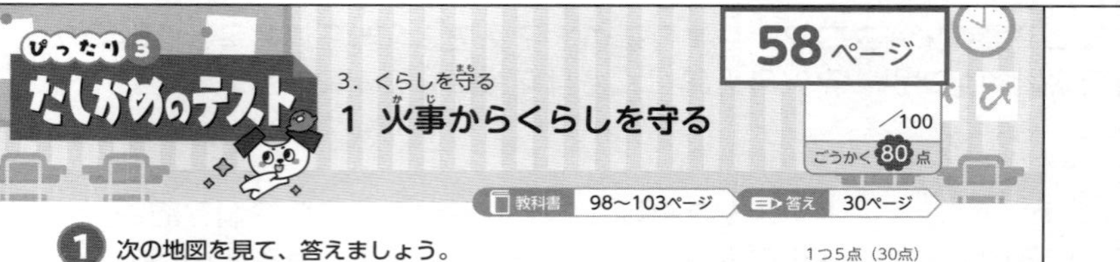

58ページ

3. くらしを守る
1 火事からくらしを守る

/100 ごうかく80点

教科書 98～103ページ　答え 30ページ

1 次の地図を見て、答えましょう。　1つ5点（30点）

(1) 右の地図についてのせつ明として、正しいものには○を、まちがっているものには×をつけましょう。　技能

①(×)消火せんと防火水そうでは、防火水そうのほうが数が多い。

②(○)消火せんのほとんどは、道路ぞいにせっちされている。

まちの中にある消防しせつをしめした地図
文 わたしたちの学校　★ 消火せん　▲ 防火水そう　■ ひなん場所　0　500m

③(×)地図中にひなん場所は3か所ある。

(2) ひなん場所としてえらばれるのは、どのような場所ですか。㋐～㋓からえらびましょう。　(㋒)

㋐ ふだんはだれも使うことがなく、目立たない場所。
㋑ ほかの地いきの人が入ってこない、近所の人でなければわからない場所。
㋒ 地いきの人がよく知っていて、たくさんの人がひなんできる広い場所。
㋓ 家族とはぐれることのない、地いきの人がよく知っているせまい場所。

(3) (2)にあてはまる場所を、㋐～㋔から2つえらびましょう。

㋐ 学校　㋑ コンビニエンスストア　㋒ けいさつしょ
㋓ 公園　㋔ 駅

(順不同)(㋐)(㋓)

2 次の①～③の消防しせつのうち、消火活動に使うものには㋐を、人を守るためのものには㋑を書きましょう。　1つ5点（15点）

FIRE CISTERN 防火水そう
予定ひなん場所 The Location of refuge ●●市役所

①(㋐)　②(㋑)　③(㋑)

58

59ページ

学習日

3 次の問いに、答えましょう。　1つ5点（40点）

(1) よく出る 次の①～③の絵は消防団の活動をしめしています。絵の活動にあてはまるものを、㋐～㋒からえらびましょう。

①(㋒)　②(㋑)　③(㋐)

㋐ 器具の点検　㋑ 火災予防のよびかけ　㋒ 消火の訓練

記述 (2) てきたらスゴイ！ 消防団の団員はどのような人ですか。かんたんに書きましょう。　思考・判断・表現

(れい) ふだんはべつの仕事をしていて、災害が起きたときは、消防しょの人たちと協力して活動する地いきの人。

(3) よく出る 消防団の活動のせつ明として、正しいものには○を、まちがっているものには×をつけましょう。

①(○)自分たちの地いきは、自分たちで守るという考え方にもとづいた組織である。
②(×)地いきのお祭りの計画を立てて、みこしをかついだりする。
③(○)家の多いところや山の多いところなど、地いきごとに訓練の内ようをくふうしている。
④(○)消火きの使い方を地いきに住む人たちに教えるなど、自分たちの知しきをつたえている。

4 次の①～③の火事からくらしを守るための組織や人々が、ふだん行っていることを、㋐～㋒からえらんで線でむすびましょう。　1つ5点（15点）

① 消防しょ
② 消防団
③ 地いきの人々

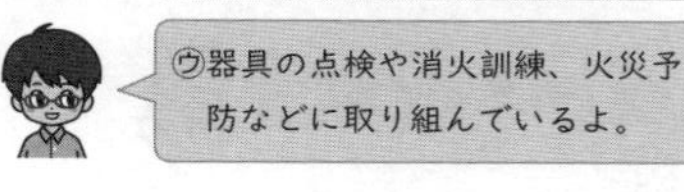

ふりかえり 3(2)がわからないときは、56ページの2にもどってかくにんしてみよう。

この本の終わりにある「冬のチャレンジテスト」をやってみよう！

59

たしかめのテスト　58～59ページ

1 (1)①地図の下にあるはんれいを見て、それぞれの記号が何をしめしているかをかくにんします。防火水そうをしめす▲より、消火せんをしめす★の数の方が多いです。
③地図中のひなん場所の数は2か所です。

2 ①は防火水そうがある場所をしめすかんばん、②はひなん場所をしめすかんばん、③は住たく用火災けいほうきです。

3 (1)①は消火ホースを使った消火の訓練の様子です。②は「春の火災予防運動」と書かれたおうだんまくをかかげていることから、火災予防のよびかけであることがわかります。③は器具の点検をしている様子です。
(3)②お祭りは消防団の活動ではありません。

4 ㋐の住たく用火災けいほうきのせっちは、それぞれの家庭での取り組みなので③の地いきの人々、㋑は消防自動車や救助の訓練を行っていることなどから①の消防しょ、㋒は火災予防に取り組んでいることなどから、②の消防団となります。

記述問題のプラスワン

3 (2)消防団の団員は、消防しょの人とちがい、ふだんはそれぞれがべつの仕事をしていることがとくちょうです。自分たちの地いきを自分たちで守るという思いで、活動に取り組んでいます。「ふだんはべつの仕事をしている」「災害が起きたときに消防しょの人と協力する」といったことが書けていればよいです。「どのような人ですか」と聞いているので、文の終わりは、「～人」としましょう。

次の（　）に入る言葉や数字を、下からえらびましょう。

1 事故や事件の現場の様子　教科書 104～105ページ

現場に出動するけいさつの人

- 事故や事件が起きたときは、現場に（① けいさつ ）の人がかけつける。

ふく数のグラフの読み取り方

- （② たてじく ）と横じくがしめしているこうもくをたしかめる。
- それぞれの数を読み取る。
- それぞれの数がどのようにかわってきたかを読み取る。
- グラフをくらべて、にているところと（③ ちがう ）ところを話し合う。

2 事故が起きたら　教科書 106～107ページ

ワンポイント けいさつへの通報

- （④ 110 ）番にかける。
- 事故の（⑤ 様子 ）や事故が起きている場所はどこかをつたえる。
- 自分の名前や電話番号をつたえる。
- 落ち着いて、正かくにつたえる。

事故が起きたときのれんらくの流れ

事故のれんらくの流れ

- 通報（110番）の電話は、けいさつ本部の（⑥ 通信指令室 ）につながり、けいさつしょ以外の関係するところにもれんらくがいく。
- 通信指令室は、事故現場の近くのけいさつしょや（⑦ 交番 ）、パトロールカーなどへれんらくする。
- パトロールカーは、車両についている無線でれんらくを受ける。
- 消防しょへれんらくして、けが人を救急車で運ぶ。
- 事故現場は人や車でこんざつしてべつの交通事故が起きやすいため、けいさつの人が（⑧ 交通整理 ）をして道路の安全をかくほする。
- けいさつの人が、事故が起きた原因を調べる。

えらんだ言葉に✓　□通信指令室　□交通整理　□交番　□ちがう　□たてじく　□けいさつ　□110　□様子

1 次のグラフを見て、答えましょう。

(1) 右の2つのグラフのたてじくには、何がしめされていますか。㋐～㋒からえらびましょう。　（ ㋒ ）

㋐ 年　㋑ 人数　㋒ 事故や事件の件数

宇都宮市の事故の数

宇都宮市の事件の数

(2) 右のグラフを見て、次の文のうち正しいものには○を、まちがっているものには×をつけましょう。

①（ ○ ）事故の件数と事件の件数は、どちらも2013年から2021年までへりつづけている。

②（ × ）2021年の事故の件数は、1000件を下回っている。

③（ × ）2013年から2021年で、事故の件数がもっとも少ないのは、2019年である。

④（ ○ ）2021年の事件の件数は、2013年の半分以下になっている。

2 次の図を見て、答えましょう。

(1) 事故や事件が起きたときに、110番にれんらくすることを、何といいますか。　（ 通報 ）

(2) 事故の電話を受けた通信指令室のせつ明として、正しいものを3つえらびましょう。

(順不同)（ ㋐ ）（ ㋒ ）（ ㋔ ）

㋐ 事故現場近くのパトロールカーにれんらくして、出動を指令する。

㋑ けいさつ本部にれんらくして、出動を指令する。

㋒ 事故現場近くのけいさつしょや交番にれんらくして、出動を指令する。

㋓ 現場近くの病院にけが人が運ばれることをれんらくする。

㋔ 消防しょにれんらくして、救急車を出動してもらう。

㋕ ガス会社に連絡して、事故現場のガスをとめてもらう。

ヒント 1 (2) グラフのぼうの長さがどのようにかわってきているかに注意しましょう。
2 (2) 図の中の矢じるしに注目して考えましょう。

できたかな？

□事故や事件が起きたときには何番に電話するか言ってみよう。

おうちのかたへ

この単元では、複数のグラフを見比べて、目盛りの数の違いや、数の変化の違いの読み取り方を学びます。事故と事件を例に、年によってそれぞれの件数がどのように変わっているのか、2つのグラフの類似している点と異なっている点を読み取ります。

練習　61ページ

1 (1)たてじくの目もりのたんいが「件」になっていることから、㋒の事故や事件の件数であることがわかります。横じくには年がしめされています。

(2)②2021年の事故の件数は、1000件を上回っています。③2013年から2021年で、事故の件数がもっとも少ないのは2021年です。④2013年の事件数はやく6000件、2021年は2500件ほどなので、半分以下になっています。

2 (1)110番の電話は、けいさつ本部の通信指令室につながります。事故の様子や場所などを、落ち着いて、正かくにつたえます。

(2)㋑通信指令室はけいさつ本部の中にあります。事故現場の近くのけいさつしょや交番にれんらくして出動を指令します。㋓消防しょへれんらくして救急車に出動してもらいます。病院へは消防しょかられんらくします。㋕ガス会社へれんらくするのは火事のときです。

3. くらしを守る
2 事故や事件からくらしを守る②

◎めあて まちの安全を守るけいさつの仕事や、地いきの取り組みについてりかいしよう。

教科書 108〜111ページ　答え 32ページ

次の(　)に入る言葉を、下からえらびましょう。

1 けいさつの仕事
教科書 108〜109ページ

交番の仕事

- 交番の前で立番をしたり、(① パトロール)をしたりして、地いきの様子を気をつけて見る。
- 道あん内、(② 登下校)の見守り、地いきの店や家庭のほうもんなども行っている。
- 地いきで事故や事件が起きたときに、すぐに現場にかけつける。
- (③ 交通)ルールを守らない人の取りしまりを行っている。
- 交通事故をへらすには、(④ 道路交通法)などの法やきまりを守ることが大切である。法やきまりは、安心して毎日を送るためにひつようなものの一つである。
- (⑤ 信号)やひょうしきを守って道路を歩いたり、自転車に乗るなど、より安全な生活のためには一人ひとりの心がけが大切である。

道あん内

地いきの店のほうもん

2 地いきでの取り組み
教科書 110〜111ページ

まちの安全を守る地いきの活動

- 登下校の時間にパトロールを行ったり、(⑥ 交通安全教室)で交通ルールを教えたりしている。
- 交通事故をふせぐため、(⑦ 道路ひょうしき)やカーブミラーなどをせっちしている。
- 学校やお店、けいさつ、市役所などが(⑧ 協力)してふだんの様子を知らせ合い、まちの安全を守っている。

ワンポイント こども110番
- こども110番は、いざというときに子どもたちが地いきの家や店などに助けをもとめられるようにする取り組みのこと。

こども110番のステッカー

えらんだ言葉に✓：□交通安全教室　□道路交通法　□登下校　□信号　□道路ひょうしき　□パトロール　□協力　□交通

ぴたトリビア　これまで交番は派出所ともよばれていましたが、1994年に法りつがあらためられ、交番が正式な名前となりました。

教科書 108〜111ページ　答え 32ページ

1 次の①〜③のけいさつの仕事の絵とそれにあてはまるせつ明を、㋐〜㋒からえらんで線でむすびましょう。

①　②　③

㋐ちゅう車いはんの取りしまりなど、交通ルールを守らない人の取りしまりをしているよ。

㋑交番では、道あん内や、落とし物の相談にのってくれるよ。

㋒地いきの見回りをして、事件が起きないように気をつけているよ。

2 地いきの取り組みについて、答えましょう。

(1) 子どもたちが、いざというときに地いきの家や店などに助けをもとめられるようにしている取り組みを何といいますか。(こども110番)

(2) 交通事故をふせぐためのせつびには、どのようなものがありますか。㋐〜㋔から、2つえらびましょう。(順不同)(㋑)(㋓)

㋐ 電柱　㋑ 道路ひょうしき　㋒ 消火せん　㋓ カーブミラー　㋔ ちゅう車場

(3) まちの安全を守るための地いきの取り組みのせつ明として、正しいものには○を、まちがっているものには×をつけましょう。

①(○)登下校の時間に、地いきの人たちが交たいでパトロールを行い、見守っている。

②(×)学校・町内会と市役所は、ふだんの様子を知らせ合っているが、けいさつとは知らせ合うことはない。

③(○)けいさつと地いきの人で、どのように防犯に取り組めばよいか話し合う安全会議を行っている。

ヒント ②(3) まちの安全を守るためには、いろいろな人が協力することが大切です。

練習 63ページ

1 けいさつかんは、㋐〜㋒のほかにも、交番の前でけいかい（立番）をしたり、登下校の見守りをしたりしています。また、地いきで事故や事件が起きたときには、現場にかけつけます。

2 (1)けいさつと協力して、地いきの人たちも安全なまちづくりにさんかしています。

(2)交通事故をふせぐためのせつびとして、道路ひょうしきやカーブミラー以外にも、歩道橋やガードレールなどがあります。㋒の消火せんは、火事が起きたときに、消火用の水をとるためのせつびなので、交通事故をふせぐためのせつびではありません。

(3)②学校・町内会やけいさつ・市役所、会社・店などは、ふだんの様子を知らせ合ったり、活動内ようをいっしょに考えたりしながら、安全なまちづくりに取り組んでいます。

できたかな？
□けいさつの仕事にはどのようなものがあるか、れいをあげてみよう。

おうちのかたへ
この単元では、警察官の仕事と安全を守るための地域の取り組みについて学びます。お子さんと一緒に買い物や散歩などに出かけた際に、こども110番のステッカーがある家や店がどこにあるかを確認しておくとよいでしょう。また、いざという時にどうすればよいかをお子さんと話し合うことで、安全に対する意識を高めることができます。

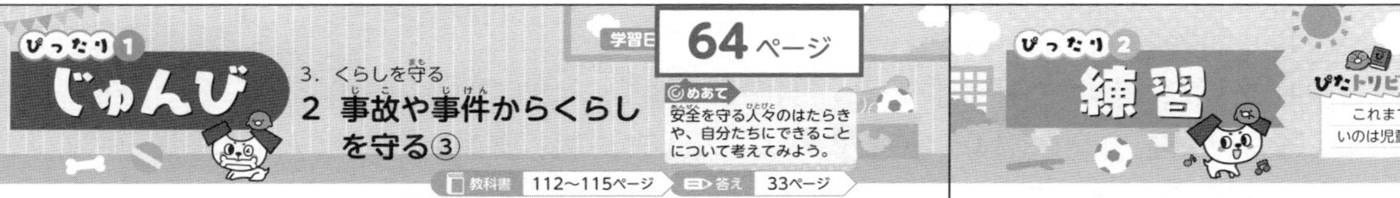

ぴったり1 じゅんび

3. くらしを守る
2 事故や事件からくらしを守る③

めあて：安全を守る人々のはたらきや、自分たちにできることについて考えてみよう。

教科書 112～115ページ　答え 33ページ

次の（　）に入る言葉を、下からえらびましょう。

1 安全を守る人々のはたらき
教科書 112～113ページ

安全を守る人の活動

	けいさつかん	地いきの人
ふだん	●（① パトロール ）や、立番をする。 ●まちの人の相談を受ける。 ●交通いはんを取りしまる。	●（② 登下校 ）の時間にパトロールをする。 ●家や店などに「こども110番」のステッカーをはる。
事故や事件が起きたとき	●通信指令室から、近くのけいさつかんにれんらくがいく。 ●（③ 現場 ）にかけつける。	●事故や事件を見かけたら、すぐに（④ 通報 ）し、様子や場所を落ち着いて正かくにつたえる。

2 自分たちにもできること
教科書 114～115ページ

火事や自転車事故をふせぐ取り組み

- 火事の原因でもっとも多いのが（⑤ たばこ ）で、次にたき火とこんろがつづく。（2021年）
- 火をつけっぱなしにしないよう一人ひとりが気をつける。
- 自転車に乗ると、事故の（⑥ ひがい ）を受けるだけではなく、事故を起こす立場になることもある。交通ルールを守ることが大切である。

主な火事の原因（令和3年）〔令和4年版 消防白書〕：たばこ 3042、たき火 2764、こんろ 2678、放火 2333、電気機器 1816、野焼き 1640

くらしを守るための標語づくり

- 火事や事故・事件からくらしを守るための標語をつくる。

ワンポイント　標語のつくり方
- 学習をふり返って、大切だと思われる（⑦ 言葉 ）の中からとくにつたえたいものをえらぶ。
- 言葉をできるだけ5音、7音にまとめる。
- 言葉をならべたり、（⑧ じゅんばん ）をかえたりしながら、つたえたいことがつたわるかをかくにんする。

えらんだ言葉に☑：□じゅんばん　□ひがい　□登下校　□言葉　□パトロール　□たばこ　□通報　□現場

ぴったり2 練習

ぴたトリビア：これまで自転車に乗るときにヘルメットをかぶるよう努めなければならないのは児童・幼児のみでしたが、2023年にすべての人が対しょうとなりました。

教科書 112～115ページ　答え 33ページ

1 安全を守る人の活動のうち、けいさつかんの活動にあてはまるものには㋐を、地いきの人の活動にあてはまるものには㋑を書きましょう。

①（ ㋐ ）法やきまりを守らない人を取りしまる。
②（ ㋑ ）店や家に「こども110番」のステッカーをはって、いざというときに助けをもとめられるようにしている。
③（ ㋐ ）立番をして、地いきの様子を気をつけて見ている。
④（ ㋐ ）事故や事件の現場にかけつける。
⑤（ ㋑ ）事故や事件を見かけたら、すぐに通報する。

2 次の問いに、答えましょう。

(1) 右の2つのグラフを見て、次の文のうち正しいものには○を、まちがっているものには×をつけましょう。

①（ × ）火事の原因でもっとも多いものはたばこで、件数は3500件をこえている。
②（ × ）自転車の交通事故の件数は、2017年からふえつづけている。
③（ ○ ）たき火とこんろが原因の火事は、どちらも2500件以上ある。
④（ ○ ）自転車の交通事故の件数がもっとも多かったのは、2020年である。
⑤（ ○ ）自転車の交通事故の件数は、毎年ふえつづけていたが、2020年から2021年にかけてはへっている。

主な火事の原因

自転車の交通事故の件数〔栃木県警察資料〕：2017年（平成29）342、2018 409、2019（令和元）428、2020 484、2021 443

(2) 次の㋐～㋓を、標語をつくるじゅんばんにならべかえましょう。

㋐ 言葉をできるだけ5音、7音にまとめる。
㋑ 学習をふり返り、大切だと思われる言葉を見つける。
㋒ 言葉をならべてみたり、じゅんばんをかえたりしながら、つたえたいことがつたわるかをかくにんする。
㋓ 見つけた言葉の中から、自分がとくにつたえたい言葉をえらぶ。

（ ㋑ → ㋓ → ㋐ → ㋒ ）

ヒント：2 (1) ぼうグラフの上にしめされている数字に注目して考えてみましょう。

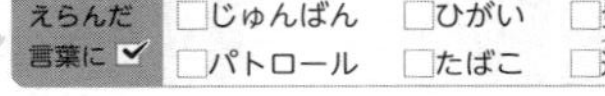
できたかな？
□火事や自転車事故をふせぐために、自分たちにできることのれいをあげてみよう。

おうちのかたへ
地域の安全を守る人の働きを理解したうえで、自分たちにできることを考えていきます。特に、小学生で多く発生している自転車による事故を防ぐため、お子さんと一緒に自転車の安全な乗り方や、地域の危険な場所などを確認しておくとよいでしょう。

練習 65ページ

1 ①法やきまりの一つに、交通にかかわる道路交通法があります。けいさつかんは、交通事故をへらすために、ちゅう車いはんやスピードいはんなどを取りしまっています。②地いきの人たちも、けいさつと協力してより安全なまちづくりにさんかしています。③立番は、交番の前でけいかいをすることです。④事件や事故の通報があると、通信指令室が近くのけいさつしょや交番にれんらくし、出動を指令します。

2 (1)①たばこが原因の火事の件数は3042件なので、3500件をこえていません。②自転車の交通事故の件数は、2020年までふえつづけたあと、2021年にへっています。③たき火は2764件、こんろは2678件なので、どちらも2500件以上あります。⑤2021年は443件なので、2020年の484件からへっています。

(2)標語は、もくひょうや考えなどを短い言葉でわかりやすくまとめたものです。

66ページ

ぴったり3 たしかめのテスト

3. くらしを守る
2 事故や事件からくらしを守る

教科書 104～115ページ　答え 34ページ

/100　ごうかく80点

1 次のグラフを見て、答えましょう。　1つ5点（30点）

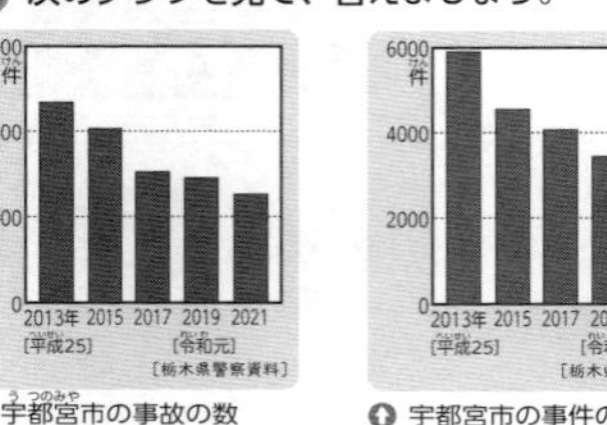

❶ 宇都宮市の事故の数　❷ 宇都宮市の事件の数　❸ 宇都宮市に住む人の数

(1) 2021年の事故と事件では、どちらの数が多いですか。（　事件　）

(2) 事故の数が2000件以上の年を、2つ書きましょう。
（順不同）（　2013　）年　（　2015　）年

(3) 3つのグラフは、2013年から2021年にかけてどのようにかわっていますか。あてはまるものを、㋐～㋒からえらびましょう。　技能

①（　㋑　）宇都宮市の事故の数
②（　㋑　）宇都宮市の事件の数
③（　㋒　）宇都宮市に住む人の数

㋐ ふえつづけている　㋑ へりつづけている　㋒ ほとんどかわらない

2 次の問いに、答えましょう。　1つ5点（15点）

(1) よくでる 110番にかけた電話は、どこにつながりますか。㋐～㋒からえらびましょう。（　㋒　）

㋐ パトロールカー　㋑ 近くの交番　㋒ けいさつ本部の通信指令室

(2) よくでる 110番の電話を受けた(1)が直せつれんらくしないところを、㋐～㋓からえらびましょう。（　㋒　）

㋐ 現場近くのけいさつしょ　㋑ 現場近くにいるパトロールカー
㋒ 現場近くの病院　㋓ 現場近くの消防しょ

記述 (3) 110番に交通事故が起きたことを通報するとき、どのようなことをつたえますか。かんたんに書きましょう。　思考・判断・表現

（（れい）事故の様子や場所、自分の名前や電話番号をつたえる。）

67ページ

3 次の問いに、答えましょう。　1つ5点（20点）

(1) 交通事故の現場の様子を表した①～③の絵にあてはまるせつ明を、㋐～㋒からえらんで線でむすびましょう。

① ― ㋒けがをした人を助けて、救急車で病院に運ぶ。
② ― ㋐交通整理をして、道路の安全をかくほする。
③ ― ㋑なぜ、事故が起きてしまったのか原因を調べる。

記述 (2) てきたらスゴイ！ 事故現場で、けいさつかんが交通整理をするのはなぜですか。「交通事故」という言葉を使って、かんたんに書きましょう。　思考・判断・表現

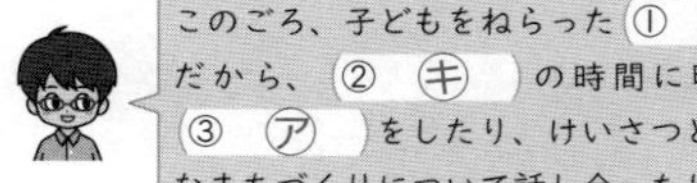

（（れい）人や車でこんざつしている事故現場で、べつの交通事故が起きないようにするため。）

4 安全なまちづくりについて、次の会話の①～⑦にあてはまるものを、あとの㋐～㋖からえらびましょう。　1つ5点（35点）

このごろ、子どもをねらった（①　㋓　）がふえているそうだよ。だから、（②　㋖　）の時間に町内会の人たちが交たいで（③　㋐　）をしたり、けいさつと（④　㋑　）を開いて、安全なまちづくりについて話し合ったりしてくれているんだって。

いざというときには、（⑤　㋔　）のステッカーをはってあるお店に行けば、助けてもらえるよ。地いきの人だけでなく、けいさつや学校、お店、（⑥　㋕　）がふだんの様子をしらせ合ったり、活動内ようをいっしょに考えたりしながら、（⑦　㋒　）してまちの安全を守っているんだね。

㋐ パトロール　㋑ 安全会議　㋒ 協力　㋓ はんざい
㋔ こども110番　㋕ 市役所　㋖ 登下校

ふりかえり ❷(3)がわからないときは、60ページの❷にもどってかくにんしてみよう。

たしかめのテスト　66～67ページ

1 (1)2021年の事故の数は1000件以上、事件の数は2000件以上なので、事件の数の方が多いです。事故のグラフの目もりは1000、事件のグラフの目もりは2000から始まっていることに注意しましょう。

2 (2)けが人がいる場合は、消防しょにれんらくして、救急車に出動してもらいます。病院へのれんらくは、消防しょが行います。
(3)けいさつかんが早く現場に向かえるよう、落ち着いて、正かくにつたえることが大切です。「事故の様子や場所をつたえる」ことが書かれていればよいです。

3 ②③事故が起きると、通信指令室が現場近くのけいさつしょや交番、パトロールカーに出動を指令します。かけつけたけいさつかんが交通整理をしたり、事故の原因を調べたりします。

4 ⑤いざというときに、子どもたちが助けをもとめられるようにしている家や店には、こども110番のステッカーがはられています。

記述問題のプラスワン

3 (2)事故の現場は、車や人が通行できなくなっていることもあるため、こんざつします。べつの交通事故も起きやすくなり、とてもきけんです。そのため、けいさつかんが現場にかけつけ、交通整理を行うのです。「交通事故が起きないようにする」ことが書かれていればよいです。この問題では「理由」を聞いているので、文の終わりは「～ため」「～から」としましょう。

4. 市のうつりかわり
1 市の様子と人々のくらしのうつりかわり①

学習日

◎めあて 市の土地の使われ方や、人口のうつりかわりについてりかいしよう。

教科書 116～123ページ　答え 35ページ

次の（　）に入る言葉を、下からえらびましょう。

1 かわってきた明石のまち／かわってきたわたしたちの市
教科書 116～121ページ

昔と今の様子のちがい

- 昔と今の写真をくらべると、乗り物やたて物など、様子がかわっていることに気づく。

ワンポイント 時期の区分

- **時期の区分**には、明治、大正、昭和、平成、令和のように（① 元号 ）による表し方がある。
- 「江戸時代」のような、政治の中心となった地いきによる表し方もある。

市のうつりかわり

- 2つの地図をくらべると、昔は西がわの海に（② 島 ）がなかった。
- （③ 鉄道 ）の路線がふえた。
- （④ 家 ）や店がふえた。

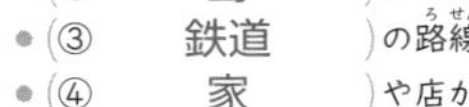

およそ70年前の明石市の土地の高さと使われ方

今の明石市の土地の高さと使われ方

2 人口のうつりかわり
教科書 122～123ページ

ふえてきた人口

- **人口**…市や県、国など、その地いきに住んでいる人の数のこと。
- （⑤ 1955年 ）ごろから急に人口がふえている。
- 明石市は昭和になってまわりの（⑥ 町 ）や村と一つになり、広くなって人口もふえた。
- 平成になると65才以上の（⑦ お年より ）の数がふえてきた。
- 市に住む（⑧ 外国 ）の人もふえている。
- さいきんは、小さな子どものいる（⑨ 家族 ）もふえてきている。

明石市の人口のうつりかわり

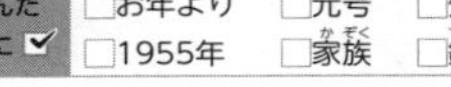

えらんだ言葉に✓
□お年より □元号 □外国 □家 □島
□1955年 □家族 □鉄道 □町

ぴったり2
練習

学習日

ぴたトリビア あさい海をうめ立ててつくられた人工の島は、工場用地などにりようされます。大阪の関西国際空港なども人工の島につくられています。

教科書 116～123ページ　答え 35ページ

1 2つの地図を見くらべて、次のせつ明のうち正しいものには○を、まちがっているものには×をつけましょう。

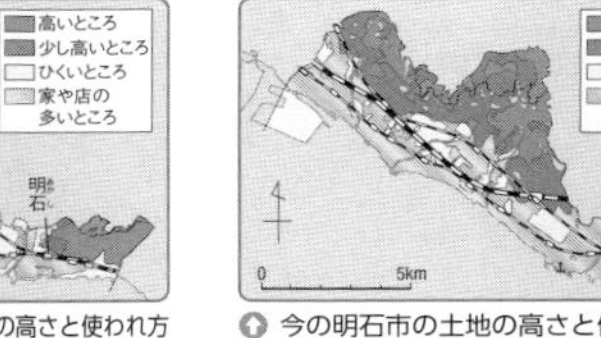

およそ70年前の明石市の土地の高さと使われ方

今の明石市の土地の高さと使われ方

①（ × ）今も昔も、土地が高いところには、家や店が多いところはない。
②（ ○ ）約70年前とくらべて、駅の数がふえている。
③（ × ）市の東がわに、人工の島がつくられた。
④（ × ）新しくふえた路線は、明石駅を通っている。

2 次の問いに、答えましょう。

(1) 市や県、国など、その地いきに住んでいる人の数のことを何といいますか。
（ 人口 ）

(2) 1935年の明石市の人口は、どのくらいですか。㋐～㋒からえらびましょう。（ ㋑ ）
㋐ 1万人　㋑ 5万人　㋒ 10万人

(3) 2020年の市の人口は、1935年の人口にくらべて、およそ何倍になりましたか。　およそ（ 6 ）倍

(4) 市の人口がいちばんふえたのはいつごろですか。㋐～㋓からえらびましょう。（ ㋐ ）
㋐ 昭和の間　㋑ 昭和から平成の間
㋒ 平成の間　㋓ 平成から令和の間

(5) 明石市で、65才以上の人の数がいちばんふえたのはいつごろですか。㋐～㋓からえらびましょう。
（ ㋒ ）
㋐ 昭和の間　㋑ 昭和から平成の間
㋒ 平成の間　㋓ 平成から令和の間

明石市の人口のうつりかわり

明石市の65才以上の人の数

ヒント
1 家や店の多いところ、路線や駅などがどうかわったかに注意しましょう。
2 (4)(5) グラフのぼうの長さののび方に注目します。

できたかな？
□人口とはどのような数か、せつ明してみよう。

おうちのかたへ
この単元では、同じ地域の時期が異なる複数の地図を見比べて、土地の使われ方や鉄道がどのように変わったかなど、地域の様子の変化を読み取ることを学びます。また、元号を使った時期の区分や人口の移り変わりについても学びます。

練習　69ページ

1 ①およそ70年前は土地の高いところに家や店の多いところはありませんでしたが、今の地図を見ると、土地の高いところにも家や店の多いところが広がっていることがわかります。③人工の島がつくられたのは、市の西がわです。地図を見くらべると、直線でかこまれた島ができていることがわかります。④地図を見ると、2つの路線の間に新しい路線ができています。新しくふえた路線は明石駅を通らず、市の西がわを通っています。

2 (3)1935年の人口はおよそ5万人、2020年の人口はおよそ30万人なので、およそ6倍になっています。
(4)市の人口がいちばんふえているのは1955（昭和30）年から1975（昭和50）年の間なので、㋐の昭和の間です。
(5)65才以上の人がいちばんふえているのは、1995（平成7）年から2015（平成27）年の間なので、㋒の平成の間です。

4. 市のうつりかわり

1 市の様子と人々のくらしのうつりかわり②

◎めあて 市の道路や鉄道、土地の使われ方のうつりかわりについてりかいしよう。

教科書 124〜127ページ　答え 36ページ

次の(　)に入る言葉を、下からえらびましょう。

1 道路や鉄道のうつりかわり

教科書 124〜125ページ

✪ 明石市の交通の広がり

- 1888年に鉄道が開通し(① 明石駅)ができる。
- 1933年に国道２号ができる。
- 1951年に市えい(② バス)がはじめて通る。
- 1972年に(③ 山陽新かん線)が通る。
- 今は(④ 高速道路)を使って、短時間でいろいろな場所に行くことができる。

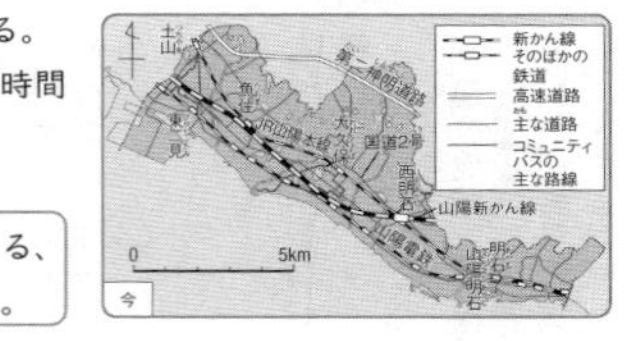

ワンポイント 鉄道

- 鉄道は一度に多くの人を運ぶことができる、かんきょうにやさしい交通きかんである。

2 土地の使われ方のうつりかわり

教科書 126〜127ページ

✪ 明石市の土地の使われ方のへんか

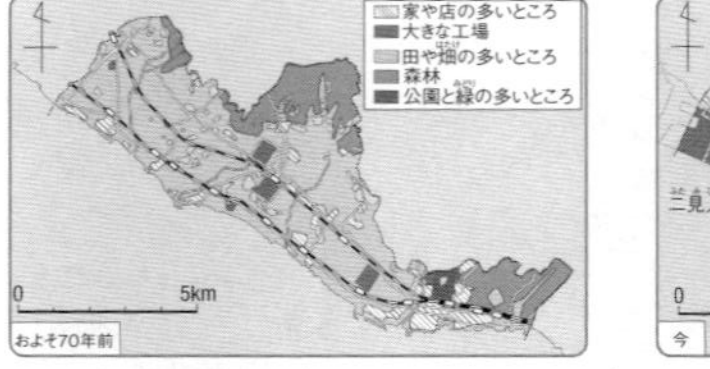

- およそ70年前は(⑤ 田や畑)がほとんどで、**ため池**がたくさんあった。
- 今は(⑥ 家や店)が多いところが、市全体に広がっている。
- 市の西がわには海がうめ立てられて(⑦ 人工の島)がつくられた。
- 市の東がわの(⑧ 森林)がなくなり、明舞団地がつくられた。

えらんだ言葉に✔
□山陽新かん線 □家や店 □明石駅 □森林
□高速道路 □田や畑 □人工の島 □バス

ぴったり2

練習

ぴたトリビア　山陽新かん線は大阪から博多までをむすんでいます。大阪から東京までは東海道新かん線で、博多から先は九州新かん線で鹿児島までつながっています。

教科書 124〜127ページ　答え 36ページ

1 次の地図を見て、答えましょう。

(1) 一度にたくさんの人を運ぶことができる、かんきょうにやさしい交通きかんを、□からえらびましょう。
(鉄道)

コミュニティバス　鉄道
自動車　航空機

(2) ２つの地図を見くらべて、およそ70年前にはなかったものを、㋐〜㋕から３つえらびましょう。

㋐ 山陽新かん線　㋑ 国道２号
㋒ 明石駅　㋓ 第二神明道路
㋔ 山陽電鉄　㋕ 魚住駅

(順不同)(㋐)(㋓)(㋕)

2 ２つの地図を見くらべて、次のせつ明のうち正しいものには○を、まちがっているものには×をつけましょう。

①(○)およそ70年前は田や畑だったところが、今はほとんど家や店になっている。
②(×)今は大きな工場が各地にあるが、およそ70年前は一つもなかった。
③(×)市の北や東に広がる森林は、およそ70年前から開発されずにそのままのこっている。
④(○)大きな工場のある二見人工島は、市の西がわの海をうめ立ててつくられた。
⑤(○)およそ70年前とくらべて、公園と緑の多いところが、市の北がわなどにふえている。

およそ70年前の土地の使われ方

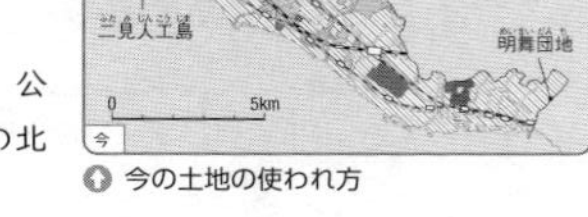

今の土地の使われ方

ヒント ❷ 家や店、田や畑などの色の広がりが、どうかわったかに注意しましょう。

できたかな？
□市の人口がふえると土地の使われ方がどのようにかわるか、せつ明してみよう。

おうちのかたへ
この単元では、同じ地域の時期が異なる複数の地図を見比べて、鉄道や道路、田や畑、工場、住宅地といった土地の使われ方がどのように変わったか、地域の様子の変化を読み取ることを学びます。お子さんと一緒に図書館などで地域の昔と今の地図を見比べながら、気づいたことを話し合ってみるとよいでしょう。

練習　71ページ

1 (1)航空機も一度にたくさんの人を運ぶことができますが、鉄道よりも地球温だん化の原因の一つとされている二酸化炭素を多く出します。コミュニティバスは、鉄道や民間のバスのりようがふべんな地いきで走っています。
(2)2つの地図を見くらべると、新かん線や高速道路、新しい駅などがふえていることがわかります。

2 ①およそ70年前は市全体に田や畑が広がっていましたが、今はほとんど住たく地になっています。
②およそ70年前の地図にも、大きな工場をしめす色分けが入っています。③市の東に広がっていた森林はなくなり、家や店、団地になっています。また、北がわの森林は少なくなり、家や店、公園などになっています。④二見人工島には、大きな工場や市民が楽しめる公園があります。⑤公園と緑の多いところをしめす色分けが、市の北がわや二見人工島などにふえています。

72ページ

ぴったり3 たしかめのテスト

4. 市のうつりかわり
1 市の様子と人々のくらしのうつりかわり

/100 ごうかく80点

教科書 116～127ページ　答え 37ページ

1 よく出る 次の地図1～地図4を見くらべて、明石市のうつりかわりについて書かれた下の文のうち正しいものには○を、まちがっているものには×をつけましょう。　1つ5点（30点）

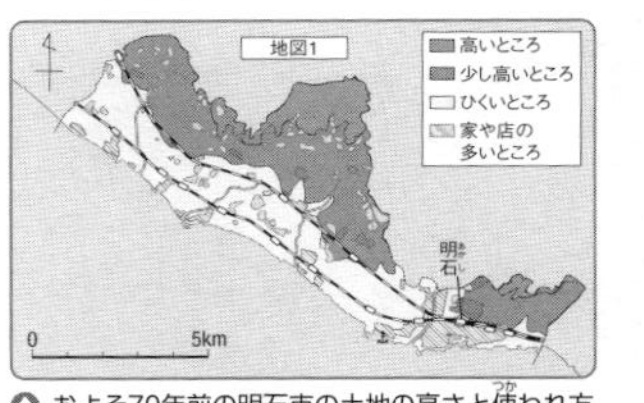

およそ70年前の明石市の土地の高さと使われ方

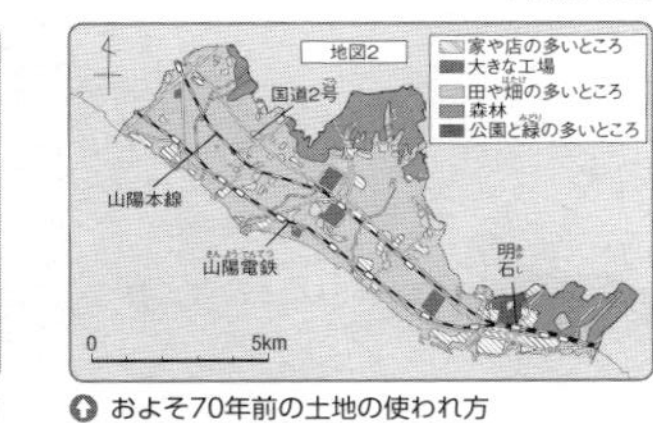

およそ70年前の土地の使われ方

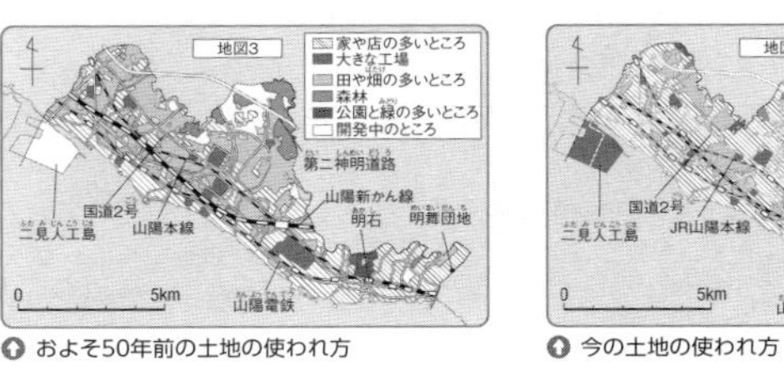

およそ50年前の土地の使われ方

今の土地の使われ方

①（ × ）土地の使われ方は、土地がひくいところでは大きくかわったが、高いところでは、ほとんどかわっていない。
②（ × ）地図３で開発中のところは、地図４ではすべて森林になった。
③（ × ）土地がひくいところの田や畑は、今ではすべてなくなって、家や店や工場になっている。
④（ ○ ）土地が高いところの森林は、およそ50年前に半分以上が開発されて、今は家や店がふえている。
⑤（ ○ ）家や店の多いところは、土地のひくいところからふえていって、高いところへと広がっていった。
⑥（ × ）鉄道の山陽本線と山陽電鉄、高速道路の第二神明道路は土地のひくいところを通るが、山陽新かん線は土地の高いところを通っている。

72

73ページ

2 次の市役所の人の話の①～⑦にあてはまる言葉を、**1**の地図を見ながら書きましょう。　1つ5点（35点）

130年ほど前に明石駅ができて、およそ70年前には（① 山陽電鉄 （①・②は順不同））と（② 山陽本線 （①・②は順不同））の２つの鉄道が通っていました。そのころには、鉄道にそって（③ 国道２号 ）という大きな道路もできていました。今では、高速道路の（④ 第二神明道路 ）や、新大阪から博多までをむすぶ鉄道の（⑤ 山陽新かん線 ）もできて、ずいぶんべんりになりました。
また開発も進んで、二見には海をうめ立てた（⑥ （二見）人工島 ）がつくられ、公園や大きな（⑦ 工場 ）となっています。

3 次の地図やグラフを見て、答えましょう。　1つ5点（35点）

(1) よく出る 次の文の①～⑥にあてはまる言葉や数字を書きましょう。　技能

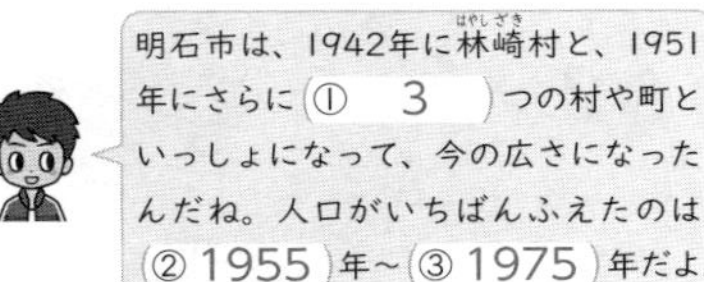
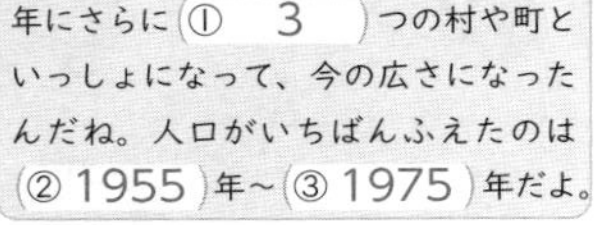

明石市は、1942年に林崎村と、1951年にさらに（① 3 ）つの村や町といっしょになって、今の広さになったんだね。人口がいちばんふえたのは（② 1955 ）年～（③ 1975 ）年だよ。

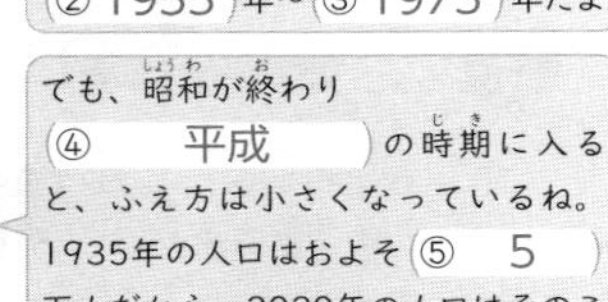

でも、昭和が終わり（④ 平成 ）の時期に入ると、ふえ方は小さくなっているね。1935年の人口はおよそ（⑤ 5 ）万人だから、2020年の人口はそのころのおよそ６倍になっているよ。

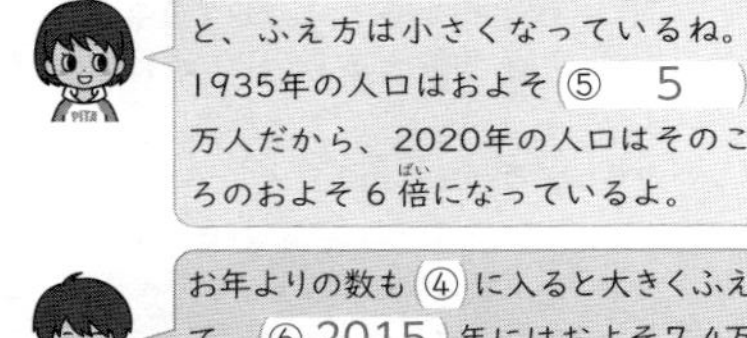
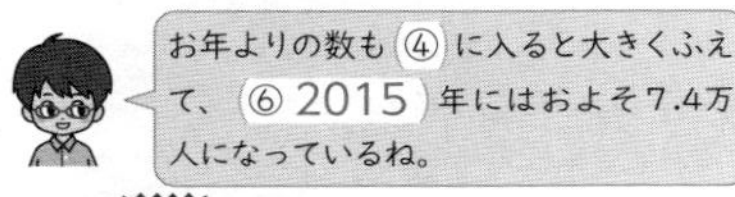

お年よりの数も（④）に入ると大きくふえて、（⑥ 2015 ）年にはおよそ7.4万人になっているね。

明石市の土地のうつりかわり（1942～1951年）

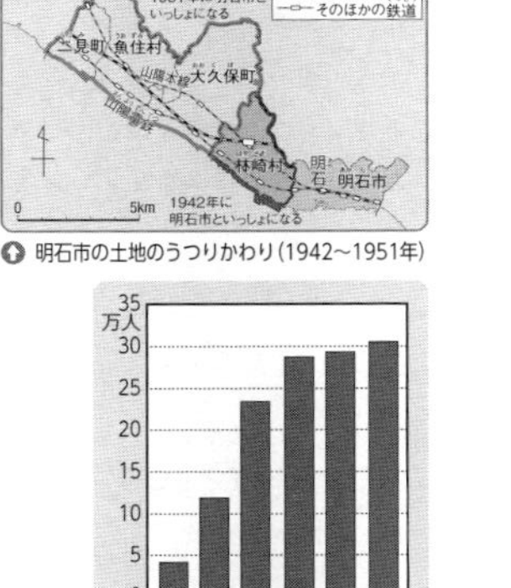

明石市の人口のうつりかわり

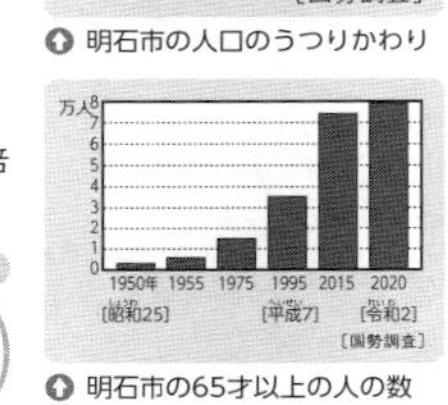

明石市の65才以上の人の数

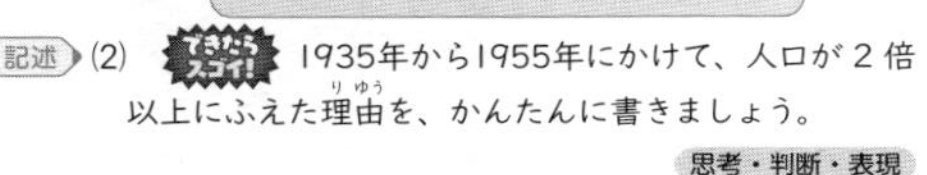

記述 (2) できたらスゴイ！ 1935年から1955年にかけて、人口が２倍以上にふえた理由を、かんたんに書きましょう。　思考・判断・表現

（れい）明石市が４つの町や村といっしょになったから。

ふりかえり **3**(2)がわからないときは、68ページの**2**にもどってかくにんしてみよう。

73

たしかめのテスト 72～73ページ

1 ①地図１の土地の高さの色をさんこうにして、ほかの３つの地図のかわっているところを見ます。地図１、２で土地が高く森林が多かったところも、地図４では家や店が多くなっています。②地図３で開発中になっていたところは、地図４では大きな工場や、家や店などになっています。③地図４でも、田や畑を表す色がまだのこっています。④土地が高いところの森林は、地図３では半分以上が開発中になっており、地図４では家や店の多いところになっています。⑥第二神明道路は土地の高いところを、山陽新かん線は土地のひくいところを通っています。

2 ①②③については**1**の地図２を、④⑤⑥⑦については**1**の地図４を見て考えましょう。

3 (1)⑤1935年の人口はおよそ５万人、2020年はおよそ30万人なので、およそ６倍になっています。
⑥お年よりの数がいちばんふえているのは1995年から2015年の間で、2015年にはおよそ7.4万人になっています。

記述問題のプラスワン

3 (2)1935年から1955年の間に４つの町や村といっしょになったことで、市の土地が広くなり、そこに住んでいた人たちの人口も明石市にくわわったので、人口が２倍以上にふえました。「ほかの町や村といっしょになった」ことが書かれていればよいです。この問題では「理由」を聞いているので、文の終わりは「～から」「～ため」としましょう。

4. 市のうつりかわり

1 市の様子と人々のくらしのうつりかわり③

◎めあて 公共しせつのうつりかわりと、道具を通したくらしのへんかについてりかいしよう。

教科書 128〜131ページ ➡答え 38ページ

✎次の（　）に入る言葉を、下からえらびましょう。

1 公共しせつのうつりかわり

教科書 128〜129ページ

✪ ふえてきた公共しせつ

- およそ70年前は、（① 市役所 ）、天文科学館、いくつかの小学校があった。
- 1971年に（② 市民会館 ）がつくられた。
- 2017年にあかし市民（③ 図書館 ）がつくられた。
- 明石市内のほとんどの（④ 小学校 ）の中に、地いきの交流に活用できるコミュニティ・センターがある。

❶ およそ70年前の明石市の主な公共しせつ

❶ 今の明石市の主な公共しせつ

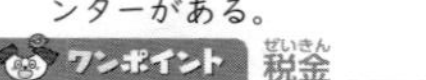

ワンポイント 税金

- 税金とは、市区町村や国などが集め、みんなに役立つ活動を行ったり、（⑤ 公共しせつ ）をつくったりするために使われるお金のこと。

2 道具とくらしのうつりかわり

教科書 130〜131ページ

✪ 昔の道具と今の道具

- 昔も今も、毎日の（⑥ くらし ）の中でたくさんの道具を使っている。
- 道具は、くらしをよりよくしようとする人々の（⑦ ねがい ）とともにかわってきた。
- いねかり…かまから（⑧ きかい ）を使うようになった。
- 部屋のあかり…石油ランプから（⑨ 電とう ）にかわり、より明るく、長くてらせるLEDライトになった。
- りょうり…火を自分でおこして、まきをもやして使うかまどを使っていた。
- せんたく…みぞの上でこすってよごれを落とす、せんたく板を使っていた。

❶ かまど

❶ せんたく板

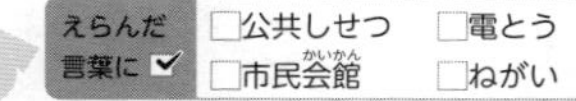

えらんだ言葉に✔　□公共しせつ　□電とう　□小学校　□きかい　□市役所　□市民会館　□ねがい　□図書館　□くらし

ぴったり2

練習

ぴたトリビア　昔のせんたくでは、水を入れたたらいの中にせんたく板を立てかけ、せっけんをつけて、よごれをせんたく板のみぞにこすりつけてあらいました。

教科書 128〜131ページ ➡答え 38ページ

1 次の地図を見て、答えましょう。

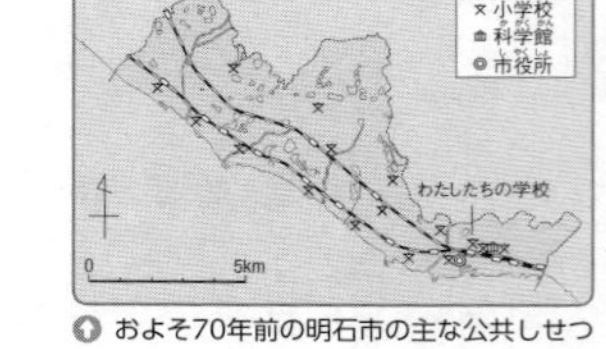

❶ およそ70年前の明石市の主な公共しせつ

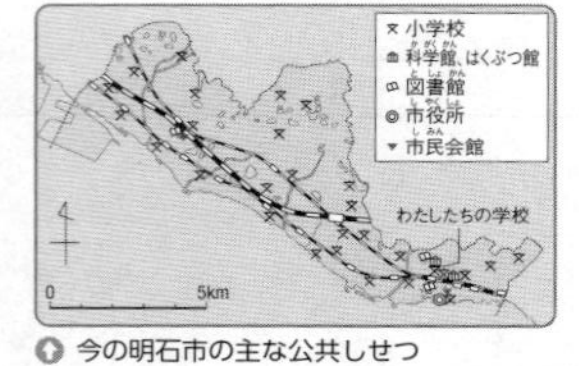

❶ 今の明石市の主な公共しせつ

(1) 地図中の公共しせつについてのせつ明として正しいものには○を、まちがっているものには×をつけましょう。

①（ × ）市役所の場所は、およそ70年前からかわっていない。
②（ ○ ）およそ70年前は、市民会館がなかった。
③（ ○ ）はくぶつ館や図書館は、主に駅の近くに集まっている。
④（ × ）小学校の数は、およそ70年前からかわっていない。

(2) 市区町村や国などが集め、公共しせつをつくったり、みんなに役立つ活動を行ったりするために使われるお金を何といいますか。（ 税金 ）

2 次の①〜③の道具の絵にあてはまるせつ明を、㋐〜㋒からえらんで線でむすびましょう。

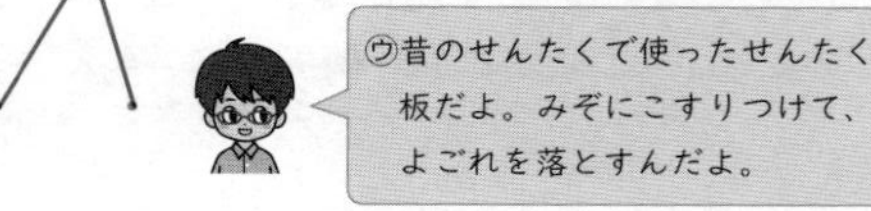

ヒント ❶「1. わたしのまち みんなのまち」で学習した地図記号を思い出しましょう。2つの地図をよく見くらべて考えましょう。

できたかな？
□公共しせつはどのようなお金でつくられているか、せつ明してみよう。

おうちのかたへ
地域の博物館や資料館には、昔の道具を展示しているところがあります。お子さんと一緒に見学し、昔の暮らしの様子や移り変わりについて、気づいたことを話し合ってみるとよいでしょう。

練習 75ページ

❶ (1)①2つの地図を見くらべると、線路の近くにあった市役所が、南東方向の海の近くにいどうしていることがわかります。③今の地図を見ると、科学館、はくぶつ館の記号と、図書館の記号が、主に市の東がわの駅の近くに集まっていることがわかります。④およそ70年前の地図とくらべると、今の地図の方が小学校をしめす記号が多くなっています。人口がふえたことで子どもの数もふえ、小学校もふえていきました。

❷ ①せんたくは、せんたく板からせんたくきへとかわり、自分でこするひつようがなくなり、短い時間でできるようになりました。②部屋のあかりは、石油ランプから電とう、LEDライトへとうつりかわり、広い部屋もより明るく、より長くてらせるようになりました。③りょうりは、かまどからガステーブル、IH調理器にかわり、自分で火をおこさなくても、すぐにりょうりができるようになり、べんりになりました。

ぴったり1 じゅんび

4. 市のうつりかわり

1 市の様子と人々の くらしのうつりかわり④

76ページ

めあて 年表にまとめる方法をりかいし、市のこれからのはってんについて考えてみよう。

教科書 132～137ページ　答え 39ページ

次の（　）に入る言葉を、下からえらびましょう。

1 市のうつりかわりをまとめてみよう　教科書 132～133ページ

ワンポイント 年表のつくり方

- いちばん上に横じくをつくり、左から右に（① 古い ）じゅんにならべ、右のはしを今にする。
- （② 元号 ）を使って、何年ごろかを書きこむ。
- 調べてきたこうもくごとに、（③ へんか ）がわかるようにまとめる。

明石市のうつりかわりの年表

	およそ70年前	およそ50年前	今
人口	人口が10万人をこえた	人口がとてもふえ、20万人をこえた	人口がやく30万人になった
交通		（④ 高速道路 ）や新かん線が通った	大阪まで、電車でやく40分で行くことができる
土地の使われ方	（⑤ 田や畑 ）が多かった たくさんのため池があった	明舞団地ができた 二見に人工の島ができ、（⑥ 工場 ）ができていった	市全体に（⑦ 住たく ）が広がった 田や畑が少なくなった
公共しせつ	天文科学館ができた	学校がふえ、図書館などの公共しせつができた	明石駅前に公共しせつが集まる大きなたて物ができた
くらしの道具	かんたんな道具が多かった	（⑧ 電気 ）を使ったものがふえた	べんりな道具がふえた

2 市のはってんのために／足立区のうつりかわり　ひろげる　教科書 134～137ページ

明石市のはってん

- 子どもの医りょうひや（⑨ 給食ひ ）、ほいくりょうなどをむりょうにする取り組みにより、明石市に住みたい人がふえている。

足立区のうつりかわり

- 地下鉄の開通で都心へ、高速道路の開通で地方へ行きやすくなった。

えらんだ言葉に✓　□高速道路　□給食ひ　□住たく　□元号　□工場　□へんか　□田や畑　□古い　□電気

ぴったり2 練習

77ページ

ぴたトリビア 北極と南極をむすぶ東経135度の線を日本標準時子午線といい、日本では明石市を通るこの線の上に太陽がきたときが午後0時と決められています。

教科書 132～137ページ　答え 39ページ

1 明石市のうつりかわりについて、次の市の様子はいつごろのものでしょうか。それぞれあてはまる時期を、㋐～㋒からえらびましょう。

㋐ およそ70年前　㋑ およそ50年前　㋒ 今

(1) 人口について
① （ ㋐ ）人口が10万人をこえた。
② （ ㋒ ）人口がやく30万人になった。
③ （ ㋑ ）人口がとてもふえ、20万人をこえた。

(2) 土地の使われ方について
① （ ㋒ ）田や畑が少なくなり、市全体に住たくが広がった。
② （ ㋐ ）田や畑が多く、たくさんのため池があった。
③ （ ㋑ ）明舞団地ができ、二見の人工の島に工場ができた。

(3) 公共しせつについて
① （ ㋑ ）学校がふえ、図書館などの公共しせつができた。
② （ ㋐ ）天文科学館ができた。
③ （ ㋒ ）明石駅前に、公共しせつが集まる大きなたて物ができた。

2 次の問いに、答えましょう。

(1) 市からのお知らせをけいさいしたり、市内のさまざまな取り組みをしょうかいしたりするためにいんさつされたさっしを何といいますか。
（ 広ほうし ）

(2) 次のしりょうは、Aさんが明石市についてまとめたものです。しりょうの①～③にあてはまる言葉を、㋐～㋔からえらびましょう。

●明石市のじまん
- 日本の（① ㋔ ）を決めるきじゅん線の上に天文科学館がある。

●ふっこうした明石市
- 1995年に（② ㋐ ）でひがいを受けたが、ふっこうしてにぎわっている。

●子どもを核としたまちづくり
- 子どもの医りょうひ、給食ひ、ほいくりょうを（③ ㋓ ）にしている。

㋐ 阪神・淡路大震災　㋑ 東日本大震災　㋒ ゆうりょう
㋓ むりょう　㋔ 時こく

ヒント 2 (2) 子どもを中心とする市の取り組みにより、明石市に住みたいという人がふえています。

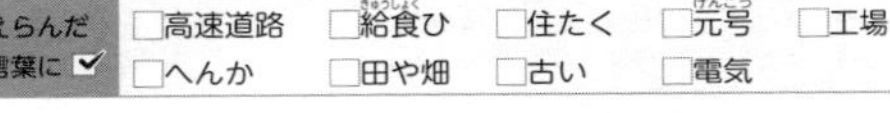

できたかな？

□市区町村からのお知らせや取り組みを調べるには何を見ればいいか、れいをあげてみよう。

おうちのかたへ

お子さんと一緒に市区町村が発行している広報誌や、ホームページなどを見てみるとよいでしょう。力を入れていることや、魅力などについて知ることができます。

練習 77ページ

1 (1)およそ70年前に10万人だった人口が、およそ50年前には20万人をこえ、今はやく30万人になりました。また、お年よりや外国の人の数もふえました。

(2)たくさんあった田や畑がへって、団地や人工の島ができ、住たくが市全体に広がりました。

(3)人口がふえたことで学校や図書館などの公共しせつがふえていき、駅前には公共しせつが集まる大きなたて物ができました。

2 (1)市からのお知らせや、さまざまな取り組みは、ホームページでも調べることができます。

(2)①明石市立天文科学館がある場所を、日本の時こくを決めるきじゅん線である日本標準時子午線が通っています。明石市にはほかにも、明石城などれきしのあるたて物ものこされています。②阪神・淡路大震災では、神戸市や明石市など兵庫県の南の地いきが、とくに大きなひがいを受けました。

たしかめのテスト 78ページ

4. 市のうつりかわり
1 市の様子と人々のくらしのうつりかわり

/100 ごうかく80点

教科書 128〜137ページ　答え 40ページ

1 次の地図を見て、答えましょう。　1つ5点（25点）

およそ70年前の明石市の主な公共しせつ　今の明石市の主な公共しせつ

(1) 明石市に、およそ70年前からあった公共しせつを、㋐〜㋔から2つえらびましょう。　技能

(順不同)（ ㋐ ）（ ㋑ ）

㋐ 市役所　㋑ 小学校　㋒ 図書館　㋓ 市民会館
㋔ はくぶつ館

(2) およそ70年前にはなく、今の明石市にはある公共しせつを、㋐〜㋔から2つえらびましょう。　技能

(順不同)（ ㋒ ）（ ㋔ ）

㋐ 市役所　㋑ 小学校　㋒ はくぶつ館　㋓ 科学館
㋔ 市民会館

記述 (3) 市区町村や国などが集める税金は、どのようなことに使われますか。かんたんに書きましょう。　思考・判断・表現

（(れい) 公共しせつをつくったり、みんなに役立つ活動に使われたりする。）

2 はくぶつ館の見学のしかたのせつ明として正しいものには○を、まちがっているものには×をつけましょう。　1つ5点（20点）

①（ × ）はくぶつ館についてから、何を調べるのか考える。
②（ ○ ）せつ明をしてくれる学げい員の人にあいさつをする。
③（ ○ ）てんじされているしりょうを見てわからないことがあれば、先生や学げい員の人にたずねる。
④（ × ）はくぶつ館はどこでも写真さつえいができるので、学げい員の人にかくにんせず写真をとってもよい。

78

79ページ

3 次の道具年表を見て、答えましょう。　1つ5点（20点）

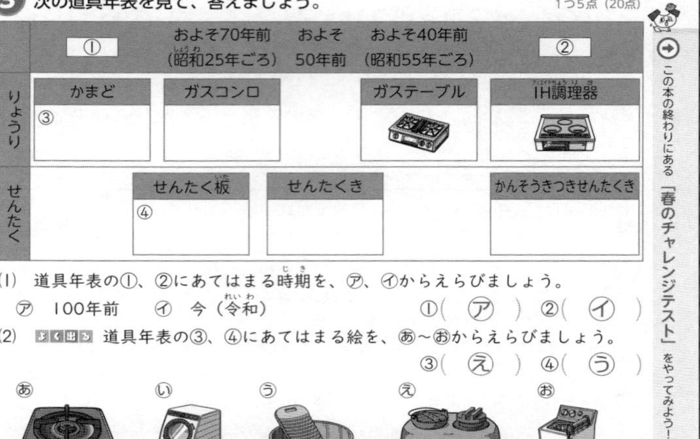

	①	およそ70年前（昭和25年ごろ）	およそ50年前	およそ40年前（昭和55年ごろ）	②
りょうり	かまど ③	ガスコンロ		ガステーブル	IH調理器
せんたく	せんたく板 ④		せんたくき		かんそうきつきせんたくき

(1) 道具年表の①、②にあてはまる時期を、㋐、㋑からえらびましょう。
㋐ 100年前　㋑ 今（令和）　①（ ㋐ ）②（ ㋑ ）

(2) 道具年表の③、④にあてはまる絵を、あ〜おからえらびましょう。
③（ え ）④（ う ）

あ  い 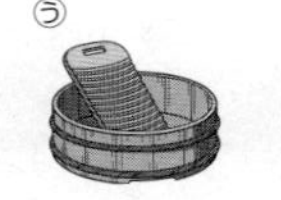 う  え  お 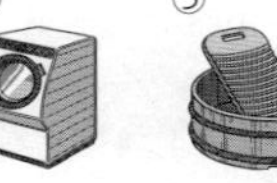 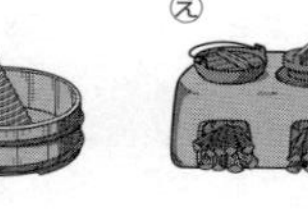

この本の終わりにある「春のチャレンジテスト」をやってみよう！

4 明石市のうつりかわりの年表の①〜⑦にあてはまるものを、㋐〜㋙からえらんで書きましょう。　1つ5点（35点）

	およそ70年前	およそ50年前	今
	高いたて物がなかった	にぎやかになった	高いたて物がふえた
①	人口が10万人をこえた	人口がとてもふえ、20万人をこえた	人口がやく30万人になった
②	田や畑が多かった	大きな(④)ができた (⑤)をうめ立てて人工の島がつくられた	市全体に(⑦)が広がった
③		高速道路や(⑥)が通った	大阪まで電車でやく40分で行くことができる

㋐ 土地の使われ方　㋑ 交通　㋒ 地下鉄　㋓ 住たく　㋔ 海
㋕ 新かん線　㋖ 団地　㋗ 田や畑　㋘ ため池　㋙ 人口

①（ ㋙ ）②（ ㋐ ）③（ ㋑ ）④（ ㋖ ）
⑤（ ㋔ ）⑥（ ㋕ ）⑦（ ㋓ ）

この本の終わりにある「学力しんだんテスト」をやってみよう！

ふりかえり ❶(3)がわからないときは、74ページの❶にもどってかくにんしてみよう。

79

たしかめのテスト 78〜79ページ

1 (1)およそ70年前の明石市の主な公共しせつの地図に、㋒・㋓・㋔は見あたりません。
(2)今の明石市の主な公共しせつの地図にはあって、およそ70年前の地図にはないものをさがします。㋐・㋑・㋓はどちらの地図にもあります。

2 ①はくぶつ館に行く前に、何を調べるのかまとめておきます。④はくぶつ館の中には、写真さつえいができない場所もあります。事前にかくにんしてからさつえいするようにしましょう。また、館内の注意書きもよく見ておきましょう。

3 (2)りょうりに使う道具は、古いじゅんに、えのかまど→あのガスコンロ→ガステーブル→IH調理器となります。せんたくに使う道具は、うのせんたく板→おのせんたくき→いのかんそうきつきせんたくきとなります。

4 ②は田や畑、住たくなどの言葉が入っていることから㋐の土地の使われ方、③は高速道路や電車などの言葉が入っていることから、㋑の交通であることがわかります。

記述問題のプラスワン

1 (3)図書館や市役所、学校などの公共しせつは、市区町村や国などが集めた税金でつくられています。また、けいさつや消防の仕事、ごみのしゅう集やしょぶんなど、わたしたちの生活にかかせないものにも、税金が使われています。「公共しせつをつくる」「みんなに役立つ活動に使われる」のどちらかが書けていればよいです。

名前　　　月　　日

時間 40分

知識・技能	思考・判断・表現	ごうかく80点
/70	/30	/100

答え41ページ

4については、学習の状況に応じてA・Bどちらかをえらんでやりましょう。

知識・技能　70点

1 次の問いに、答えましょう。

1つ2点、(3)(4)3点(25点)

(1) 地図はふつう、どの方位を上にして表されていますか。□からえらびましょう。

東　西　南　北

（北）

(2) 次の図の①〜④にあう方位を書きましょう。

北、東、南、西、①、②、③、④

①（北東）②（南東）③（南西）④（北西）

(3) 方位や目じるし、道の様子などを絵でかいた地図を何といいますか。

（絵地図）

(4) 次の地図記号が表しているたて物や場所を答えましょう。

	地図記号	もとになったもの
①	V	植物の二まいの葉（ふたば）
②	⛩	とりいの形
③	♁	りんごなどの実
④	⊗	丸でかこんだ二本のけいぼう

①（畑）②（神社）③（かじゅ園）④（けいさつしょ）

2 次の地図を見て、答えましょう。

(1)1つ3点、(2)5点(20点)

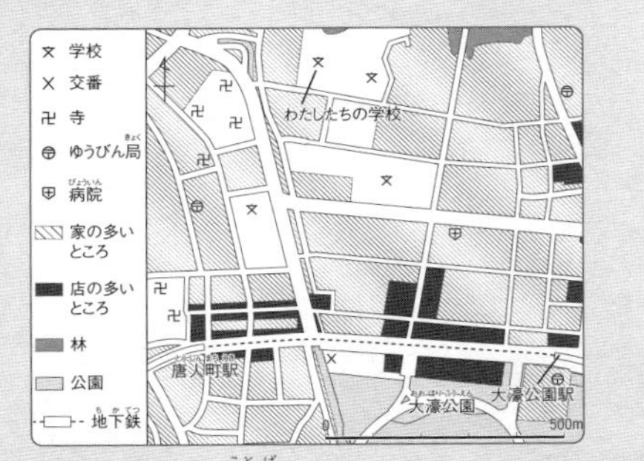

(1) 次の文にあう言葉をそれぞれえらび、下の㋐〜㋔に書きましょう。

・道路のはばは、場所によって、㋐｛ ちがう ・ 同じ ｝。

・交番の北がわには、㋑｛ 駅 ・ 学校 ｝がある。

・「わたしたちの学校」の㋒｛ 東 ・ 西 ｝がわには、寺が多く集まっているところがある。

・地図の右下のものさしで、㋓｛ きょり ・ 方位 ｝がわかる。

・店は㋔｛ 駅 ・ 学校 ｝の近くに多い。

㋐（ちがう）㋑（学校）
㋒（西）㋓（きょり）
㋔（駅）

(2) 次の絵のような、みんなのためにつくられたたて物や場所を何といいますか。

公民館　図書館

（公共しせつ）

夏のチャレンジテスト(表)　　うらにも問題があります。

夏のチャレンジテスト　表

1 (1)とくにことわりがないかぎり、上が北をしめします。

(2)八方位では、「北」と「南」を先にいいます。「東北」「西南」とならないように注意しましょう。

(4)①いねをかり取ったあとの様子を表した田の地図記号とまちがえないようにしましょう。

③かじゅ園の地図記号は、りんごやなしなどのくだものの実を横から見たところを表しています。

④交番の地図記号は、丸でかこんでいない、けいぼうを二本こうささせた形です。にているので注意しましょう。

2 (1)㋐地下鉄の駅の近くの道路や、寺が集まっているところの東を南北にはしる道路は、ほかの道路よりも広くなっています。一方、地図の東がわの家の多いところの道路は、せまくなっています。

㋑駅は交番の西がわと東がわにあります。

㋒北が上の地図は、西は左に、東は右になるので、寺が多く集まっているところは「わたしたちの学校」の西になります。

㋓地図の右下にあるものさしから、おおよそのきょりがわかります。方位は、地図の左上にある記号でわかります。矢じるしがさしている方向が北になります。

㋔店の多いところの色分けは、唐人町駅と大濠公園駅の近くに集まっています。地図の北がわにある学校のまわりには、店の多いところはありません。

(2)公共しせつは、みんなから集められたお金でつくられており、ほかにも学校や市役所、じどう館、公園などがあります。

おうちのかたへ 四方位、八方位を最初に定着させると、3年生だけでなく高学年での社会科の学習もスムーズに進められます。毎日の生活でも、「家から見て学校は北西にある」「リビングは寝室の南にある」などと方位を意識することでより身近に感じることができます。

3 次の地図を見て、答えましょう。

1つ3点、(4)4点(25点)

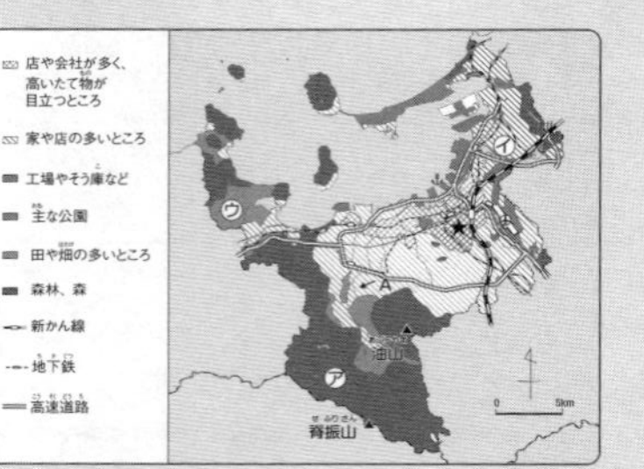

(1) 右の絵は、地図中のどの場所を表していますか。㋐～㋒からえらびましょう。 【㋒】

(2) 地図中のAの川は、市のどの方角からどの方角に流れていますか。㋐～㋒からえらびましょう。

㋐ 北から南へ流れている。

㋑ 南から北へ流れている。

㋒ 西から東へ流れている。

【㋑】

(3) 次の㋐～㋔にあう言葉を、あとの□からそれぞれえらびましょう。

・市の南がわは(㋐)が多い。

・店や会社は(㋑)の集まるところに多い。

・港近くの海岸線は(㋒)がとめやすいようにまっすぐになっており、工場は(㋓)に集まっている。

・市の様子は、場所によって(㋔)。

海の近く	交通きかん	ちがう
森	ちがいはない	船

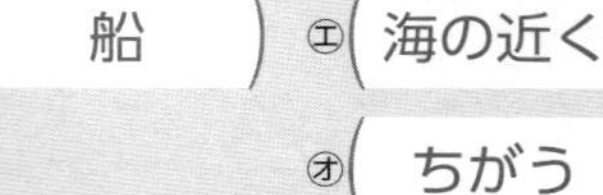

㋐【森】 ㋑【交通きかん】

㋒【船】 ㋓【海の近く】

㋔【ちがう】

(4) 地図中の★の場所にたくさんの人が集まる理由を、「駅」という言葉を使ってかんたんに書きましょう。

【(れい) 駅が近くにあって交通がべんりだから。】

思考・判断・表現 30点

4のA 次の問いに、答えましょう。

(1)1つ5点、(2)20点(30点)

(1) 農家のくふうについてせつ明した次の文にあう言葉をそれぞれえらび、下の㋐、㋑に書きましょう。

・ビニールハウスの、空気を㋐{ あたためる ・ ひやす }というとくちょうを使って、いちごがよく売れる㋑{ 夏 ・ 冬 }にしゅうかくできるようにさいばいしている。

㋐【あたためる】 ㋑【冬】

(2) しゅうかくしたあまおうは、きかいではなく手作業でパックづめをします。その理由をかんたんに書きましょう。

【(れい) あまおうにきずがつくのをふせぐため。】

4のB 次の問いに、答えましょう。

(1)1つ5点、(2)20点(30点)

(1) 右の写真についてせつ明した次の文にあう言葉をそれぞれえらび、下の㋐、㋑に書きましょう。

・自動で明太子の重さをはかってパックにつめるきかいができたことで、㋐{ 多くの ・ 少ない }明太子を、㋑{ 多くの ・ 少ない }人数でパックにつめることができるようになった。

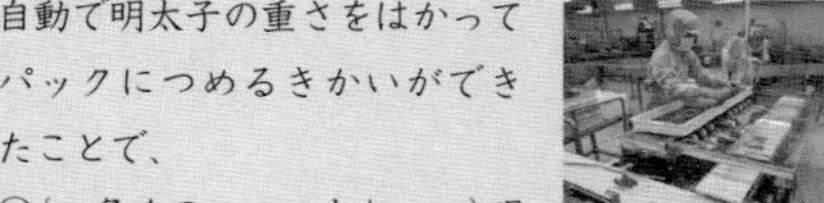

明太子工場で使われている自動の計りょうき

㋐【多くの】 ㋑【少ない】

(2) 工場ではたらく人が、右の絵のような服を着ているのはなぜですか。「よごれ」という言葉を使ってかんたんに書きましょう。

【(れい) よごれが目立つようにするため。】

夏のチャレンジテスト　うら

3 (1)㋐は森林、㋑は家や店の多いところです。

(2)川は、高いところ（山）からひくいところ（海）に向かって流れます。福岡市は南がわに山、北がわに海があるので、Aの川は南から北に向かって流れていることがわかります。

(3)㋑交通きかんは市の北東に集まっており、店や会社もこのあたりに多く集まっています。

㋔市の様子はどこも同じではなく、その場所にあわせた土地の使われ方になっています。

4のA (1)ビニールハウスは、まわりにビニールをはった温室のことです。いちごはもともと春に実をつけますが、ビニールハウスであたたかいかんきょうをつくり、冬でもしゅうかくできるようにしています。

(2)いちごはいたみやすいため、きずがつかないよう、ひとつひとつ手作業でていねいにパックにつめています。「あまおうにきずがつかないようにするため」というないようが書けていればよいです。

4のB (1)明太子はやわらかいので、しん重に作業しなければならず、一人で作業できるりょうにはかぎりがありました。しかし、明太子の重さを自動ではかってパックにつめるきかいができたことで、むずかしい作業を早く正かくにできるようになりました。

(2)工場ではたらく人は、工場の中がいつもせいけつになるよう、えいせいに気をつけています。「ばいきんやよごれが入らないようにするため」「よごれが目立つようにするため」というないようが書けていればよいです。

おうちのかたへ 地図の読み取りでは、方位と地図記号に加えて、凡例を見て土地の使われ方を考えたり、鉄道や交通の分布から人々の生活を考えたりすることも必要です。

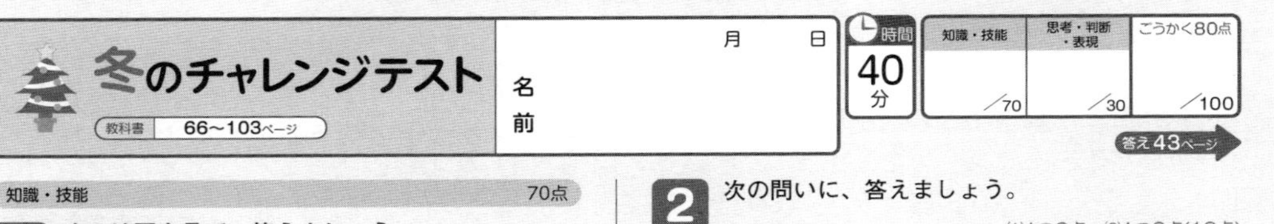

冬のチャレンジテスト

教科書 66〜103ページ

月　日

名前

時間 40分

知識・技能	思考・判断・表現	ごうかく80点
/70	/30	/100

答え43ページ

知識・技能　70点

1 次の地図を見て、答えましょう。

(1)1つ3点、(2)1つ2点(16点)

● 家の人がよく行く店

(1) 次の①〜④のうち、正しいものには○を、まちがっているものには×をつけましょう。

① 商店がいのお肉屋さんに行く人は7人いる。　×

② 車で行くスーパーマーケットが、いちばん多くりようされている。　○

③ コンビニエンスストアをりようする人はいない。　×

④ 商店がいは駅の近くにある。　○

(2) 次の①・②の店のとくちょうを、㋐〜㋒からえらびましょう。

①

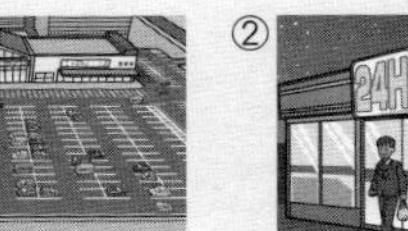

● スーパーマーケット

② ● コンビニエンスストア

㋐ 早朝や夜中でも開いているのでべんり。

㋑ ちゅう車場が大きく、店も広い。

㋒ せんもんの品物が多く、くわしい店員がいる。

①（㋑）②（㋐）

2 次の問いに、答えましょう。

(1)1つ2点、(2)1つ3点(18点)

(1) 次の①〜③にあう言葉を□からえらびましょう。

売り場には、つねに(①)のよいものをならべるようにしています。

(②)は、ねふだやパッケージのシールに書かれていることが多いです。日本で手に入りにくい品物は、(③)から運んでいます。

トラック　産地　外国　品しつ

①（品しつ）②（産地）③（外国）

(2) 右の絵のような、店の入り口にあるコーナーについて、次の文にあう言葉をそれぞれえらび、下の㋐〜㋓に書きましょう。

・牛にゅうパックやトレーを㋐{ コンシェルジュ ・ リサイクル }するためにおかれている。

・このはこに入れると、使い終わったものを㋑{ もやす ・ さい生する }ことができる。

・㋒{ レジぶくろ ・ 車いすのかし出し }をへらすことも、かんきょうを守る店の取り組みのひとつである。

・店は、品物を売るだけでなく、㋓{ 地いきこうけん ・ 工場の仕事 }もしている。

㋐（リサイクル）㋑（さい生する）

㋒（レジぶくろ）㋓（地いきこうけん）

●うらにも問題があります。

冬のチャレンジテスト　表

1 (1)①商店がいのお肉屋さんに行く人は５人です。

②車で行く大きなスーパーマーケットに行く人は15人で、いちばん多いです。

③コンビニエンスストアに行く人は３人います。

④商店がいは、駅を出てすぐ北がわにあります。

(2)①スーパーマーケットは、車で行ってたくさんの品物を買えるように、広いちゅう車場がある店が多いです。また、少しはなれたところに住んでいる人も、車で買い物に来ることができます。

2 (1)②品物の産地は、ねふだやパッケージ、だんボールなどに書かれていることが多く、品物の名前からわかることもあります。

③日本で手に入りにくい品物や、日本で買うよりも安くて品しつがよい品物は、外国からも運んでいます。

(2)㋐コンシェルジュは、お客さんの相談やしつもんなどに対おうする係のことです。

㋑リサイクルコーナーで集められた牛にゅうパックやトレーなどは、ふたたび使えるようにするため、工場に運ばれます。

㋒レジぶくろではなくお客さんが自分で持ってきたバッグを使えば、ごみのりょうをへらすことができ、かんきょうを守ることにつながります。

㋓品物を売るだけではなく、地いきの人々の役に立つようにすることを、地いきこうけんといいます。店では、ごみをへらすための取り組みや、車いすのかし出しなど、さまざまなくふうをしています。

おうちのかたへ スーパーマーケットではリサイクルのほかにも、リデュース（レジぶくろのごみをへらす）、リユース（リターナブルびんの回収など）に取り組んでいる店もあります。４Ｒ（リサイクル、リデュース、リユース、リフューズ）は４年生で学習します。

3 次の図を見て、答えましょう。

1つ4点、(5)6点(26点)

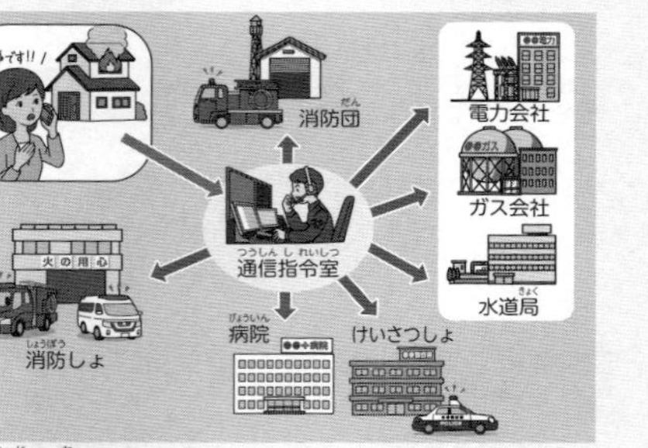

❶ 火事が起きたら

(1) 火事が起きたとき、何番に電話しますか。数字で答えましょう。

（ 119 ）番

(2) (1)の電話は、まずどこにつながりますか。図の中の言葉からえらびましょう。

（通信指令室）

(3) 次の文にあう言葉をそれぞれえらび、下の㋐、㋑に書きましょう。

・救急車は、㋐{ 病院 ・ 消防しょ }から火事の現場に出動する。

・火事のときは消防しょだけでなく、㋑{ ガス会社 ・ 図書館 }も協力のれんらくを受けることがある。

㋐（消防しょ） ㋑（ガス会社）

(4) 火事のとき、れんらくを受けた水道局は何をしますか。㋐～㋒からえらびましょう。

㋐ 現場のガスをとめる。

㋑ けが人を運ぶ。

㋒ 現場の水が出やすいようにする。

（㋒）

(5) けいさつかんは、火事の現場にかけつけて、どのような仕事をしますか。「交通じゅうたい」という言葉を使ってかんたんに書きましょう。

（(れい) 交通じゅうたいが発生しないよう、交通整理をする。）

4 次の図を見て、答えましょう。

(1)1つ2点、(2)4点(10点)

❶ まちの消防しせつ

(1) 次の①～③の文が正しければ○を、まちがっていれば×をつけましょう。

① まちの消防しせつの数は、防火水そうがいちばん多い。

② 学校のほかにもひなん場所がある。

③ 消火せんは、広い道にだけそなえられている。

① × ② ○ ③ ×

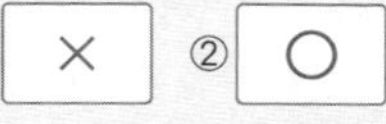

(2) まちに消火せんが多くあるのはなぜですか。㋐～㋒からえらびましょう。

㋐ 火事のときにすぐに消防自動車などに水を取り入れるため。

㋑ 消火のための水をためているから。

㋒ 火事が起きたときにまわりに早く知らせるため。

（㋐）

思考・判断・表現　30点

5 次の消防団の人の話を読んで、消防団の取り組みを2つ書きましょう。

1つ15点(30点)

火事などが起きたときは、消防しょの人と協力して、消火活動に取り組みます。
消防団の人たちは、「自分たちの地いきは自分たちで守る」という気持ちを大切にしています。そのため、地いきの消防しせつが火事のときに正しく使えるように、点検などの取り組みもしています。

（(れい) 消火活動）

（(れい) 消防しせつの点検）

冬のチャレンジテスト　うら

3 (1)110番は、事故が起きたときに通報する番号です。まちがえないようにしましょう。

(2)119番の電話は、まず通信指令室につながります。そのあと、通信指令室から現場に近い消防しょや病院など、ひつようなところにれんらくをしています。

(3)㋐救急車は消防しょから出動し、けが人を病院へ運びます。㋑ガス会社は、火事が広がらないように現場の近くのガスをとめたりしています。

(4)㋒水道局は、消火せんから消火用の水がいきおいよく出るよう、近くの水道の水圧を高めます。㋐はガス会社、㋑は救急車が行います。

(5)けいさつかんは、現場近くの道がじゅうたいしないよう、車と人の整理を行います。

4 (1)①いちばん多い消防しせつは消火せんで、まちじゅうにおかれています。

②ひなん場所をしめす■は、学校以外にも地図のほぼ真ん中にもう一つかくにんできます。

③消火せんは広い道だけではなく、細い道などまちのいたるところにせっちされています。

(2)火事のときには、消火せんから消防自動車に水をひきます。

5 消防団は、火事などの災害のときに消防しょの人たちと協力して、消火や救助の活動をしています。また、日ごろから器具の点検を行い、いざというときに正しく使えるように取り組んでいます。「消火活動」と「点検」の2つのないようが書けていればよいです。

おうちのかたへ　消防団は、地域と密着した活動ができることから、重要な役目を担っています。最近では女性や学生の消防団員も増えており、地域の様々な人が活動に参加しています。

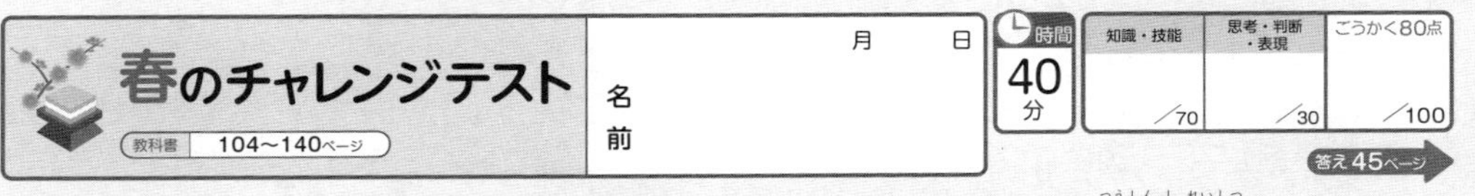

春のチャレンジテスト

教科書 104〜140ページ

月　日　名前

時間 40分 | 知識・技能 ／70 | 思考・判断・表現 ／30 | ごうかく80点 ／100

答え45ページ

知識・技能　70点

1 次の問いに、答えましょう。　1つ2点(10点)

(1) 次の①〜③のけいさつの仕事の絵にあうせつ明を、㋐〜㋒からそれぞれえらびましょう。

① ㋑　② ㋐　③ ㋒

㋐ 道あん内　㋑ パトロール
㋒ いほうちゅう車の取りしまり

(2) 事故が起きたときは、何番に電話をかけて通報しますか。数字で答えましょう。（ 110 ）番

(3) (2)の通報をするときに大切なことは何ですか。㋐〜㋒からえらびましょう。
㋐ 交番のけいさつかんに通報してもらう。
㋑ できるだけ早く通報する。
㋒ 交通整理をしてから通報する。
㋑

2 交通事故の現場の図を見て、次の文にあう言葉をそれぞれえらび、①〜④に書きましょう。　1つ2点(8点)

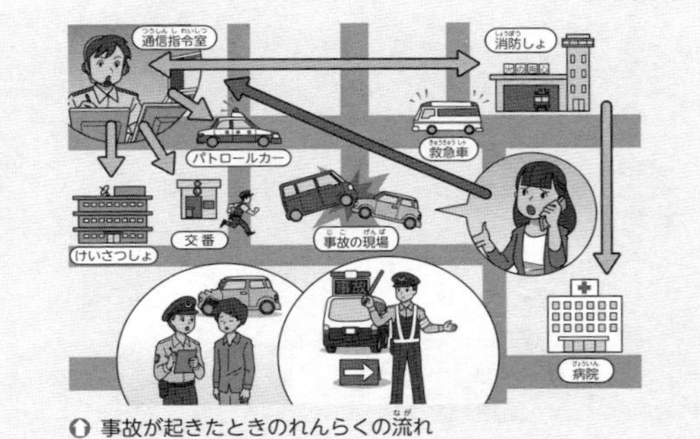

❶ 事故が起きたときのれんらくの流れ

① 事故現場には、{ 通信指令室 ・ 交番 }のけいさつかんもかけつける。
② けいさつの人は{ 消火活動 ・ 交通整理 }をして、道路の安全をかくほする。
③ なぜ事故が起きたのか{ 学校 ・ けいさつ }の人は原因を調べる。
④ 事故の通報は、まず{ 通信指令室 ・ 消防しょ }につながる。

①（ 交番 ）②（ 交通整理 ）
③（ けいさつ ）④（ 通信指令室 ）

3 次の問いに、答えましょう。　(1)1つ4点、(2)5点(17点)

(1) 次の㋐〜㋒にあう言葉を□からえらびましょう。

「こども110番」のステッカーは、いざというときに(㋐)できる店や家であることを子どもたちに知らせています。
また、登下校のときは、(㋑)をしています。小学生のみなさんも、(㋒)を守って、安全なまちづくりにさんかしてほしいです。

こども110番の家

交通ルール　パトロール　出動　ひなん

㋐（ ひなん ）㋑（ パトロール ）
㋒（ 交通ルール ）

(2) まちの安全は、どのように守られていますか。□の言葉を全部使って書きましょう。

けいさつ　協力　地いきの人

（れい）けいさつと地いきの人が協力してまちの安全を守っている。

うらにも問題があります。

春のチャレンジテスト　表

1 (1)これらのほかにも、けいさつは、落とし物の相談を受けつけたり、地いきの店や家庭をほうもんしたりしています。
(2)火事が起きたときの119番の電話とまちがえやすいので、注意しましょう。
(3)㋐㋑交番のけいさつかんではなく、事故を見た人ができるだけ早く通報します。
㋒交通整理は、事故現場にかけつけたけいさつかんが行います。

2 ①交番のけいさつかんも事故現場にかけつけます。通信指令室は通報を受け、現場近くのけいさつしょや交番などに出動を指令します。
②事故のしょりで道がじゅうたいしたり、新たに事故が起きたりしないように、交通整理をします。
③なぜ事故が起きたのか、原因を調べるのはけいさつかんの仕事です。
④110番の電話は、まずけいさつ本部の通信指令室につながります。通信指令室から近くのけいさつしょやパトロールカー、消防しょなど、ひつようなところにれんらくします。

3 (1)㋐いざというときに助けをもとめられるようにしている家や店には、「こども110番」のステッカーがはられています。
㋑子どもを事故や事件から守るために、地いきの人たちが協力して、登下校の時間にパトロールを行っています。
㋒信号やひょうしきを守るなど、一人ひとりが交通ルールを守るよう心がけることが、事故をふせぐことにつながります。
(2)けいさつだけでなく、学校や町内会、会社などが協力して知らせ合うことで、まちの安全が守られています。

おうちのかたへ 多くの機関や人々によってまちを守るためのしくみがあることを理解した上で、私たち自身で身を守る行動へ結びつけることが大切です。4年生では、風水害からくらしを守る取り組みについて学習します。

4 次の明石市の土地の使われ方の地図を見て、答えましょう。

(1)1つ2点、(2)(3)3点(20点)

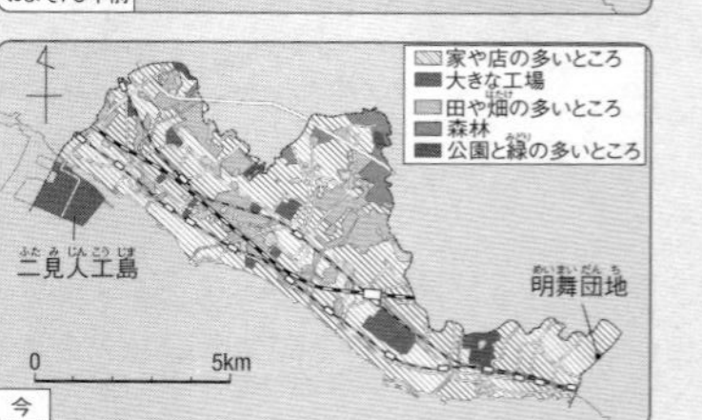

(1) 次の①～⑦のせつ明について、正しいものには○を、まちがっているものには×をつけましょう。

① 70年前とくらべて、今の方が田や畑が多い。
② 森林の面積は、昔からかわっていない。
③ 昔は今より家や店が少なかった。
④ 鉄道の路線の数は昔からかわらない。
⑤ 市の西がわに明舞団地がけんせつされた。
⑥ 市全体に家や店の多いところが広がった。
⑦ 駅の数がへった。

① × ② × ③ ○ ④ ×
⑤ × ⑥ ○ ⑦ ×

(2) 海をうめ立てて土地になっているところがあります。その土地は主に何に使われていますか。

（(大きな)工場）

(3) 一度に多くの人を運ぶことができ、かんきょうにやさしい交通きかんはどちらですか。□からえらびましょう。

鉄道　車

（鉄道）

5 次の問いに、答えましょう。

(1)5点(完答)、(2)10点(15点)

(1) 次の道具を、昔のものから今のものにじゅんばんにならべ、記号を書きましょう。

㋐ ㋑ ㋒

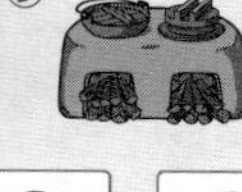

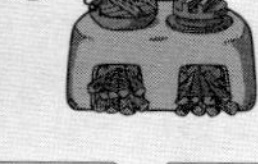

㋒ → ㋑ → ㋐

(2) (1)のようにかわることで、りょうりにかかる時間はどのようになったか、かんたんに書きましょう。

（(れい) 時間がへった。）

思考・判断・表現　30点

6 次の明石市の地図とグラフを見て、答えましょう。

1つ5点、(3)20点(30点)

明石市の土地のうつりかわり(1942年から1951年)

(1) 1935(昭和10)年の人口を、㋐～㋒からえらびましょう。

㋐ およそ10万人
㋑ およそ5万人
㋒ およそ2万人

（㋑）

明石市の人口のうつりかわり

(2) 人口は、どのようにかわりましたか。次の文の(　)にあう言葉を、□からえらびましょう。

・1935年から2020年の間に、人口は(　　)。

ふえた　へった

（ふえた）

(3) (2)のようになった理由を、地図から考えてかんたんに書きましょう。

（(れい) まわりの町や村と明石市がひとつになったから。）

春のチャレンジテスト　うら

4 (1)①およそ70年前の地図と今の地図をくらべてみると、田や畑の多いところは大きくへって、家や店の多いところになっています。

②市の北や東がわにあった森林は、ほとんど家や店の多いところになっています。

④およそ70年前とくらべて、鉄道の路線がふえています。

⑤明舞団地がけんせつされたのは、市の東がわです。

⑦鉄道の路線がふえたので、駅の数もふえています。また、昔からある鉄道にも新たに駅がつくられています。

(2)海をうめ立てて土地にしたのは、市の西がわにある二見人工島です。島の土地のほとんどが大きな工場に使われています。

5 (1)100年前ごろは火を自分でおこし、かまどでまきをもやしてりょうりをしていました。70年前ごろは、マッチで火をつけて使うガスコンロにかわり、40年前ごろにはマッチを使わず火をつけられるガステーブルになりました。

(2)かんたんに火がつけられるようになり、短い時間でりょうりができるようになりました。

6 (1)グラフを見ると、1935（昭和10）年のぼうは5万人の目もりの少し下にあるので、およそ5万人であることがわかります。

(2)2020年の人口はおよそ30万人なので、1935年から人口はふえています。

(3)地図を見ると、1942年と1951年にほかの町や村と明石市がいっしょになったことがわかります。そのため、明石市が広くなり、人口もふえたと考えられます。

おうちのかたへ 昭和時代には交通網の発達により、産業は大きく発達し変化をとげました。高度経済成長や人口については5年生でも学習します。3年生では、およそ100年間で、人口や鉄道の変化、自治体の合併があったことを学習します。

3年 社会のまとめ　学力しんだんテスト

月　　日
名前

時間 40分　ごうかく70点　／100

答え47ページ

2については、学習の状況に応じてA・Bどちらかをえらんでやりましょう。

1 次の地図を見て、答えましょう。　1つ3点(12点)

(1) ㋐は何を表す地図記号ですか。（ 図書館 ）

(2) 次の①〜③のうち、正しいものには○を、まちがっているものには×をつけましょう。
① 畑の北には学校がある。
② ゆうびん局の南にはかじゅ園がある。
③ 家や店は、田の北東に多く集まっている。

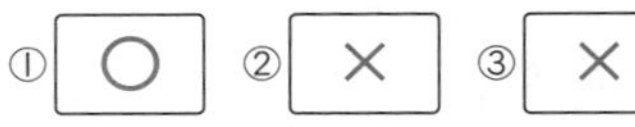

① ○　② ×　③ ×

2のA　農家の仕事について、答えましょう。　1つ5点(10点)

(1) 右の作物カレンダー（農事ごよみ）からわかることを、㋐〜㋒からえらびましょう。

7月	8月	9月	10月	11月	12月	1月	2月	3月	4月	5月	6月

㋐ 取り入れが終わると、3か月休んでいる。
㋑ 1年を通して作業をしている。
㋒ 7月にだけ、たねをまいている。

（ ㋑ ）

(2) しゅうかくを手作業で行う理由を、「きず」という言葉を使ってかんたんに書きましょう。
（（れい）作物にきずがつかないようにするため。）

2のB　食べ物をつくる工場のくふうについて、答えましょう。　1つ5点(10点)

(1) 工場ではどのように数多くのせい品をつくっていますか。㋐・㋑からえらびましょう。
㋐ 1人できかいでつくっている。
㋑ たくさんの人の手ときかいでつくっている。

（ ㋑ ）

(2) 右の絵のように、工場ではたらく人が、作業の前にエアシャワーで服のほこりを落とす理由を書きましょう。

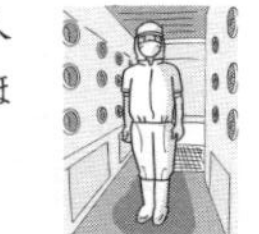

（（れい）せい品にほこりが入らないようにするため。）

3 ①〜③のスーパーマーケットではたらく人の仕事を、㋐〜㋒からえらびましょう。　1つ2点(6点)

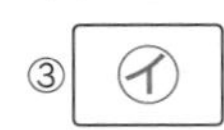
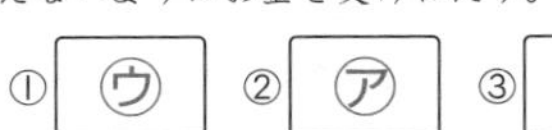
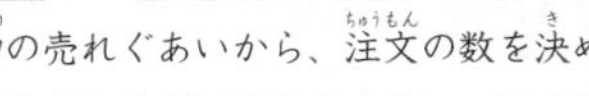

㋐ 品物の売れぐあいから、注文の数を決める。
㋑ ひつような分だけ買えるように、切り分ける。
㋒ まちがえないようにお金を受けわたす。

① ㋒　② ㋐　③ ㋑

4 事故が起きたときの図を見て、答えましょう。　(1)4点、(2)6点(10点)

(1) 110番の電話がつながる、Aを何といいますか。
（ 通信指令室 ）

(2) ①は、事故の現場でどのようなはたらきをしますか。かんたんに書きましょう。
（（れい）けが人を病院に運ぶ。）

うらにも問題があります。

学力しんだんテスト　表

1 (1)図書館の地図記号は、開いた本がもとになっています。
(2)②かじゅ園は、ゆうびん局から見て北や北東にあります。
③家や店の多いところは、田から見て西がわや南がわに広がっています。

2のA　(1)㋐㋑たねまきや、畑の世話など、休むことなく一年中作業を行っています。
㋒時期をずらして、秋作で3回、春作で3回たねをまいています。

2のB　(1)人ときかいの両方がはたらいて、いちどにたくさんのせい品をつくります。
(2)食べ物をつくる工場では、ばいきんやよごれが工場の中に入らないよう、服をせいけつにしてから作業しています。エアシャワーは、空気をふきつけて、小さなほこりを落とすきかいです。

3 ②はスーパーマーケットのじむしょではたらく人たちです。じむしょでは、コンピューターで売れぐあいを調べながら、ひつような品物を注文します。
③は売り場の外で、肉や魚を切り分ける人です。お客さんがひつようなりょうを買えるように、いろいろな大きさに切って売り場に出しています。

4 (1)110番の電話は、けいさつ本部の通信指令室につながります。地いきによっては、通信指令室は、110番センターや通信指令センターとよばれることもあります。
(2)①のイラストは救急車です。通信指令室かられんらくを受けた消防しょが救急車を出動させ、けが人を病院へ運びます。

おうちのかたへ これまでに学習してきた、まちで働く人たちの仕事や、くらしの安全を守る働きについて見直しておくとよいでしょう。4年生では、水道やごみの処理など、住みよいくらしを支える人々や、自然災害からくらしを守る人々の働きについて学んでいきます。

5 消防(しょうぼう)について、答えましょう。

1つ3点(6点)

(1) 火事が起きたときに消防しょの人たちと協力して消火活動にあたる、地いきの人たちの組織を何といいますか。

（ 消防団 ）

(2) 右の火災けいほうき（けむり感知器）の役わりを、㋐〜㋒からえらびましょう。

㋐ いち早く火事を知らせる。
㋑ 消火にひつようなを水をためておく。
㋒ 小さな火事を消す。

6 次の問いに、答えましょう。

1つ2点(8点)

(1) 右の絵は何をするための道具ですか。

（(れい)りょうりを するための）道具

(2) 下の㋐〜㋒のせつ明にあう道具を、それぞれ①〜③からえらびましょう。

㋐ ローラーの間にせんたく物をはさんで、しぼる。 ②
㋑ せんたく物をせっけんや水といっしょに、板のみぞの上でこする。 ①
㋒ せんたくからかんそうまで、すべて自動で行う。

7 兵庫県明石市の土地利用図を見て、答えましょう。

(1)1つ4点、(2)10点(18点)

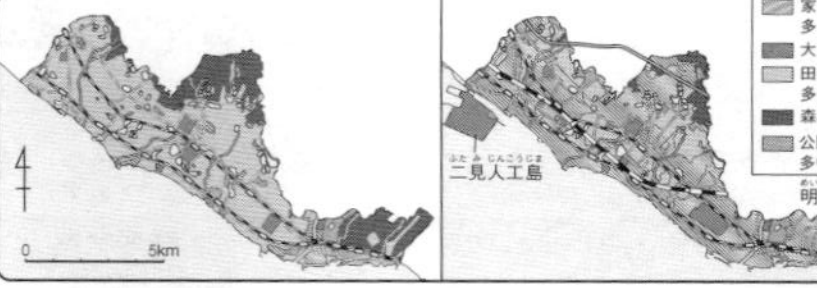

❶ およそ70年前　❷ 今

(1) 次の㋐〜㋒のうち、正しい文を2つえらびましょう。

㋐ 森林があったところが、家や店になっている。
㋑ 市の西がわに島ができている。
㋒ 鉄道のようすは、およそ70年前からずっと変わっていない。

（順不同） ㋐

(2) 「家や店の多いところ」に注目して、およそ70年前と今をくらべたとき、市の人口はどうなっていると考えられますか。かんたんに書きましょう。

（(れい)(市の人口は)ふえている。）

活用力をみる

8 次の地図を見て、答えましょう。

1つ5点、(3)15点(30点)

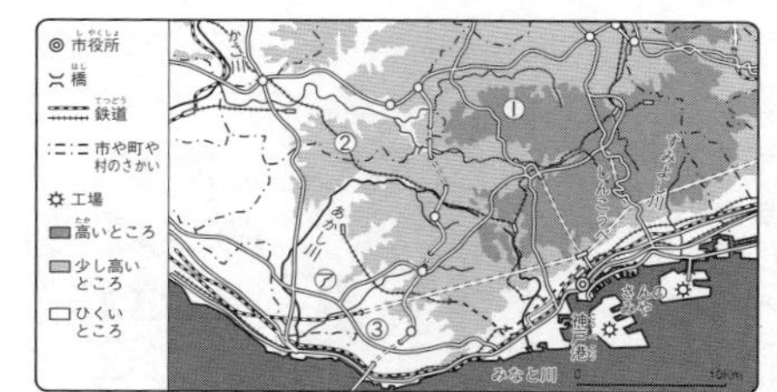

(1) 次の文の①にあう方をえらびましょう。また、②にあう言葉を書きましょう。

・工場のある場所は、うめ立ててつくられているため、海岸線が①{ ㋐まっすぐに・㋑でこぼこに } なっている。このため、船を港に(②)。

① ㋐ ②

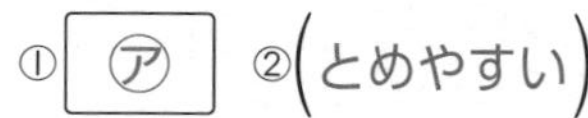

(2) 次の「わたし」がいるところを、地図中の①〜③からえらびましょう。

「わたしは、土地のひくい、道路に近い場所にいます。」 ③

(3) 地図中の㋐にあるスーパーマーケットは、駅からはなれている場所ですが、たくさんの人が買い物に行きます。そのわけを「ちゅう車」という言葉を使って書きましょう。

（(れい) 広いちゅう車場があって、車で行くことができるから。）

学力診断テスト(裏)

学力しんだんテスト　うら

5 (1)消防団の団員は、ふだんはそれぞれがべつの仕事をしています。災害時に消防しょの人たちと協力し、消火や救助の活動をします。

(2)けむりやねつを感知して、音などで知らせることで、火事が広がるのをふせぎます。

6 (1)「かまやなべをあたためるための」道具なども正かいです。

(2)年代の古いじゅんに、①→②→③となります。人の手で行うことがへり、その分、ほかのことに時間を使えるようになっていきました。

7 (1)㋐およそ70年前の地図では、市の北がわや東がわに森林がありましたが、今の地図ではほとんどが家や店の多いところになり、団地もできています。

㋑およそ70年前の地図では、市の西がわの海に島はありませんでしたが、今の地図では二見人工島ができています。

8 (1)①②船を港にとめやすいよう、海岸線をまっすぐにしています。うめ立ててつくられた場所は、海岸線がまっすぐになっているのがとくちょうです。

(2)地図を見ると、①は土地の高いところ、②は少し高いところ、③はひくいところだとわかります。また、②は道路ではなく、鉄道の近くです。

(3)広いちゅう車場があると、駅からはなれていても、車で店に行って買い物をすることができます。理由を答える問題なので、かならず文の終わりは「〜から」「〜ため」などとなるようにしましょう。

おうちのかたへ 地図の読み取りは、高学年でも学習していきます。4年生では、地勢図や断面図、土地利用図などを使って、県の様子や特色などを読み取っていきます。

教科書ぴったりトレーニング

社会 3年 がんばり表

いつも見えるところに、この「がんばり表」をはっておこう。
この「ぴたトレ」を学習したら、シールをはろう！
どこまでがんばったかわかるよ。

せんたく がついているところでは、教科書の選択教材を扱っています。学校での学習状況に応じて、ご利用ください。

シールの中からすきなぴた犬をえらぼう。

おうちのかたへ

がんばり表のデジタル版「デジタルがんばり表」では、デジタル端末でも学習の進捗記録をつけることができます。１冊やり終えると、抽選でプレゼントが当たります。「ぴたサポシステム」にご登録いただき、「デジタルがんばり表」をお使いください。LINE または PC・ブラウザを利用する方法があります。

★ ぴたサポシステムご利用ガイドはこちら ★
https://www.shinko-keirin.co.jp/shinko/news/pittari-support-system

スタート

1. わたしのまち みんなのまち

2～3ページ	4～5ページ	6～7ページ	8～9ページ	10～11ページ	12～13ページ	14～15ページ	16～17ページ	18～19ページ
ぴったり12	ぴったり12	ぴったり3	ぴったり12	ぴったり12	ぴったり3	ぴったり12	ぴったり12	ぴったり3
できたらシールをはろう	できたらシールをはろう	できたらシールをはろう	できたらシールをはろう	できたらシールをはろう	できたらシールをはろう	できたらシールをはろう	できたらシールをはろう	できたらシールをはろう

2. はたらく人とわたしたちのくらし せんたく

20～21ページ	22～23ページ	24～25ページ	26～27ページ	28～29ページ	30～31ページ	32～33ページ	34～35ページ	36～37ページ	38～39ページ	40～41ページ	42～43ページ	44～45ページ	46～47ページ	48～49ページ
ぴったり12	ぴったり12	ぴったり12	ぴったり3	ぴったり12	ぴったり12	ぴったり12	ぴったり3	ぴったり12	ぴったり12	ぴったり12	ぴったり3	ぴったり12	ぴったり12	ぴったり3
できたらシールをはろう	できたらシールをはろう	できたらシールをはろう	できたらシールをはろう	できたらシールをはろう	できたらシールをはろう	できたらシールをはろう	できたらシールをはろう	できたらシールをはろう	できたらシールをはろう	できたらシールをはろう	できたらシールをはろう	できたらシールをはろう	できたらシールをはろう	できたらシールをはろう

3. くらしを守る

50～51ページ	52～53ページ	54～55ページ	56～57ページ	58～59ページ	60～61ページ	62～63ページ	64～65ページ	66～67ページ
ぴったり12	ぴったり12	ぴったり3	ぴったり12	ぴったり3	ぴったり12	ぴったり12	ぴったり12	ぴったり3
できたらシールをはろう	できたらシールをはろう	できたらシールをはろう	できたらシールをはろう	できたらシールをはろう	できたらシールをはろう	できたらシールをはろう	できたらシールをはろう	できたらシールをはろう

4. 市のうつりかわり

68～69ページ	70～71ページ	72～73ページ	74～75ページ	76～77ページ	78～79ページ
ぴったり12	ぴったり12	ぴったり3	ぴったり12	ぴったり12	ぴったり3
できたらシールをはろう	できたらシールをはろう	できたらシールをはろう	できたらシールをはろう	できたらシールをはろう	できたらシールをはろう

ゴール

教科書ぴったりトレーニング　社会　3年　東京書籍版　折込①（オモテ）
（キリトリ線）

教科書ぴったりトレーニングの使い方

『ぴたトレ』は教科書にぴったり合わせて使うことができるよ。教科書も見ながら、勉強していこうね。ぴた犬たちが勉強をサポートするよ。

ふだんの学習

ぴったり1 じゅんび

教科書のだいじなところをまとめていくよ。

めあて でどんなことを勉強するかわかるよ。
問題に答えながら、わかっているかかくにんしよう。
QR コードから「3 分でまとめ動画」が見られるよ。

※QR コードは株式会社デンソーウェーブの登録商標です。

ぴったり2 練習

「ぴったり1」で勉強したこと、おぼえているかな？
かくにんしながら、問題に答える練習をしよう。

ぴったり3 たしかめのテスト

「ぴったり1」「ぴったり2」が終わったら取り組んでみよう。
学校のテストの前にやってもいいね。
わからない問題は、 ふりかえり を見て前にもどってかくにんしよう。

実力チェック

- 夏のチャレンジテスト
- 冬のチャレンジテスト
- 春のチャレンジテスト
- 3年 社会のまとめ 学力しんだんテスト

夏休み、冬休み、春休み前に使いましょう。
学期の終わりや学年の終わりのテストの前にやってもいいね。

ふだんの学習が終わったら、「がんばり表」にシールをはろう。

別冊

丸つけラクラクかいとう

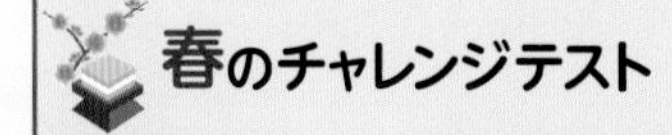

問題と同じ紙面に赤字で「答え」が書いてあるよ。
取り組んだ問題の答え合わせをしてみよう。まちがえた問題やわからなかった問題は、右の「てびき」を読んだり、教科書を読み返したりして、もう一度見直そう。

おうちのかたへ

本書『教科書ぴったりトレーニング』は、教科書の要点や重要事項をつかむ「ぴったり1 じゅんび」、おさらいをしながら問題に慣れる「ぴったり2 練習」、テスト形式で学習事項が定着したか確認する「ぴったり3 たしかめのテスト」の3段階構成になっています。教科書の学習順序やねらいに完全対応していますので、日々の学習（トレーニング）にぴったりです。

「観点別学習状況の評価」について

学校の通知表は、「知識・技能」「思考・判断・表現」「主体的に学習に取り組む態度」の3つの観点による評価がもとになっています。

問題集やドリルでは、一般に知識を問う問題が中心になりますが、本書『教科書ぴったりトレーニング』では、次のように、観点別学習状況の評価に基づく問題を取り入れて、成績アップに結びつくことをねらいました。

ぴったり3 たしかめのテスト

- ●「知識・技能」のうち、特に技能（資料の読み取りや表・グラフの作図など）を取り上げた問題には「技能」と表示しています。
- ●社会的事象について考え、選択・判断し、文章で説明することなどを取り上げた問題には「思考・判断・表現」と表示しています。

チャレンジテスト

- ●主に「知識・技能」を問う問題か、「思考・判断・表現」を問う問題かで、それぞれに分類して出題しています。

別冊『丸つけラクラクかいとう』について

おうちのかたへ では、次のようなものを示しています。

- ・学習のねらいやポイント
- ・他の学年や他の単元の学習内容とのつながり
- ・まちがいやすいことやつまずきやすいところ

お子様への説明や、学習内容の把握などにご活用ください。

内容の例

> おうちのかたへ
> 地図記号は教科書に掲載されているもの以外にも、多くの種類があります。国土地理院のキッズページでは地図記号の一覧や由来などを見ることができますので、お子様と一緒に確認してみるとよいでしょう。

教科書ぴったりトレーニング 社会 3年 折込①（ウラ）

防災・安全マップ

急な災害にはどのようにそなえておけばよいかな？
次の３つのワークに取り組みながら考えてみよう。

ワーク1

災害が起こったときのひなん場所やきんきゅうれんらく先をおうちの人といっしょにかくにんしておこう。

ひなん場所

れんらく先①

れんらく先②

ワーク2

災害にそなえて、防災グッズをじゅんびしておこう。

- ひなんするときにどのようなものがひつようか、おうちの人といっしょにかくにんしよう。
- ひつようなものを下のリストに書き出して、リュックなどにまとめよう。
- １年に１回は、防災グッズの点検や見直しをしよう。

チェック	じゅんびするもの
□	
□	
□	
□	
□	
□	
□	
□	
□	

⬆じゅんびができたら☑をつけよう

右のれいも参考にしてみてね！

ワーク3

家からひなん場所へのひなん経路をかくにんしておこう。

ステップ1 住んでいる地いきの地図とハザードマップをじゅんびして、地図は下のわくの中にはろう。

ステップ2 災害が起こったときに家のまわりではどのようなひがいが考えられるか、ハザードマップを見てかくにんしよう。

ステップ3 じっさいに家からひなん場所まで歩いてみて、災害が起こったときにきけんな場所があれば、下の地図に書きこもう。

ステップ4 きけんな場所をさけて、家からひなん場所までの経路を、下の地図に書きこもう。

住んでいる地いきの地図を このわくの中にはろう

ハザードマップとは、自然災害のひがいが想定される区いきや、ひなん場所などをしめした地図のことだよ。
ハザードマップは地いきのHPなどからダウンロードできるよ！

防災グッズのれい

かい中電とう
水
非常食
衣服
けいたいラジオ
ヘルメット
トイレットペーパー
防災ずきん
軍手
電池
ティッシュペーパー
非常用